COACHING PARA TU CEREBRO

Joseph O'Connor
Andrea Lages

COACHING
PARA TU CEREBRO

Aplicaciones prácticas
de la neurociencia al coaching

URANO
Argentina – Chile – Colombia – España
Estados Unidos – México – Perú – Uruguay

Título original: *Coaching the Brain*
Editor original: Routledge is an imprint of the Taylor & Francis Group
Traducción: Luz Ventura

1.ª edición Agosto 2023

Copyright © 2019 *by* Joseph O'Connor y Andrea Lages
All rights reserved including the right of reproduction in whole or in part in any form
Authorised translation from the English language edition published by Routledge, a member of the Taylor & Francis Group
This edition published by arrangement with International Editors' Co.
© 2023 de la traducción *by* Luz Ventura
© 2023 *by* Urano World Spain, S.A.U.
Plaza de los Reyes Magos, 8, piso 1.º C y D – 28007 Madrid
www.edicionesurano.com

ISBN: 978-84-17694-94-4
E-ISBN: 978-84-19413-52-9
Depósito legal: B-11.560-2023

Fotocomposición: Ediciones Urano, S.A.U.

Impreso por: Rotativas de Estella – Polígono Industrial San Miguel
Parcelas E7-E8 – 31132 Villatuerta (Navarra)

Impreso en España – *Printed in Spain*

Coaching para tu cerebro

Todo lo que hacemos y sentimos pasa por nuestro cerebro. En *Coaching para tu cerebro*, los experimentados *coaches* Joseph O'Connor y Andrea Lages plantean y responden a la siguiente pregunta: «¿Cómo podemos utilizar nuestros conocimientos sobre el cerebro para ayudarnos a nosotros mismos y a los demás a aprender, cambiar y desarrollarse?».

Este libro te mostrará cómo aplicar los conocimientos de las últimas investigaciones neurocientíficas de forma práctica, en los campos del desarrollo personal, el *coaching* y la terapia cognitiva. Accesible y práctico, comienza con una visión general de cómo funciona el cerebro, junto con una explicación de cómo nuestro cerebro cambia debido a nuestras acciones y pensamientos, ilustrando cómo estos hábitos pueden ser cambiados a través de la neuroplasticidad. Entender la neurociencia de los objetivos y los modelos mentales nos ayuda a trabajar con ellos y a cambiarlos, y la claridad sobre las emociones y la base emocional de los valores puede ayudar a alcanzar la felicidad. Y lo que es más importante, la neurociencia ilustra cómo aprendemos, así como el poder de las expectativas. El libro también explora las lecciones clave que podemos tomar de la neurociencia para el alto rendimiento y el liderazgo. Eminentemente accesible, este libro te ofrece nuevas herramientas para ayudarte a ti mismo y a los demás a crear un futuro mejor. En su conjunto, el libro te proporcionará un profundo respeto por la profundidad y la complejidad de tu pensamiento y tus emociones.

Coaching para tu cerebro: Aplicaciones prácticas de la neurociencia al coaching, con su claridad y aplicación práctica, será una lectura esencial para los *coaches* en prácticas y en formación, así como para los líderes, los supervisores de *coaches* y los profesionales de RRHH y L&D (Aprendizaje y Desarrollo por sus siglas en inglés), y será un texto clave para los académicos y los estudiantes de *coaching* y psicología del *coaching*.

Joseph O'Connor es *coach* ejecutivo y formador de *coaches*, consultor y autor de veinte libros sobre *coaching*, programación neurolingüística (PNL) y gestión. Vive en Londres, Reino Unido.

Andrea Lages es *coach* ejecutiva, consultora, formadora de *coaches* y autora de cinco libros sobre *coaching*. Tiene su sede en el Reino Unido y Brasil y trabaja a nivel internacional ofreciendo *coaching* y formación en inglés, portugués y español.

Joseph y Andrea son fundadores de la *International Coaching Community (ICC)*, una de las organizaciones de *coaching* más grandes y respetadas del mundo.

«Joseph y Andrea practican el *coaching* de liderazgo basado en el cerebro con estilo y precisión. Recomiendo encarecidamente su libro».

Marshall Goldsmith, entrenador ejecutivo número uno de
***Thinkers 50* y único número uno en dos ocasiones como**
Leadership Thinker in the world
(Pensador de liderazgo en el mundo).

«Este libro, muy accesible y práctico, parte de la investigación en neurociencia moderna y demuestra cómo se utiliza hoy en día en los campos del desarrollo personal, el *coaching* y la terapia cognitiva. Si eres un *coach*, este libro te hará quedar genial ante tus clientes. Asegúrate de que tus clientes no lo lean primero; el libro tiene tantas técnicas aplicables al instante que podrían mejorar ellos mismos antes de que tú puedas hacer tu trabajo».

Brian Van der Horst, Fundador del Instituto de Estudios
Avanzados de PNL, San Francisco y París;
Facilitador Jefe del Instituto Integral, Europa;
Consultor en el Instituto de Investigación de Stanford

«Un gran libro práctico para los *coaches* y para todos los interesados en cómo aplicar las nuevas investigaciones de la neurociencia al cambio y al desarrollo».

Adam Harris, presidente de *Vistage, executive coaching*;
autor de *The Check-in Strategy Journal*

«Mientras que la mayoría de los *coaches* se centran en trabajar con la mente de sus clientes, *Coaching para tu cerebro* se sumerge con fuerza en el campo de la neuropsicología, mostrando a los *coaches* cómo funciona el cerebro, cómo el *coaching* puede cambiar el cerebro y lo valiosos que pueden ser estos cambios».

Brian Whetten, autor de
Yes Yes Hell No! The Little Book for Making Big Decisions

«*Coaching para tu cerebro* es una guía amena, informativa y práctica para que los *coaches* ayuden a sus clientes a crecer, cambiar y mejorar. Todo *coach* necesita saber cómo funciona el cerebro y cómo se relaciona con el *coaching*. Este libro ofrece precisamente eso. Joseph y Andrea integran la neurociencia con las habilidades de *coaching* para presentar una hoja de ruta fácil de entender sobre el cerebro y cómo aplicarla, para ayudar a los *coaches* y a sus clientes a aprender de forma más eficiente, ser más creativos y más felices».

Robert Dilts, cofundador de NLP University y Generative Coaching; autor de Coach to awakener.

«Una mirada práctica e informativa a nuestras funciones más profundas y complejas. Joseph y Andrea han escogido un tema notoriamente confuso y, con su apasionante estilo de escritura, han hecho que los increíbles temas de la neurociencia y la psicofisiología sean accesibles para cualquiera que tenga interés en esta fascinante área de la ciencia. El tema no sólo se hace accesible sino que, lo que es más importante, se hace aplicable mediante el uso ingenioso de ejemplos, metáforas y relatos. Cualquiera que desee entenderse a sí mismo y a los demás de una manera más profunda y perspicaz debería leer este libro y aplicar los conocimientos que contiene. Un libro imprescindible en la estantería de todos los *coaches*».

Aaron Garner MSc, Director, *EIA Group*

A nuestra hija, Amanda

Índice

Abreviaturas y orientación

Abreviaturas

CCA	Corteza cingulada anterior
TDAH	Trastorno por déficit de atención e hiperactividad
CPFdl	Corteza prefrontal dorsolateral
RND	Red por defecto
EEG	Electroencefalograma
RMNf	Resonancia magnética funcional
GABA	Ácido gamma-aminobutírico
Eje HHS	Eje hipotálamo-hipófisis-suprarrenal
NAc	Núcleo accumbens
TOC	Trastorno obsesivo-compulsivo
COF	Corteza Orbitofrontal
TEP	Tomografía por emisión de positrones
CPF	Corteza prefrontal
SNPS	Sistema nervioso parasimpático
SNS	Sistema nervioso simpático
SPECT	Tomografía computarizada de emisión monofotónica
CPFVM	Corteza prefrontal ventromedial
ATV	Área tegmental ventral

Orientación del cerebro

Medial	Hacia el centro
Lateral	Hacia el lado
Superior/dorsal	Por encima/en la parte superior
Inferior/ventral	Por debajo/en la parte inferior
Posterior/caudal	En la parte posterior
Anterior/rostral	En la parte delantera
Orbital	Por encima de las órbitas de los ojos
Medial	En el medio

Prólogo

Creer en el *coaching*: tener fe en uno mismo.

La ciencia, la hermosa ciencia, ha descubierto que el universo se está expandiendo. Si se está expandiendo, entonces en el pasado las galaxias estaban más cerca. Cuanto más atrás vamos, más cerca estaban. Una vez todo el universo fue un punto, infinitamente comprimido e increíblemente caliente. Hace quince mil millones de años se produjo el Big Bang y comenzó el universo tal y como lo conocemos. Después de la explosión, la temperatura inicial, de más de un billón de grados centígrados, comenzó a descender y los átomos de la materia, tal y como los conocemos, se originaron a partir de las partículas más pequeñas.

Al principio sólo había gases, ni más ni menos que el equivalente a unas cuantas tazas de hidrógeno y helio. Luego llegaron elementos más complejos. Nacieron estrellas y galaxias; una de ellas fue nuestro sol. Después de cuatro mil millones de años, la Tierra dio un hogar a la vida, y aquí estamos nosotros, los últimos en llegar: el *Homo sapiens*. Luego hubo otro Big Bang: el «Big Bang cerebral», una explosión de creatividad que produjo seres humanos únicos con un potencial ilimitado y un magnífico cerebro con el poder de dirigir todo el cuerpo. Coordina el ritmo cardíaco y la respiración de los pulmones. Gestiona nuestra digestión y nuestras manos inteligentes con sus pulgares oponibles. Controla cómo dormimos y pensamos, cómo y cuándo saboreamos, tocamos, vemos, oímos y llegamos al orgasmo.

Ahora, la ciencia avanza hacia la admisión de la existencia de la mente: una superestructura esencialmente no orgánica y no material del cerebro en íntima y mutua relación con él. Esta mente es un instrumento versátil. Lo suficientemente versátil como para realizar todo lo que una persona desea, todo lo que anhelaba desde la infancia; lo suficientemente versátil como para hacer que los sueños se conviertan en realidad.

También existe una parte sutil de nuestra mente de la que no somos conscientes: el inconsciente. Hay infinitas riquezas a tu alrededor, si abres tus ojos mentales y contemplas la casa del tesoro inconsciente dentro de ti. Hay una mina de oro dentro de ti, de la que puedes sacar todo lo que necesitas para llevar una existencia gloriosa, llena de alegría y abundancia. Muchas personas están profundamente dormidas porque no son conscientes de esta infinita mina de oro de inteligencia y talento ilimitado que hay en cada uno de nosotros.

Vivimos el siglo del autoconocimiento. Sabemos que nuestra mente y nuestro cuerpo son valiosos y únicos. Hemos construido un mundo cada vez más complejo y rico con la ciencia y la educación. La vida nunca ha sido tan buena a nivel global y, sin embargo, la incidencia de enfermedades mentales como la ansiedad, la depresión y el suicidio va en aumento. ¿Cómo explicar esta paradoja? Esto es lo que hacen aquí Joseph O'Connor y Andrea Lages de forma tan coherente, aportando lo mejor de la teoría y la neurociencia aplicada al *coaching* para construir una sabiduría práctica para una vida más equilibrada y saludable.

Con compasión y conocimiento, abarcando la filosofía y la neurociencia, este libro es una guía para la promoción y expansión de la salud mental y el bienestar humano. Ofrece una nueva perspectiva de la salud que no tiene que ver con la enfermedad, sino con el potencial humano.

El libro se da un paseo por los grandes temas de la neurociencia actual: la percepción, la memoria, la toma de decisiones, la inteligencia social y emocional; es un recorrido único y apasionante por el órgano que nos permite construir nuestra realidad: nuestro cerebro y nuestra mente. Es un libro indispensable sobre un tema urgente: cómo conciliar nuestra riqueza material externa con una vida interna equilibrada y feliz.

Las palabras inglesas *coaching* y *coach,* tienen su origen en el nombre de la ciudad de Kócs, en Hungría, donde se diseñaron por primera vez carruajes de cuatro ruedas. En el siglo XVIII, los nobles universitarios de Inglaterra acudían a sus clases conducidos en sus carruajes por cocheros llamados *coachers.* Hacia 1830, el término *coach* se utilizaba en la Universidad de Oxford como sinónimo de tutor privado, el que lleva, conduce y prepara a los estudiantes para sus exámenes. Ahora, un *coach* es un guía, un conductor, un explorador y mucho más.

Este libro es una inversión para toda la vida, tanto a nivel personal como profesional. Ante la proximidad de la inteligencia artificial, lo que nos mantendrá humanos será exactamente lo que ofrece este libro: el equilibrio de las habilidades internas y externas. El ser humano es la única criatura que, gracias a su intelecto, puede contemplar el universo y mostrar consideración por otras formas de vida.

Lo más importante para nosotros es creer en nosotros mismos. Sin esta confianza en nuestros recursos, en nuestra inteligencia, en nuestra energía, no alcanzaremos la victoria a la que aspiramos. Como dice la novelista brasileña Clarice Lispector: «Descúbrete a ti mismo, y poco a poco descubrirás que es más seguro y gratificante valorarte a ti mismo». O como dice Buda: «Somos lo que pensamos. Todo lo que somos surge de nuestros pensamientos. Con nuestros pensamientos hacemos nuestro mundo». Por último, fíjate en las palabras de Swami Vivekananda: «Elige una idea. Haz de esta idea tu vida. Piensa en ella, sueña con ella, vive pensando en ella. Deja que el cerebro, los músculos, los nervios, todas las partes de tu cuerpo se llenen de esa idea. Ese es el camino hacia el éxito».

Cuando tengamos dudas sobre nuestros talentos y potencialidades, no olvidemos que todo empezó en un punto, que compartimos esos mismos elementos primordiales y que la complejidad del universo surgió de la materia más simple.

¡Bienvenido al *coaching* del siglo xxi!

Acary Souza Bulle Oliveira
Profesor afiliado de Neurología,
UNIFESP - Universidad Federal de São Paulo, Brasil

Fabiano Moulin de Moraes
Profesor adjunto de Neurología,
UNIFESP - Universidad Federal de São Paulo, Brasil.

Introducción

En 1918, el gran psicólogo estadounidense William James escribió: «La naturaleza, en sus insondables designios, nos ha mezclado de arcilla y llama, de cerebro y mente, de modo que ambas cosas están indudablemente unidas y se determinan mutuamente, pero ningún mortal puede saber cómo o por qué». Esta cita es la imagen perfecta de la promesa y el desafío de la neurociencia. Nosotros somos la llama, brillante, parpadeante, lambiscente y siempre cambiante. Es lo que sentimos que somos: el yo consciente, y lo protegemos. La arcilla material lo sostiene, no es glamurosa, pero sí esencial. La llama depende de la arcilla. Nuestra naturaleza es llama y arcilla. Este libro trata de cómo ambas funcionan juntas. Seremos la llama más brillante si comprendemos nuestras raíces materiales: la biología de la mente. Nuestra razón para escribir este libro es dar una comprensión más profunda de cómo funciona el cerebro para crear experiencia. Para dar nuevas herramientas que ayuden a crear una realidad más satisfactoria para ti y para los demás.

Este libro aplica la neurociencia cognitiva al *coaching*. La neurociencia cognitiva explora las bases biológicas de la mente, la estructura y el funcionamiento del sistema nervioso y el cerebro, y su relación con el comportamiento y el aprendizaje. El *coaching* está bien establecido como una forma poderosa de ayudar a las personas a cambiar, crecer y rendir mejor, especialmente en el contexto empresarial. Este es un libro sobre las ideas, la investigación y las perspectivas de la neurociencia cognitiva y sobre cómo utilizarlas para ayudar a las personas a experimentar una vida mejor, a desarrollar su potencial y a ser más felices. Este es nuestro trabajo como *coaches*, y, aunque este libro está escrito principalmente pensando en los *coaches*, estos conocimientos pueden utilizarse en cualquier profesión que ayude a las personas a cambiar y a trabajar para mejorar: la formación, la terapia y el liderazgo, por ejemplo. Este libro es para ti si quieres comprender más profundamente el pensamiento, el sentimiento, la decisión y el bienestar.

Empezamos a hacer *coaching* hace más de veinte años. La psicología, el estudio de la llama, estaba muy avanzada. La neurociencia cognitiva, el estudio de cómo la arcilla produce la llama de la conciencia, estaba mucho menos desarrollada. Ahora la neurociencia es popular y crece rápidamente, otorgando credibilidad a todo lo que toca; las investigaciones demuestran que incluso una imagen de un cerebro en un artículo de psicología le da más credibilidad en la mente del lector.

Aquí nos centraremos en el cerebro, que es la parte más grande, compleja y especializada de nuestro sistema nervioso. A medida que la neurociencia va comprendiendo mejor el cerebro, este resulta ser más extraño de lo que pensábamos. Quizás más extraño de lo que podemos imaginar.

Si nos centramos en el cerebro, podemos aprender más sobre nuestros pensamientos, emociones y comportamientos, y sobre cómo se generan, moldean y cambian. Sin embargo, no podemos olvidar el cuerpo: nuestro cerebro necesita a nuestro cuerpo, ha evolucionado como parte de nosotros. Todas nuestras facultades mentales están personificadas. Por último, el cerebro no existe de forma aislada. Nuestro cerebro es moldeado por otros desde el nacimiento, por nuestros padres, cuidadores, comunidad y cultura.

Nuestro cerebro está implicado en todo lo que hacemos. Todos los que trabajan ayudando a las personas a cambiar y aprender necesitan saber cómo funciona. Los *coaches* trabajan con la experiencia subjetiva del cliente. Hacen preguntas, exploran e indagan en la experiencia del cliente y le ayudan a comprender sus objetivos y valores y a avanzar hacia una vida más satisfactoria. No intentamos reducir la experiencia a las funciones cerebrales. Observamos el cerebro para ver cómo crea nuestra experiencia y luego volvemos a explorar esa experiencia con esos conocimientos. Así podremos comprender mejor nuestra experiencia subjetiva y obtener conocimientos prácticos sobre cómo dirigir nuestra vida.

Hablamos con nuestros clientes y escuchamos su respuesta. Desde el punto de vista neurocientífico, nos comunicamos con una parte muy pequeña del cliente, la que es consciente y tiene acceso a la parte del cerebro dedicada al lenguaje. Hay muchas partes que no tienen voz y necesitan ser escuchadas, y muchas partes de nuestro pensamiento y toma de decisiones no son conscientes. No sabemos lo que no sabemos. Necesitamos entender y comunicarnos con más partes del cliente, para rastrear las complejidades del pensamiento y la emoción. Ver cómo estas se entretejen en el cerebro nos da una visión diferente que enriquece nuestra comprensión. Podemos hacer *coaching* y ayudar a nuestro cliente de forma más eficaz. Es una nueva perspectiva de la experiencia, otra lente que podemos usar para entendernos a nosotros mismos.

El *coaching* sigue basándose en gran medida en pruebas anecdóticas de éxito. El *coaching* debe basarse en la investigación, y la investigación neurocientífica le dará más credibilidad. Los *coaches* necesitan conocer la psicología y la neurociencia (aunque no todos los detalles anatómicos) para guiar la experiencia de sus clientes de la manera más útil. La neurociencia ofrece una hoja de ruta mejorada. Prevemos que, dentro de unos años, los *coaches* que no conozcan la neurociencia básica estarán en desventaja.

El diseño de este libro

Queremos que este libro sea práctico, por lo que lo hemos organizado en torno a la experiencia y no a las partes o funciones del cerebro. Las aplicaciones del *coaching* están en cada capítulo. Hay notas a pie de página con referencias y derivaciones interesantes del texto. Léelas a medida que avanzas, no las dejes para el final.

El primer capítulo presenta a nuestro cliente neurocientífico: el cerebro. Los nombres en latín no son obligatorios, y no es necesario tener un título de anatomía para este (o cualquier otro) capítulo. Se trata de una explicación básica de cómo está organizado el cerebro y qué hace.

El capítulo dos trata de la neuroplasticidad, es decir, de cómo el cerebro cambia a través de la experiencia. El cerebro se adapta a nuevas ideas y circunstancias. Refleja tus cambios en el aprendizaje, los intereses y las acciones reforzando las conexiones, creando nuevas o debilitando otras, dejando que decaigan y desaparezcan.

El capítulo tres trata de los objetivos, la planificación, las habilidades de pensamiento y la cognición fría. Abarca la neurociencia de los objetivos, desde la planificación hasta la acción.

En el capítulo cuatro, encontrarás el sistema 1 y el sistema 2: cómo nuestro pensamiento a menudo está apresurado, es egoísta y se ve influenciado por nuestro entorno. Es un material fascinante sobre la facilidad con la que nuestro pensamiento se desvía.

El capítulo cinco trata de las emociones y de la llamada cognición caliente, el pensamiento basado en las emociones. Exploraremos la felicidad, los perfiles emocionales, el secuestro de la amígdala y cómo podemos regular nuestras emociones. Estas impregnan nuestro pensamiento como una gota de tinta en el agua, influyendo en todo lo que hacemos.

El capítulo seis explora cómo tomamos decisiones y cómo podemos tomarlas mejor. La vida es, básicamente, una serie de decisiones, ya que nos abrimos camino eligiendo una vía en lugar de otra, sin poder volver nunca sobre nuestros pasos. Nuestro cerebro hace simulaciones del futuro, las compara, integra la información y la emoción y luego elige. Las elecciones que hacemos dejan cambios en nuestro cerebro.

El capítulo siete trata de la memoria, de cómo equilibramos constantemente nuestro yo que experimenta y nuestro yo recordado. La memoria no es un registro de lo que ha sucedido, sino una nueva reconstrucción que hace el cerebro cada vez que recordamos. Los clientes cuentan sus historias desde su memoria. ¿Cómo de reales son?

El capítulo ocho trata del aprendizaje, las recompensas y la creación de hábitos. ¿Cómo aprendemos? Nuestro cerebro crea predicciones y expectativas y las actualiza constantemente. Nos fijamos en el circuito de recompensa, la dopamina, las adicciones y la rueda hedonista.

El capítulo nueve trata de los modelos mentales: los hábitos de pensamiento, los surcos mentales trazados por el uso continuado. Los circuitos cerebrales desgastados conducen a pensamientos y comportamientos desgastados. Los modelos mentales que nos limitan son el mayor obstáculo para la felicidad y los logros. Aquí veremos cómo sacar el pensamiento del cliente de sus surcos (y ayudar al cliente a crear surcos más valiosos).

El capítulo diez analiza nuestro cerebro social: las relaciones y la empatía, la confianza y la equidad.

El capítulo once trata de la identidad: ¿quién eres tú y cómo crea el cerebro el sentido y la continuidad? El cerebro se parece más a un agente de prensa que a un testigo ocular.

El último capítulo une los hilos para ver dónde estás tú en todo esto. Con suerte, con más conocimientos y éxito que cuando empezaste el libro.

Cuando escribamos de forma genérica sobre *coaches* o clientes, lo haremos sin género, utilizando el pronombre ellos para evitar una narración patosa.

Escribimos sobre lo que nos entusiasma. Han pasado más de cinco años desde que escribimos nuestro último libro, y este campo ha aflorado desde entonces. Ahora podemos compartir este apasionante campo contigo. Esperamos que lo disfrutes y te beneficies de él.

Agradecimientos

Son muchos los que han contribuido a este libro. Queremos dar las gracias a David Eagleman, que nos inspiró por primera vez en la neurociencia y que supone un modelo de escritura excelente y accesible sobre este campo.

También a nuestra editora en *Routledge*, Susannah Frearson, por tener fe en la idea. Gracias a Anna Lages, que ha dibujado muchos de los diagramas que ilustran este libro. Nuestros clientes nos han aportado muchas ideas, y en estas páginas contamos algunas de sus historias. Nuestro especial agradecimiento al doctor Acary Souza Bulle Oliveira y al doctor Fabiano Moulin de Moraes por escribir el prólogo. Gracias a Warren Zevon, *Iron and Wine* y J.S. Bach por proporcionarnos buena música para pensar y escribir. Creemos que habrían disfrutado de una sesión de improvisación juntos.

Por último, a nuestra hija Amanda, que siempre hace las mejores preguntas.

Joseph O'Connor y Andrea Lages
Junio de 2018

1

Arcilla y llama

El cerebro es la frágil morada del alma.

WILLIAM SHAKESPEARE

Prólogo

En diciembre de 2016, cuando estábamos en Nueva York de vacaciones, ambos nos hicimos una tomografía computarizada de emisión monofotónica (SPECT). No estábamos enfermos, sino que queríamos ver más de cerca cómo funciona el cerebro y decidimos empezar por el más disponible: el nuestro. Un escáner SPECT es una experiencia inusual. Uno se queda quieto, moviéndose lo menos posible, durante unos treinta minutos mientras tres cámaras giratorias de alta resolución rodean tu cabeza y toman imágenes de tu cerebro. Estas imágenes se combinan para realizar exploraciones tridimensionales en color. La SPECT no sólo muestra la estructura del cerebro, sino también su funcionamiento: qué zonas funcionan bien, qué zonas trabajan mucho (quizás demasiado) y qué zonas no trabajan lo suficiente. ¿Cómo lo hace? Cuanto mayor es el flujo sanguíneo, más rayos gamma capta la cámara. Las zonas con mayor flujo sanguíneo se muestran más coloridas. Las zonas con menos flujo sanguíneo tienen menos radiación y aparecen más oscuras en las exploraciones. Hicimos dos escaneos. Uno para el cerebro en estado de reposo. El otro, al día siguiente, mientras trabajábamos en una prueba informatizada que exigía atención y concentración. Los escaneos finales tienen un aspecto bastante espectacular, como una imagen de la tierra desde el espacio, donde las ciudades están muy iluminadas y destacan sobre las vastas franjas con poca o ninguna luz. Los escaneos muestran el patrón: cuanto más claro, más actividad; más oscuro para las partes no tan activas.

El contraste entre las exploraciones en estado de reposo y de concentración muestra qué áreas están trabajando y con qué intensidad.

¿Por qué lo hacemos? Por la misma razón por la que la gente se somete a pruebas de personalidad, tests de inteligencia o eneagramas: para descubrir más sobre nosotros mismos. Yo (Joseph) miré mis escaneos después con una sensación de asombro. Era una perspectiva que nunca había tenido, una nueva ventana a mi mundo: cómo mi cerebro impulsa mis pensamientos, estados de ánimo, sentimientos, sueños y pesadillas. Y los escáneres mostraron que mi cerebro estaba más activo en el estado de reposo que en el de concentración. (Eso no es tan malo como parece, el cerebro nunca descansa; siempre está tramando algo).

Estas exploraciones son sólo una parte de la historia. Hubo entrevistas y cuestionarios sobre el estilo de vida, los objetivos, la salud, los intereses espirituales, los patrones de sueño, la vida social y la dieta. El cerebro está implicado en todo esto, y todo esto afecta al cerebro. Por último, un médico nos ayudó a interpretar los resultados, poner los escáneres en perspectiva y hacer recomendaciones. Hablaremos más sobre esto pronto. Teníamos muchas preguntas. Si el *coaching* cambia a las personas, cambia su cerebro. ¿Cómo?

Habíamos iniciado un camino fascinante que nos llevó (entre otras cosas) a este libro.

Tu cerebro

Este libro está impulsado por dos cuestiones:

¿Cómo crea nuestro cerebro el mundo que experimentamos?
¿Cómo podemos utilizar ese conocimiento para ayudarnos a
nosotros mismos y a nuestros clientes a aprender, cambiar
y ser más felices?

Se ha dicho que si el cerebro fuera lo suficientemente simple para
ser entendido, no sería lo suficientemente sofisticado para afrontar el
reto de entenderse a sí mismo. ¿Cómo puede un kilo y medio de
materia rosada y blanquecina, con la consistencia de la mantequilla
blanda, crear la Novena Sinfonía de Beethoven, el Taj Mahal, Internet, los viajes aéreos supersónicos, el editor genético CRISPR, Poké-
mon Go y el spray para el pelo?

No podemos responder a eso, pero en este libro echaremos un
vistazo a los relucientes pasillos de nuestro cerebro para explorar cómo
crea nuestros deseos, necesidades, hábitos, creencias, alegrías y miedos.

Exploraremos cuestiones como:

¿Cómo nos enfadamos con nosotros mismos, discutimos con
nosotros mismos y nos engañamos? (¿Y exactamente quién
engaña a quién?)
¿Cómo creamos y cambiamos los hábitos?
Frente a las innumerables posibilidades, ¿cómo decidimos qué
hacer? ¿Qué significa confiar en alguien?
¿Cómo hace nuestro cerebro para entrelazar todas las piezas
sueltas y crear una experiencia del mundo tan fluida?

Hay respuestas en esos pasillos relucientes que pueden ayudarnos
con estas preguntas.

Este libro aporta la neurociencia para ayudarnos a entender nuestros objetivos, valores y creencias tal y como los experimentamos. Así
podremos comprendernos mejor a nosotros mismos y a los demás, y
llevar una vida más rica y plena.

Tu cerebro es increíblemente complejo. Está formado por cien mil millones de neuronas o células nerviosas (más o menos), cada una con entre mil y diez mil sinapsis, o conexiones, con otras células. El número de conexiones posibles es mayor que el número de partículas del universo conocido (aproximadamente diez, seguido de setenta y nueve ceros). El cerebro contiene unos cien mil vasos sanguíneos y no siente dolor ni placer, aunque genera el dolor y el placer que sientes en el resto del cuerpo. Sin cerebro, no hay dolor. Todo lo que sabemos del mundo es a través del cerebro. Controla los latidos del corazón, la respiración, el sueño, la vigilia, la energía sexual y el apetito. Dirige e influye en tus pensamientos, estados de ánimo, recuerdos, decisiones y acciones. El mundo de la vista, el sonido, el tacto, el gusto y el olfato están perfectamente organizados por el cerebro para nuestra atención y entretenimiento. La cantidad de trabajo que se realiza entre bastidores para presentar este asombroso espectáculo de sonido y luz se nos oculta. Sea lo que sea, el mundo que percibimos se crea en nuestro cerebro a través de miles de millones de células nerviosas que entrelazan trillones de señales eléctricas y químicas, y luego proyectan el resultado ahí fuera en un desfile multisensorial. El mundo es como es porque somos quienes somos. Sólo percibimos lo que nuestro cerebro nos permite percibir.

Tenemos la ilusión de que controlamos nuestras decisiones y de que somos los dueños de nuestro destino. Sin embargo, la mayoría de nuestros pensamientos, sentimientos, decisiones y acciones no están bajo nuestro control consciente. Nuestro cerebro es como un mago: nos oculta cosas y pone otras en primer plano. Es el maestro de la ilusión, que desvía nuestra atención para crear la realidad que creemos percibir.[1] A medida que avancemos en este libro, veremos lo que esto significa en la práctica.

Nunca debemos olvidar que nuestro cerebro viene con un cuerpo. No manda sobre este como un titiritero manda a una marioneta. Es parte integrante del cuerpo.[2] Tampoco tiene el monopolio del tejido nervioso. El corazón tiene más de cuarenta mil neuronas. El intestino tiene cien millones de neuronas y decenas de neurotransmisores, lo que le ha valido el título de segundo cerebro.[3] Y a menudo existe una rivalidad amistosa entre ambos.

Metáforas del cerebro

Todavía hay muchos mitos sobre el cerebro que deberían desaparecer. El principal ejemplo es que el cerebro es un ordenador con pretensiones.[4] Si el cerebro fuera un ordenador, funcionaría igual independientemente del tiempo, del estado de ánimo, del entorno y de quién lo encendiera. Lo recordaría todo perfectamente. (Y se bloquearía si intentara hacer dos cosas a la vez, y habría que reiniciar a la persona). Pero no lo hace. Se ve afectado por las emociones, por lo que hacen otras personas y se toma días libres. El cerebro no tiene una CPU, sino que funciona más bien como una colección de aplicaciones independientes apretujadas en el mismo lugar. A veces cooperan, a veces compiten y, a menudo, interfieren entre sí.

Otro mito muy extendido es que sólo utilizamos un pequeño porcentaje de nuestro cerebro. Utilizamos todo nuestro cerebro la mayor parte del tiempo y la mayor parte de nuestro cerebro todo el tiempo. Incluso cuando dormimos, el cerebro está activo, a menudo más activo que cuando estamos despiertos. El mito del diez por ciento es útil para recordarnos que tenemos más potencial del que pensamos y que probablemente podemos hacerlo mejor de lo que estamos haciendo, pero este es el campo de la psicología de la motivación, no de la neurociencia.

Por último, también existe el mito perdurable de que el lado izquierdo del cerebro es la sede de la racionalidad, como una biblioteca universitaria, construida sobre la lógica y el orden. El lado derecho del cerebro es alocado y artístico; una fiesta universitaria con mucha música y llena de gente pasándolo bien. Hay una pequeña parte de verdad en esto, que exploraremos más adelante. Cada hemisferio es bueno en algunas cosas y no tan bueno en otras, pero cooperan bien. (Por ejemplo, las partes que tienen que ver con el lenguaje tienden a estar principalmente en el hemisferio izquierdo). Hay jolgorio en la biblioteca y racionalidad en la fiesta.

Coaching y neurociencia

La neurociencia es el estudio de la estructura y el funcionamiento del sistema nervioso y el cerebro, y su relación con el comportamiento y el aprendizaje. La neurociencia cognitiva es la biología de la mente, la conexión entre nuestro sistema nervioso y nuestro pensamiento y comportamiento. El cerebro es la parte principal del sistema nervioso, y aquí nos centraremos en el funcionamiento del cerebro y sus aplicaciones para el *coaching*.

La neurociencia aporta una perspectiva vital adicional en el *coaching*. No explica directamente nuestro comportamiento, pero nos ayuda a desentrañar cómo construimos nuestro mundo subjetivo. Todo el mundo construye su realidad a partir de su experiencia, y la realidad de cada persona es única. Nuestra experiencia es procesada por nuestro cerebro. Nuestro mundo, tan rico, colorido, musical y diverso, se crea en la oscuridad en un lenguaje extraño de señales electroquímicas entre nuestras células cerebrales. Las redes de asociaciones y significados que creamos a partir de la experiencia son paralelas a las redes de conexiones nerviosas que establecemos en nuestro cerebro. Esto no disminuye la riqueza de nuestra experiencia, sino que nos permite mirar «debajo del capó» para ver cómo se crea. Sabiendo cómo se crea, podemos crear mejores realidades.

El *coaching* ayuda a las personas a cambiar. ¿Qué significa eso en la práctica? El cambio es un movimiento desde un estado actual a un estado deseado. En nuestras formaciones, nos gusta simplificar el *coaching* explorando tres cuestiones.

En primer lugar, ¿dónde estamos ahora?

Para salir de este lugar, necesitas entenderlo, especialmente las limitaciones y los hábitos que te mantienen ahí. Tienes que centrar tu atención. La neurociencia puede decirnos mucho sobre la atención y cómo utilizarla. ¿Has intentado alguna vez mantener tu atención centrada en una cosa? Un rápido experimento (pruébalo ahora) te mostrará lo voluble y fácil de distraer que es nuestra atención. Siéntate en una silla y respira profundamente diez veces, contando cada una de ellas.

Hazlo de todos modos, te sentirás mejor aunque no demuestre nada. Luego repítelo tres veces.

Concéntrate sólo en tu respiración.

¿Hasta dónde has llegado sin que tu mente divague? Pasar la primera tanda de diez es bastante buen resultado.

El enfoque y la concentración son habilidades muy convenientes.

¿Cómo podemos centrar nuestra atención y evitar las distracciones?

En segundo lugar, ¿adónde queremos estar?

¿Qué quieres crear? ¿En qué quieres que sea diferente tu vida? La neurociencia puede mostrarnos cómo formulamos objetivos, cómo la emoción nos ayuda a decidir qué hacer y cómo la memoria de trabajo sustenta todo el proceso.

En tercer lugar, ¿qué hay en el camino?

Si el cambio fuera fácil, nadie necesitaría un *coach*. Puede haber obstáculos externos, pero la mayoría de las veces lo que nos detiene son hábitos de pensamiento que no son suficientes para resolver el problema. Un hábito es algo que hacemos o pensamos que antes era gratificante pero que ya no lo es. Está impulsado por un estímulo externo, y la vía neuronal ya funciona por sí sola; el uso repetido la ha hecho rápida e inconsciente. Los hilos de la repetición se han convertido en una cadena de hierro. Los hábitos son nuestros amigos cuando queremos seguir igual, pero, cuando queremos cambiar, los hábitos se convierten en el enemigo. La facilidad irreflexiva del hábito dificulta el cambio. Los hábitos de pensamiento conducen a los hábitos de acción. Los hábitos de pensamiento son los caminos automáticos que seguimos sin ninguna reflexión. Comprender nuestro cerebro nos ayuda de dos maneras. En primer lugar, veremos que el pensamiento se ve influenciado muy fácilmente por nuestro entorno y por otras personas, mucho más de lo que pensamos. Saber cómo ocurre esto nos da la oportunidad de contrarrestarlo. En segundo lugar, entender cómo el cerebro crea hábitos nos muestra la mejor manera de desmantelarlos y crear otros nuevos.

¿Por qué cambiar ahora? ¿Cuándo es el momento adecuado para un cambio? A veces, un choque repentino ha sacado algo a la superficie, o un asunto se ha estado cocinando demasiado tiempo y ahora ya estamos oliendo a quemado. Cambiamos cuando es importante, por lo que nuestros valores están implicados. Mientras que los objetivos y la planificación pueden ser cognitivos y fríos, los valores son emocionales y cálidos; nos mueven a la acción. La neurociencia nos da muchas pistas sobre cómo los centros emocionales del cerebro (cognición caliente) trabajan junto con las partes más razonables (cognición fría) para planificar, decidir prioridades y actuar en consecuencia.

En el centro del cambio está el aprendizaje. ¿Cómo aprendemos? Aprendemos de nuestras experiencias, y cambiamos nuestras acciones y pensamientos en respuesta a nuestra experiencia. Cambiamos porque algo nuevo nos parece más valioso y retributivo. ¿Cómo atribuimos valor y recompensa a las experiencias? Este es un campo donde la neurociencia tiene mucho que decir; el cerebro tiene un sistema de recompensa alimentado por el neurotransmisor dopamina. Si queremos entender el valor, la recompensa y la experiencia del deseo, es mejor que comprendamos su funcionamiento. Querer algo no es lo mismo que te guste algo. Se puede desear algo pero no disfrutarlo, como ese trozo extra de tarta de queso que se funde en la boca tras el primer bocado culpable. Querer y gustar se rigen por sistemas cerebrales diferentes y no siempre coinciden.

El *coaching* termina con la acción: una estrategia para llevarnos del estado actual al estado deseado. Necesitamos secuenciar y alinear nuestras acciones. Tenemos que dejar de hacer algunas cosas y motivarnos para hacer otras. Tenemos que pensar a largo y a corto plazo, coordinar los recuerdos y mantener la concentración. Bienvenidos al mundo de la corteza prefrontal (CPF), situada detrás de la frente, la llamada directora general del cerebro. Sin embargo, la directora general no está completamente al mando. El miedo puede anular nuestro plan. Planeamos una buena presentación, pero estamos tan ansiosos que la estropeamos en el momento crucial. La CPF puede decirnos que no seamos estúpidos, pero a veces resulta impotente frente a la pequeña estructura con forma de almendra en lo más profundo del cerebro que gestiona el miedo: la amígdala. La amígdala es la principal protagonista de nuestro circuito emocional. Cuando cualquier emoción se impone a la acción inteligente, experimentamos la verdad de que no somos una sola persona, sino un conjunto atareado de partes diferentes, todas con su propia agenda. Entender cómo funciona el cerebro en la práctica nos ayudará a domar este equipo turbulento y a ser más congruentes y eficaces.

Vivimos en un mundo social. El *coaching* suele ser individual, pero el cliente aporta a la sesión las huellas de su familia, sus allegados, su cultura y su sociedad. El cerebro se estudia como si estuviera aislado, pero nacemos en un mundo social. La sociedad es anterior a nosotros y estará ahí cuando nos hayamos ido. Nacemos en una lengua y una cultura y en un mundo dinámico. Crecemos como individuos y olvidamos lo mucho que debemos a los demás. El cerebro no tiene vínculos materiales con otros cerebros, pero las conexiones materiales en el cerebro se forman a través de la experiencia con los demás y por la cultura que uno internaliza. El campo de la Neurociencia Social Cognitiva (NSC)[5] —cómo el cerebro es moldeado por otros— está creciendo. Ningún cerebro está aislado; otras personas estimulan y cambian constantemente nuestro pensamiento, nuestras emociones y nuestras decisiones. Los demás son el mayor misterio. Desde pequeños sabemos que son como nosotros, pero independientes. No podemos saber con certeza lo que están pensando y, sin embargo, realizamos milagros de lectura mental de forma rutinaria, prediciendo correctamente las intenciones de otras personas. ¿Cómo podemos conectar con los demás y empatizar con ellos si cada cerebro está aislado en un cráneo diferente? Esta es otra pregunta que la neurociencia puede ayudar a responder, de modo que los *coaches* puedan aplicar las respuestas a la práctica.

En resumen, el estudio del cerebro nos permite conocer la mente, el campo de juego de los *coaches*.

No necesitamos conocer la anatomía y la nomenclatura detalladas del cerebro. Queremos conocer a grandes rasgos el funcionamiento de este sistema increíblemente complejo con aplicaciones para los *coaches* (Figura 1.1).

Figura 1.1 El equipo en la sala cerrada.

Coaching del cerebro

Permítenos por un momento hacer un experimento mental. Imagínate que te llaman de una empresa multinacional para que hagas de *coach* de su equipo directivo. El director de Recursos Humanos (RRHH) se ha mostrado bastante reservado sobre el equipo y la naturaleza de tu tarea, pero está muy bien pagada; la empresa tiene fama de ser una de las más ricas, dominantes y herméticas del mundo. El equipo directivo es una especie de misterio; nadie sabe realmente quién dirige la empresa. Te hacen pasar a la sala de espera y te dicen que el equipo está en la sala de al lado, detrás de una puerta cerrada. Sin embargo, antes de que puedas empezar, te dicen que hay algunas condiciones inusuales en tu contrato como *coach*.

En primer lugar, no conocerás a ningún miembro del equipo cara a cara. En segundo lugar, sólo el director general se comunicará contigo directamente. Se llama Peter Bach y hablará en nombre de los demás. Todo el equipo debatirá de forma conjunta, pero tú no oirás su conversación, sólo el resultado. Te parece extraño, pero estás de acuerdo y pides información sobre los demás miembros del equipo, ya que no los verás ni los escucharás.

«Bueno», dice el director de RRHH, «la mayoría del equipo no habla tu idioma, así que hay dos traductores, Vera Score y John Broker. Vera traducirá lo que tú les digas y John te traducirá lo que diga el director general con lo que piensa el equipo».

«¿Cómo son de buenos en su trabajo?», preguntas.

«Depende», responde la directora, «normalmente lo hacen bien, pero tienen sus días malos. Y debo advertirte», continúa, «que el equipo tiende a maquillarlo todo para quedar en buen lugar. Recuérdalo cuando escuches la traducción de John. No es que mienta exactamente, pero puede ser económico con la verdad».

Mientras digieres esto, te dice: «Luego está el director financiero, Victor Strickland; está muy centrado en si tu asesoramiento va a generar rendimiento».

«Una advertencia sobre Víctor», continúa el director. «Necesita ver un beneficio claro de la sesión. Tiende a descartar cualquier cosa que esté demasiado lejos en el futuro. Además, le gustan las ideas nuevas. Si ya las ha escuchado antes, no le impresionan, independientemente del mérito de la idea».

Frunces el ceño y te acomodas más en la silla frente a la puerta cerrada de la sala de juntas.

«¿Quién más hay?», preguntas.

«Della es la encargada del control de riesgos; no te metas con ella, pues detendrá la sesión en un santiamén si se siente amenazada. Trabaja en estrecha colaboración con el jefe de Seguridad y Vigilancia, Andrew Solo».

Empiezas a preguntarte si has tomado la decisión correcta al aceptar este trabajo. El director se detiene un momento y mira a lo lejos. «Mary Island es un miembro importante del equipo, consigue tener a la gente despierta y centrada en el asunto. Sin ella pueden ser un poco desorganizados. Y luego está Jan Sanctum, nuestro organizador y extraordinario solucionador. Todo tiene que pasar por él, sabe quién es la mejor persona para tratar cada asunto».

El director de RRHH continúa: «No hay que olvidar al director global de RRHH, Richard Border, que se lleva muy bien con todo el mundo; asegúrate de conectar con él. También tenemos a nuestra jefa de procesamiento de datos, Mary Steed, que lleva un registro de todas las reuniones. Si alguien se pierde, se remite a su registro».

«Unas palabras sobre Mary», dice el director inclinándose hacia ella. «Suele editar todo el tiempo y cada vez que saca un archivo, lo cambia antes de devolverlo a su sitio. Así que será mejor que también tomes tus propias notas».

«¿Son todos?», preguntas.

«Eso es todo lo que sé», dice el director, «puede que haya otros».

Bienvenido a la sección de *coaching* del cerebro. Exploraremos las formas de lograr el éxito como *coaches* de este extraño equipo, situado en la cabeza de todos.[6]

El cerebro material

Primero, un rápido recorrido cerebral para orientarnos. Hay un glosario al final de este libro. El cerebro es un sistema increíblemente complejo; intentaremos mantener la descripción lo más sencilla posible, pero no más que eso. La neurociencia aún no puede proporcionar una descripción completa y ordenada del funcionamiento del cerebro y quizás nunca lo haga. Aunque es tentador asignar las facultades mentales a lugares del cerebro, no es posible. Algunas partes están especializadas, pero necesitan el apoyo de muchas otras para funcionar. Una parte del cerebro puede ser necesaria, pero no suficiente, para una función. Por ejemplo, necesitamos el hipocampo para recordar; si se eliminan partes del hipocampo, el resultado es una amnesia profunda. Pero la lesión de otras partes del cerebro también puede provocar alteraciones de la memoria, y las huellas de la memoria a largo plazo parecen almacenarse en la corteza frontal. Por lo tanto, cuando decimos que una parte del cerebro tiene una función, en realidad queremos decir que esa parte desempeña un papel importante y que no podemos prescindir de ella, pero que se necesitan otras partes para que funcione plenamente. La mayoría de las partes tienen varias funciones y contribuyen a diferentes sistemas. (Por ejemplo, el hipocampo también participa en la planificación, el aprendizaje y la expresión adecuada de las emociones). Hay mucho sistema redundante incorporado.

Tras esta advertencia, continuemos con el recorrido.[7] El cerebro ocupa la parte superior del cráneo y está dividido en dos mitades, o hemisferios, que son imágenes espejo la una de la otra. Están conectados por un gran haz de fibras nerviosas conocido como cuerpo calloso.

La parte más grande (el ochenta por ciento del peso total del cerebro) es el *cerebrum* o corteza cerebral. [8] Llena la parte delantera y superior del cráneo, como la carcasa de espuma de un casco de bicicleta, y está dividida en cuatro partes. La primera es el lóbulo frontal (detrás de la frente y los ojos). Se encarga de la planificación, las decisiones ejecutivas y el pensamiento racional. También controla nuestros impulsos caprichosos, para que nunca se traduzcan en acciones. Como es de esperar, está muy bien conectado con otras áreas del cerebro (Figura 1.2).

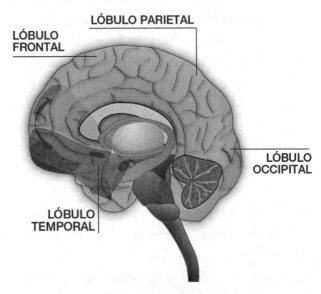

Figura 1.2 Corteza cerebral.

El lóbulo parietal (detrás del lóbulo frontal) se ocupa de las sensaciones. Las sensaciones del mundo exterior y del interior del cuerpo se asignan a esta parte de la corteza. El lóbulo temporal (debajo de los lóbulos parietal y frontal) se ocupa principalmente de la audición y la memoria. El lóbulo occipital (en la parte posterior) se ocupa de la visión.

Imagina tu cerebro como un puño cerrado con los nudillos apuntando hacia delante. Mirando hacia abajo, los lóbulos frontales son los nudillos, los lóbulos temporales son los lados carnosos de la mano, el lóbulo parietal es el dorso de la mano cerca de los nudillos y el lóbulo occipital es el dorso de la mano cerca de la muñeca.[9]

Las estructuras situadas bajo la corteza se denominan subcorticales y se encargan de los procesos básicos que nos mantienen vivos, así como de las emociones, el dolor y el placer. El tálamo es una estructura pequeña pero importante. Hay uno en cada hemisferio y actúa como estación de transmisión, coordinando las señales y transmitiéndolas a otras partes del cerebro. En la parte inferior de la corteza cerebral sobresale el cerebelo (cerebro pequeño). El cerebelo también tiene dos hemisferios y coordina el movimiento, la postura y el equilibrio. A partir del cerebelo, y conectando el cerebro con la médula espinal, se encuentran las partes que dirigen nuestros sistemas vitales básicos como la respiración, la regulación de la temperatura y la circulación sanguínea (Figura 1.3).

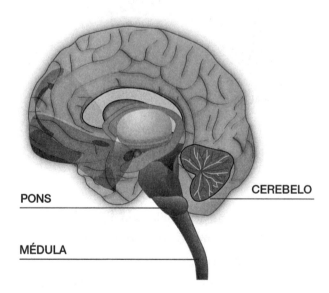

PONS

CEREBELO

MÉDULA

Figura 1.3 Cerebelo.

Otras estructuras importantes están situadas bajo la corteza cerebral y no son visibles. El hipocampo (uno en cada hemisferio) es donde se forman nuestros recuerdos. La amígdala (también una en cada hemisferio) es la parte clave del cerebro para procesar las emociones y los recuerdos emocionales, especialmente el miedo. Los ganglios basales son una serie de pequeñas estructuras situadas en la parte inferior del cerebro. Están implicados en la búsqueda de placer y recompensa, y en el control del movimiento (Figura 1.4). Por último, hay dos áreas que nos dan el don de producir y comprender el lenguaje. Son sorprendentemente pequeñas para gestionar una parte tan importante de nuestras vidas. El área de Broca suele estar en el hemisferio izquierdo de la corteza frontal y procesa la producción del lenguaje. Una lesión en esta zona produce la pérdida de la capacidad de comunicarse mediante frases comprensibles.

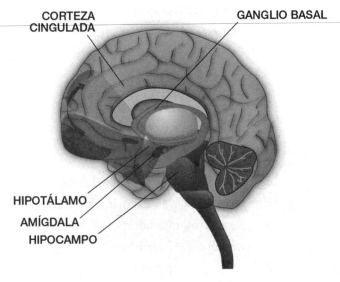

Figura 1.4 Estructuras subcorticales.

El área de Wernicke es una zona situada en el lado izquierdo del lóbulo temporal. Los daños en esta zona hacen que las personas sean incapaces de comprender el lenguaje escrito o hablado.

Cómo se comunica el cerebro

¿Cómo se comunica el cerebro consigo mismo y con el resto del cuerpo? El cerebro está formado por células nerviosas (o neuronas) que transmiten información en forma de señales electroquímicas.[10] Toman la información de otras neuronas y luego la transmiten (o impiden que se transmita). Las neuronas tienen un cuerpo celular, con muchas proyecciones en forma de pelo que se vuelven más finas y delicadas a medida que se extienden. Se llaman dendritas y reciben información de otras neuronas. Las neuronas también tienen un largo filamento que se extiende, llamado axón, que transmite la información a la siguiente neurona a velocidades de hasta trescientos veinte kilómetros por hora. Entre el axón de una célula y las dendritas de la siguiente hay unos pequeños huecos llamados sinapsis. Una señal debe saltar la sinapsis para continuar. El proceso es como usar un teléfono. La señal (la voz de tu amigo) baja por el teléfono y salta el hueco hasta tu oído a través del aire. En las células nerviosas, la señal se transmite a través de la sinapsis principalmente mediante unas sustancias químicas llamadas neurotransmisores que se fabrican en la sinapsis. Los neurotransmisores permiten que la señal fluya hasta la siguiente neurona. Si no hay neurotransmisores, no hay señal. Hay más de cien neurotransmisores. La dopamina, la serotonina y el ácido gamma-aminobutírico (GABA) son los más importantes, y los conoceremos, a ellos y a sus efectos, más adelante. Ahora, ya estamos más familiarizados con el equipo de la sala cerrada. El siguiente paso es ver cómo se modifica.

2

Pensar en el cambio: neuroplasticidad

Neuroplasticidad

El *coaching* cambia a las personas. El cambio en el comportamiento y el pensamiento debe significar también un cambio en el cerebro. Cuando uno acepta un nuevo trabajo, la mayoría de sus rutinas cambian. Cuando aprendes un nuevo idioma o te mudas a otro país, piensas de forma diferente. Todo esto se refleja en cambios en el cerebro; se crean nuevos circuitos, como nuevas carreteras hacia nuevas ciudades y pueblos mentales. Las viejas carreteras se abandonan y las zonas pobladas quedan desiertas.

La neuroplasticidad es el proceso mediante el cual el cerebro cambia en respuesta a nuevos pensamientos, experiencias y acciones. El cerebro no es como una colección de estatuas; es como una multitud ajetreada, que se empuja, habla, hace nuevos amigos y se desprende de otros. Algunos se van, otros se unen al grupo. La neuroplasticidad es la base de todo nuestro aprendizaje y nuestra capacidad de cambio, por lo que es conveniente que nos ocupemos de ella en primer lugar.

La neuroplasticidad adopta tres formas: la formación de nuevas neuronas, la formación de nuevas sinapsis y el fortalecimiento de las sinapsis existentes. El cerebro de un recién nacido tiene casi el mismo número de neuronas que el de un adulto. A los dos años, su cerebro ha alcanzado el ochenta por ciento del tamaño de un adulto. Este cerebro infantil forma dos millones de sinapsis por segundo a medida que crece, una hazaña increíble. El mundo es nuevo para un bebé, que aprende de todo indiscriminadamente, porque aún no sabe lo que es útil y vale la pena conocer, así que la naturaleza juega a lo seguro y lo capta todo.

Lo que es importante y vale la pena aprender se aclara con el paso del tiempo. (A mamá no le gusta que grite, vale la pena recordarlo). Muchas conexiones neurológicas se pierden y las que quedan se fortalecen. Cuanto más frecuentemente se utilicen las vías, más fuertes se vuelven. Otras vías no se utilizan y se estropean. En la adolescencia hemos perdido miles de millones de sinapsis, y las que quedan son fuertes y están bien conectadas. El cerebro adulto se forma a lo largo de nuestra adolescencia y ahí, se pensaba, termina la historia.[1] Entonces, a mediados de la década de 1990, los trabajos de Elizabeth Gould y Fernando Nottebohm[2] echaron por tierra esta ortodoxia. Gould demostró que los animales crean nuevas células cerebrales a lo largo de la vida. La investigación de Nottebohm demostró que los pájaros cantores creaban nuevas células cerebrales para cantar sus canciones. (Curiosamente, esto sólo les ocurre a los pájaros en su hábitat natural, no cuando son criados en jaulas). Pero se trataba de experimentos con animales. Luego, un trabajo de Eriksson en 1998 demostró que se producen nuevas neuronas en el hipocampo del cerebro humano adulto.[3] Poco a poco, la metáfora del cerebro pasó de ser un disco duro estático a un organismo que se renueva por sí mismo.

Establecer conexiones: plasticidad sináptica

Los cambios en las sinapsis se conocen como neuroplasticidad sináptica. La neuroplasticidad sináptica es la forma en que creamos hábitos y adquirimos destreza, ya sea para aprender a jugar al tenis, escribir a máquina o fumar cigarrillos. Una sinapsis se refuerza cuando las neuronas de ambos lados están activas al mismo tiempo, lo que hace más probable que la señal se transmita a través de la brecha. La neurona anterior a la sinapsis (la neurona presináptica) debe activarse de forma fiable antes que la neurona posterior a la sinapsis (la neurona postsináptica), para que la señal siga fluyendo. El proceso se conoce como potenciación a largo plazo. La ley de Hebb resume este proceso: «Lo que se activa junto refuerza su conexión». Donald Hebb fue un psicólogo canadiense que realizó un trabajo pionero sobre las redes neuronales a mediados del siglo xx.[4] «Las neuronas que se activan por separado se conectan por separado» es otra manera de decirlo.

Neuroplasticidad competitiva

No sólo pueden crearse, destruirse, reforzarse y debilitarse las sinapsis, sino que las propias neuronas pueden ser tomadas y reutilizadas. Las neuronas no son especialistas limitadas, sino trabajadoras versátiles que pueden cambiar de trabajo si es necesario. El cerebro es mucho más adaptable de lo que creíamos. Incluso es oportunista: si algunas células nerviosas no se utilizan, pueden ser ocupadas y utilizadas para otro fin, como cuando descubrimos que nuestra habitación libre se ha convertido en una segunda cocina cuando no estábamos mirando. Esto se conoce como neuroplasticidad competitiva, y hay muchos ejemplos fascinantes.

Sabemos que la ceguera hace que otros sentidos como el tacto y el oído se agudicen para compensar. Este es el resultado de la neuroplasticidad sináptica: el oído y el tacto se utilizan más, por lo que las conexiones se refuerzan y aumentan. La neuroplasticidad competitiva hace más. Las neuronas que no se utilizan se toman y se usan para otras cosas. Cuando alguien es ciego, la parte del cerebro que normalmente procesa la información de los ojos (principalmente el lóbulo occipital en la parte posterior del cerebro) no recibe nada. Pero no

permanece inactiva. Empieza a procesar las entradas de otros sentidos, como el tacto y el oído.[5]

Creemos que percibimos el mundo exterior y sentimos partes de
nuestro cuerpo, pero todo tiene lugar en el cerebro. El cerebro es una
serie de interminables pasillos oscuros llenos de señales eléctricas y
químicas. Todas las entradas, ya sea la vista, el sonido, el tacto o el
gusto deben convertirse en este extraño lenguaje universal del cerebro
y luego procesarse en algo que percibimos. Eric Weihenmayer es ciego desde los trece años. En 2001, se convirtió en la primera persona
ciega en escalar el Monte Everest. Escala con una red de cientos de
pequeños electrodos en la lengua, llamada puerto cerebral. La red
traduce el vídeo en impulsos eléctricos que la lengua decodifica en
patrones visuales de distancia, forma y tamaño. La información no
tiene que venir de los ojos porque no vemos con los ojos. Vemos con
el cerebro. Este toma la información de los ojos y crea lo que experimentamos como vista. El cerebro puede crear imágenes por sí mismo
en el lóbulo occipital, incluso sin información externa, y proyectarlas
hacia el exterior como alucinaciones. El mismo proceso se aplica a la
audición; el cerebro crea lo que experimentamos como sonido deco-
dificando la información desde los oídos. También puede producir
alucinaciones auditivas en el lóbulo temporal. Sentimos con nuestro
cerebro. Descodifica las sensaciones táctiles de nuestra piel. También
podemos tener alucinaciones táctiles: sentir algo que no está ahí realmente. La estimulación de las células de la corteza motora del cerebro
hace que la persona sienta la sensación en la parte correspondiente
del cuerpo.[6]

Pensamiento y neuroplasticidad

El cerebro cambia en respuesta a lo que hacemos en un mundo dinámico. Las acciones repetidas provocan cambios en el cerebro. Por
ejemplo, tocar la guitarra amplía y refuerza partes de la corteza motora

primaria que controlan los dedos. Otras zonas también se ampliarán y mostrarán más actividad, como el cuerpo calloso.[7]

¿Pueden los pensamientos cambiar el cerebro? El cerebro es una parte física y palpable de nuestro cuerpo. Pesa un par de kilos. Los pensamientos son intangibles, pesan menos, tanto si se trata de reflexiones sobre el Premio Nobel como sobre qué desayunar. Todos son igualmente insustanciales. Y, sin embargo, los pensamientos pueden cambiar el cerebro; pueden reorganizar las neuronas y las sinapsis. El lenguaje del cerebro son mensajes electroquímicos que pasan por los axones y activan las neuronas. Estos mensajes son el resultado tanto de las acciones físicas como del pensamiento. El cerebro expresa ambos de la misma manera.

Hay muchas pruebas. Un experimento (Pascual-Leone 1995)[8] tomó a personas que nunca habían tocado el piano y las dividió en dos grupos. El primer grupo practicó mentalmente una secuencia musical durante dos horas al día durante cinco días. El segundo grupo tocó físicamente el pasaje durante el mismo tiempo. Durante el experimento, los cerebros de ambos grupos fueron mapeados. Ambos grupos podían tocar la secuencia y ambos tenían mapas cerebrales similares. Ambos grupos tocaban bien al tercer día. La práctica mental había formado los mismos mapas en la corteza motora que la práctica física.

Pensar cambia el cerebro, y luego el cerebro cambiado influye en nuestro pensamiento futuro. Lo que pensamos repetidamente se vuelve más fácil de pensar. Así es cómo construimos hábitos de pensamiento que nos potencian o nos limitan; los equivalentes mentales de nuestros hábitos físicos. Los pensamientos que mantenemos con regularidad pasan de ser nuestros huéspedes a ser nuestros inquilinos y quizás, finalmente, a convertirse en nuestros amos.

La parábola de los dos lobos lo expresa de forma más poética. Un anciano le contaba a su nieto la batalla que se libra dentro de cada uno. «La batalla», dijo, «es entre dos lobos que todos tenemos dentro. Uno es malo. Es codicioso, arrogante y está lleno de autocompasión y resentimiento. El otro es bueno», continúa, «es pacífico, cariñoso y amable». El hombre guardó silencio. El niño pensó un momento y luego preguntó: «¿Qué lobo gana?». El hombre respondió: «El que alimentas».

Aplicaciones para el *coaching*

Todas las investigaciones neurocientíficas demuestran que el cerebro es un sistema dinámico y sensible que responde a lo que vemos, oímos, sentimos y hacemos. Un hábito crea un mapa cerebral, y, cada vez que se repite, el mapa y las conexiones se refuerzan y desarrollan. Las conexiones se hacen más rápidas (Merzenich y Jenkins 1993).[9] Los hábitos se aprenden y se desaprenden; las habilidades se ganan y se pierden. Lo que repetimos se fortalece, lo que descuidamos se debilita.

Como dice el refrán chino, «los hábitos empiezan como telarañas, pero terminan como cadenas».

El *coaching* ayuda a los clientes a aprender nuevas habilidades y a cambiar los hábitos de pensamiento que nos limitan por otros más potentes. Saber cómo funciona esto en el cerebro es increíblemente útil. Muchos clientes se sienten atrapados por sus hábitos. Pueden creer que algunos hábitos no pueden cambiarse. «No se pueden enseñar trucos nuevos a un perro viejo», resume la idea. Un *coach* puede esforzarse por cambiar esa creencia. Ahora tenemos investigaciones que nos dicen que nuestro cerebro no es un conjunto de células perezoso e inmutable, sino un sistema que se renueva por sí mismo. Esta constatación es liberadora. El cambio se hace posible, incluso inevitable. Cada día nos recreamos de forma diferente con lo que hacemos y pensamos. Los *coaches* pueden convertirse en los activadores de la neuroplasticidad autodirigida. El cliente decide el cambio, lo realiza y lo mantiene. Está reorganizando su cerebro con la ayuda del *coach*.

El lado oscuro de la neuroplasticidad

La experiencia de estar atrapados en los hábitos, de encontrarnos haciendo lo mismo de siempre y pensando lo mismo de siempre, incluso cuando no queremos hacerlo, es el lado oscuro de la neuroplasticidad. Nuestros cerebros dan espacio a las cosas que hacemos habitualmente: el pulgar para el que escribe mensajes de texto compulsivamente, los dedos para el violinista, el paladar para el sumiller. Las conexiones de los pensamientos habituales se refuerzan, haciéndolos más suaves y fáciles de acceder. Los pensamientos pueden ser sanos y útiles o perjudiciales y autodestructivos, el proceso es el mismo. El cerebro no juzga qué hábitos son buenos o malos. Una vez arraigados, son igualmente difíciles de cambiar. Los hábitos se forman cuando no estamos mirando. El lema «Por una vez más no pasa nada» es un mantra peligroso. Las cadenas de los hábitos pueden ser demasiado ligeras para sentirlas hasta que son demasiado pesadas para romperlas. Así que la primera lección para los *coaches* es tratar los hábitos con mucho respeto. Queremos que la neuroplasticidad trabaje para nosotros, no contra nosotros.

La tecnología moderna y las redes sociales funcionan así. Los motores de búsqueda y las redes sociales analizan tus búsquedas y te ofrecen lo que te ha gustado en el pasado. Los algoritmos funcionan asumiendo que eres el mismo que la última vez que los usaste. Si les dejamos, pueden filtrar lo que vemos en función de dónde hemos estado, no de dónde queremos ir. Las conexiones que haces y los caminos digitales que recorres se refuerzan y te sirven una y otra vez. El resultado es una burbuja de filtros digitales que no se nota porque nunca se ve desde fuera. Tendemos a asumir que un motor de búsqueda buscará lo que queremos, pero estos buscan lo que creen que queremos basándose en lo que hemos buscado en el pasado. El cerebro crea su propio filtro burbuja a menos que seamos cuidadosos, siempre haciendo y pensando lo que ya nos resulta familiar. Recomendamos la novedad y pedimos a los ejecutivos que exploren un nuevo interés cada tres meses. Debe estar completamente fuera de sus intereses normales. Puede ser la radioastronomía, la música folclórica rumana o la historia del metro de Nueva York, no importa. Es importante salir de la burbuja del filtro. Siempre informan de que obtienen nuevas ideas y perspectivas interesantes. Un nuevo interés permite ver el tema de una manera nueva y sugiere nuevas formas de ver las viejas tareas. No importa si más tarde pierden ese interés.

Lo importante es abrir nuevas vías en el cerebro.

He aquí otra implicación del lado oscuro de la neuroplasticidad. El cerebro sigue el camino de menor resistencia. Las señales fluyen por los caminos más transitados. Esto limita la creatividad. Por ejemplo, deja el libro por unos momentos y piensa en una playa junto al mar...

Bien, ¿qué se te ha ocurrido?

¿Un glorioso sol en el cielo que brilla sobre las olas? ¿Arena blanca y fina que se escurre entre los dedos? ¿Olas relajantes?

¿Quizás una palmera, hamacas, cerveza con hielo?

Tal vez vives en una ciudad junto al mar, como Río de Janeiro, y piensas en tu playa favorita...

¡Clichés! Son ideas conocidas.

No hay nada de malo en ellas. Sólo señalamos que es probable que tus primeros pensamientos sean clichés. Para pensar de forma creativa hay que abandonar deliberadamente los caminos trillados. Hay que dejar la respuesta fácil. La primera respuesta que sale de la boca de un cliente es probablemente el pensamiento habitual sobre el tema. Presiona para obtener una segunda y una tercera. Leonardo da Vinci desconfiaba de su primera solución a un problema, aunque pareciera prometedora, y siempre indagaba más. Los *coaches* deben empujar a sus clientes a ser más como Leonardo. No aceptes la primera respuesta, empuja al cliente a buscar algo mejor.

Hábitos

Casi todo el *coaching* implica un cambio de hábitos. ¿Un cliente quiere ser mejor oyente? Tiene que dejar su hábito de escuchar y crear un hábito diferente. ¿Un cliente quiere ir al gimnasio con regularidad? Tiene el hábito de hacer otra cosa (tal vez relajarse o ver la televisión) y quiere cambiarlo. Para cambiar un hábito del pensamiento, hay que actuar de forma diferente, y, para cambiar un hábito de acción, hay que pensar de forma diferente.

Esta es la fórmula.

En primer lugar, el cliente debe ser consciente del hábito. La parte insidiosa de los hábitos es que funcionan sin conciencia. Los clientes suelen necesitar recordatorios o estructuras que los «despierten». Estos recordatorios pueden adaptarse al cliente. Puede ser un nuevo cuadro en el escritorio, un nuevo salvapantallas o un nuevo bolígrafo de color para usar en la reunión. Cualquier cosa que interrumpa el comportamiento habitual. Empieza con una versión muy sencilla del nuevo hábito. Por ejemplo, si se trata de escribir, empieza con una frase al día. Si se trata de ponerte en forma, unas cuantas flexiones contra la pared; si se trata de escuchar, basta con tomarse diez segundos para escuchar los sonidos que te rodean dondequiera que estés. Lo que suele ocurrir es que el cliente hará más de lo que se le pide, mucho mejor que intentar hacer demasiado y quedarse corto. Poco a poco, puede aumentar el tiempo y la cantidad. Con el tiempo, los nuevos circuitos neuronales estarán fuertemente implantados. Una de las principales razones por las que la gente no sigue los nuevos hábitos es que los quieren todos a la vez, pero el cerebro no funciona así, sino paso a paso. El cambio es más fácil cuando se trabaja con el cerebro en lugar de contra él.

También animamos a nuestros clientes a que hagan un inventario de sus hábitos en el área en la que están trabajando: algunos tendrán que cambiarse, pero otros serán útiles.

¿Qué hacen habitualmente? ¿Qué piensan habitualmente?

¿Cuáles son las frases típicas que utilizan para describir sus problemas? En términos neurocientíficos, ¿cuáles son sus conexiones habituales?

Una vez que el cliente tiene una idea de estos hábitos, puede responder a esta pregunta: «¿Qué hábitos quiero mantener y qué hábitos quiero cambiar?».

Esta es una pregunta poderosa. Habrá hábitos que dificulten el cambio deseado por el cliente. También habrá hábitos que le ayuden. La idea del cambio parece tan poderosa y deseable que a veces olvidamos que necesitamos una base de estabilidad desde la que lanzarnos. Los hábitos dan estabilidad; no siempre son el enemigo. El éxito del cambio consiste en saber qué hábitos hay que cambiar y cuáles hay que mantener.

Atención

¿Qué más puede hacer un *coach* con conocimientos neurocientíficos para ayudar a sus clientes a cambiar? (Perdonad la torpeza de la frase, que significa «un *coach* que sabe cómo funciona el cerebro y puede ayudar a los clientes con prácticas basadas en la investigación sobre cómo tener éxito»). Pueden ayudar al cliente a prestar atención.

«¡Atención!». La frase favorita de padres y profesores para sacarnos bruscamente de nuestras ensoñaciones. Sabemos que prestar atención significa concentrarse. Nuestros profesores querían que nuestra atención se dirigiera hacia el exterior, no hacia el interior de nuestros pensamientos y sensaciones. (Cuando nos centramos en el interior, probablemente estemos funcionando con la red por defecto del cerebro, es decir, las partes del cerebro más activas cuando no estamos haciendo nada y no nos preocupan las acciones dirigidas a un objetivo).

Hay dos formas de dirigir nuestra atención. Una es voluntaria o descendente desde la corteza prefrontal (CPF). Está dirigida a un objetivo. Ahora estás prestando atención voluntaria mientras lees este libro. El otro tipo de atención es la reflexiva o ascendente. Está impulsada por un estímulo que no puedes ignorar. Por ejemplo, tu atención en este libro se vería interrumpida si olieras a humo o sintieras un dolor repentino.

La atención voluntaria está bajo tu control. Es la calidad de la atención la que impulsa los cambios neuroplásticos. Las principales regiones del cerebro implicadas en la atención voluntaria son partes de los lóbulos frontales, la ínsula, los lóbulos parietales y el tálamo. Cuando prestamos atención, se libera dopamina, y este neurotransmisor se asocia con el estado de alerta y la actitud positiva. La dopamina también ayuda a consolidar los recuerdos más rápidamente.[10] Las investigaciones demuestran sistemáticamente que los cambios neuroplásticos son mayores cuando prestamos una atención voluntaria.[11]

Esto tiene sentido. Joseph tocó la guitarra durante muchos años, y estaba muy claro, para él mismo y para sus alumnos, que treinta minutos de práctica con atención cuidadosa valían más que horas de tocar por inercia. Prestar atención es aún más importante si intentamos forjar un nuevo hábito y desmantelar uno antiguo. La atención voluntaria nos impide caer en los surcos del viejo hábito. A menudo sugerimos a los ejecutivos que practiquen la atención voluntaria pidiéndoles que practiquen las habilidades que desean en las circunstancias más difíciles. Les hacemos practicar las presentaciones de diferentes maneras: con notas, sin notas, con los ojos vendados, llevando auriculares con su música favorita (o la menos favorita). A veces, les interrumpimos con preguntas. Una vez pedimos a un formador que quería mejorar sus habilidades de presentación que hablara con las olas desde lo alto de un acantilado (a una distancia segura, por supuesto). No lo hacemos porque seamos sádicos, sino para obligarles a prestar atención a lo que están haciendo. Cuando hagan la presentación real, será fácil en comparación. La práctica del *mindfulness* o la meditación también ayuda a desarrollar la atención.

También tiene muchos otros beneficios neurocientíficos. Volveremos a hablar mucho de la meditación a medida que exploremos más sobre el cerebro.

Prestar atención puede ser un reto. Nuestro entorno de trabajo parece estar diseñado para el déficit de atención, rebotando de una cosa a otra, con la tentación de hacer varias cosas a la vez, «prestando atención» a un colega mientras revisamos subrepticiamente el teléfono móvil, haciendo simultáneamente malabarismos con nuestra agenda mental para encajar todas las reuniones. El cerebro no puede ser multitarea. Cambia muy rápidamente de tarea,[12] generándonos la ilusión de estar haciendo varias cosas a la vez. Es posible ganar rapidez en el cambio, pero es más difícil y menos eficiente que concentrarse en hacer las tareas de una en una. La multitarea da peores resultados que prestar toda la atención a cada tarea. Por último, la multitarea no crea conexiones neuroplásticas porque no hay una atención sostenida y voluntaria.

Esto sugiere dos intervenciones de *coaching*.

En primer lugar, explica a los clientes la realidad sobre la multitarea y anímalos a concentrarse en una sola cosa cada vez, aunque sea por poco tiempo. En segundo lugar, anímalos a rediseñar su entorno de trabajo. Cuanto más puedan reducir las demandas simultáneas de atención que compiten entre sí, mejor será su trabajo. Pueden reducir las demandas de atención. Cambiar el entorno suele ser más fácil y eficaz que cambiarse a sí mismo. El *coaching* tiende a buscar recursos y soluciones dentro del cliente. Los clientes quieren desarrollar nuevas cualidades personales y pensar de forma diferente sobre sus retos. Esto está bien, pero puede hacer que se pierda una oportunidad. Cuando un cliente consigue un mayor control de su contexto y entorno, puede que no necesite trabajar tanto. A veces, una empresa busca un talento especial para hacer un trabajo, en lugar de diseñar el trabajo para que sea más fácil de hacer. Cuanto más pueda controlar el cliente su entorno, mejor funcionará. Así que, en lugar de crear más resiliencia para hacer frente a un entorno de trabajo difícil, empieza por intentar cambiar el entorno, al menos en pequeños aspectos. Esto no es hacer trampa.

Algunos clientes creen que deberían ser capaces de enfrentarse a la situación y consideran que el entorno no se puede cambiar. El cerebro no sabe nada de «debería». Trabaja con lo que es. El cerebro está muy influenciado por el contexto, mucho más de lo que creemos, como veremos en capítulos posteriores. Hemos hecho que nuestros clientes cierren sus puertas, rediseñen su oficina, coloquen avisos de «No molestar» para detener las interrupciones y las distracciones, con el fin de mantener conversaciones difíciles con sus compañeros. Los resultados han sido notables. A veces, no es necesario cambiar uno mismo si se puede cambiar el entorno.

Práctica

La repetición consolida las vías neuronales y la memoria, por lo que necesitamos repetir (con atención focalizada), para conseguir cambios neuroplásticos. No existe una regla rígida sobre el número de veces que hay que repetir o el tiempo que se tarda en hacerlo. Depende de la habilidad, de su complejidad y del equilibrio entre la memoria y la acción física. También depende del nivel de experiencia que se pretenda alcanzar. Sin duda, los periodos cortos de práctica concentrada refuerzan las vías neuronales. Se obtienen ganancias rápidas, pero también se olvidan rápidamente. Esto concuerda con las investigaciones psicológicas que demuestran que tenemos una curva de olvido natural a menos que practiquemos y consolidemos la información repetidamente. Los cambios permanentes requieren más trabajo durante un periodo más largo.

¿Y el ensayo mental? El ensayo mental ayuda (activa las mismas redes motoras que la acción real) pero no es suficiente. La razón de esto es interesante. Sólo aprendemos del *feedback* si no podemos predecirlo de antemano. Si se sabe lo que va a pasar, el cerebro no aprende. En el ensayo mental no hay *feedback* del mundo exterior; todo se crea dentro de la cabeza, por lo que tiene un valor limitado. Es útil para reforzar las habilidades físicas deportivas generando un movimiento básico más fluido (por ejemplo, un revés de tenis), pero incluso entonces, sin *feedback* externo, el revés perfectamente ejecutado puede seguir fallando la pelota que el oponente lanza hacia ti. No confíes en el ensayo mental.

La pericia al más alto nivel tarda mucho tiempo en desarrollarse. La neurociencia de la pericia es un campo emergente.[13] Hasta la fecha, se aplica la regla de las diez mil horas. Fue propuesta originalmente por Anders Ericsson[14] y se dio a conocer a través del libro *Fuera de serie*, de Malcolm Gladwell.[15] Para sobresalir en cualquier habilidad compleja, ya sea tocando el piano, enseñando, jugando a los videojuegos, escribiendo o dirigiendo una empresa, hay que dedicar más de diez mil horas de práctica. Esto supone una media de veinte horas semanales durante diez años. Y no se trata de una práctica cualquiera. La práctica tiene que ser disciplinada, atenta y con *feedback* de por medio (y aquí el *coaching* puede ayudar mucho). Tiene que ser interesante. La monotonía es el enemigo de la atención y, por tanto, de la neuroplasticidad. El talento no es una explicación de la pericia; es sólo una etiqueta que damos a las personas que son muy buenas. Incluso los llamados prodigios como Mozart, Tiger Woods o los *Beatles,* que se convirtieron pronto en expertos mundiales en la profesión que eligieron, dedicaron las horas necesarias si se analiza su vida con más detalle.[16]

Ejercicio físico

Se supone que el *coaching* se realiza del cuello hacia arriba. Sin embargo, el cerebro viene con un cuerpo incorporado, por lo que el ejercicio físico marca la diferencia. Todas las investigaciones apuntan a la importancia del ejercicio físico para el buen funcionamiento del cerebro. El ejercicio no tiene por qué ser la halterofilia olímpica. Caminar, correr, montar en bicicleta o cualquier ejercicio cardiovascular estimula la producción de un compuesto llamado FNDC, que significa factor neurotrófico derivado del cerebro, y su nombre refleja lo que hace. El FNDC procede del cerebro y hace crecer las neuronas. Se libera cuando las neuronas se activan juntas. Ayuda a reforzar su conexión para que puedan activarse juntas de forma constante en el futuro.[17] También se utiliza en la producción de mielina, la capa grasa y aislante que rodea las neuronas y que acelera las señales.

Dormir

Por último, y quizá sorprendentemente, el sueño. El sueño es extremadamente importante para el cerebro. El sueño, el *mindfulness* y el ejercicio físico son un trío del que no podemos escapar en la exploración del *coaching* basado en el cerebro. La importancia del sueño en el aprendizaje, la memoria, la creatividad y la salud se está empezando a valorar.[18] Sabemos que el sueño consolida la memoria, y lo veremos con más detalle más adelante. La privación del sueño reduce los niveles de FNDC[19] aunque no está claro si la privación del sueño hace esto por sí sola o si es el estrés el que conduce tanto a la privación del sueño como a la reducción de los niveles de FNDC. Sea cual sea la flecha causal, el estrés y la privación del sueño agotan el FNDC y la neuroplasticidad. El aprendizaje y la memoria se resienten.

El éxito de la práctica requiere atención y sueño. Un escáner cerebral realizado a sujetos que aprendían a tocar el piano demostró que, después de dormir, los movimientos pasaban al «piloto automático» y tocar era más fácil a la mañana siguiente. La responsable fue la fase dos del sueño, que son las dos últimas horas de un sueño de ocho horas.[20] En 2015, el Comité Olímpico Internacional publicó una declaración sobre la necesidad crítica del sueño en el desarrollo deportivo. El pensamiento creativo, las habilidades para dar una buena presentación o cualquier otra actividad de este tipo, que dependen de la memoria y del buen funcionamiento del cerebro, también necesitan dormir. Es irónico que en nuestra necesidad de hacer más y más rápido, nos estemos saltando el sueño, que es exactamente lo que se necesita para trabajar más eficazmente.

La neuroplasticidad es el vínculo entre el mundo insustancial del pensamiento y el mundo material de las células nerviosas. De alguna manera, arcilla y llama se mezclan, por lo que se influyen mutuamente. La neuroplasticidad hace que todo sea más fácil y sin esfuerzo, ya sea tocar la guitarra, hacer una presentación, meditar, hurgarse la nariz o gritar a los hijos. Entender cómo funciona es la clave para aprender y dejar los hábitos. El *coach* es el facilitador de la neuroplasticidad autodirigida de los clientes (Tabla 2.1).

Tabla 2.1 Neuroplasticidad: resumen

Neuroplasticidad

La neuroplasticidad es el proceso por el cual el cerebro cambia en respuesta a nuevos pensamientos y acciones.

La neuroplasticidad se produce a través de uno o una combinación de los siguientes elementos:

- la formación de nuevas neuronas,
- la formación de nuevas sinapsis,
- el fortalecimiento de las sinapsis existentes.

La plasticidad sináptica implica cambios en las sinapsis.

La potenciación a largo plazo se da cuando una sinapsis se fortalece.

La ley de Hebb recoge la idea de la neuroplasticidad: «Lo que «se activa junto refuerza su conexión».

La neuroplasticidad competitiva es cuando se toman las neuronas y se reutilizan para otra función a menudo completamente diferente.

La neuroplasticidad es la base de los hábitos, el aprendizaje y el cambio.

Tanto los pensamientos como las acciones pueden provocar cambios neuroplásticos en el cerebro.

El lado oscuro de la neuroplasticidad es lo que hace que cualquier acción o proceso de pensamiento sea más fácil y automático, no sólo los que queremos.

3

Pensar y sentir: la neurociencia de los objetivos

Platón comparó la mente humana con un carro tirado por dos caballos: uno de ellos, el intelecto; el otro, la emoción. (El caballo blanco era el intelecto, y el negro la emoción. Nada cambia; la emoción sigue siendo vista como el caballo malo). El cochero, el yo consciente, luchaba siempre para que corrieran armoniosamente. Este conflicto entre ellos ha perseguido nuestro pensamiento desde entonces. La emoción parece perturbar el pensamiento y perjudicar el juicio. Pero tal vez el carro necesita ambos caballos para moverse.

El pensamiento (cognición) se define como el conocimiento, el razonamiento y el juicio; se ocupa de los hechos, la información y las deducciones. Suele basarse en el lenguaje. La cognición es el lago tranquilo y reflexivo del pensamiento. Las emociones son sentimientos sobre pensamientos y experiencias; afectan a nuestro cuerpo y nos mueven. Son corrientes calientes que hacen que el lago sea más turbulento. El río resultante del pensamiento es en su mayoría tibio, pero con ráfagas esporádicas de vapor y corrientes frías regulares. Sea cual sea la temperatura, estamos inmersos en nuestro pensamiento. Desde el punto de vista del cerebro, es sólo actividad en diferentes áreas. Una parte la experimentamos como emoción, otra como pensamiento.

Las palabras «pensar» y «sentir» son diferentes, pero nuestra experiencia es siempre una mezcla de ambas. No hay pensamiento sin sentimiento ni sentimiento sin pensamiento. Hace unas semanas, estábamos haciendo planes para mudarnos a una nueva casa: contactar con la empresa de mudanzas, escribir a los abogados, hacer cálculos financieros. El objetivo y los planes estaban claros, pero también había un montón de sentimientos: felicidad por la idea de vivir en nuestra nueva casa, disgusto por la lentitud de nuestro abogado, ansiedad por los problemas de dinero, incertidumbre sobre qué empresa de mudanzas elegir. También había recuerdos. Los buenos y malos momentos en nuestra antigua casa. Todo ello impulsado por un objetivo: mudarnos a otra ciudad.

Pensar es una actividad compleja en la que intervienen muchas partes del cerebro. La corteza prefrontal (CPF) participa directamente en el control cognitivo, la planificación y las funciones ejecutivas. Participa en la fijación de objetivos, la toma de decisiones y la planificación de acciones. Se autoproclama directora general del cerebro y, como buena directora general, toma la información de otros miembros del equipo. La CPF genera pensamientos e inhibe las distracciones. La CPF es la maestra de la inhibición. Esta capacidad de inhibir los impulsos, las distracciones y los pensamientos irrelevantes es crucial para la concentración. Cuando la CPF no inhibe bien, el resultado será el trastorno por déficit de atención e hiperactividad (TDAH). Hay distintos grados y tipos de TDAH, pero todos conllevan una tendencia a la distracción y una incapacidad para concentrarse. Los principales tratamientos para el TDAH grave son los estimulantes, lo que parece contrario a la intuición cuando la respuesta debería ser seguramente menos estimulación, no más. Los estimulantes actúan despertando la CPF para que haga su trabajo de inhibición de la miríada de partes del cerebro que se disputan la atención.[1]

La parte dorsal (superior) de la CPF (CPFdl) está asociada a la cognición fría, es decir, a la planificación y a la acción regida por reglas. La CPFdl también supervisa las acciones para que sean apropiadas desde el punto de vista social. Un cliente con una CPFdl que funcione bien será excelente en la planificación y ejecución y menos propenso a las influencias emocionales en estos planes. La parte inferior (o ventral) de la CPF está formada por la corteza orbitofrontal (COF) y la CPF ventromedial (CPFVM) y se asocia con el pensamiento más cálido, la memoria emocional y los comportamientos socialmente aceptables. Esta parte de la CPF se activa cuando nos involucramos emocionalmente con los demás. También se activa cuando adoptamos una perspectiva moral o ética. Un cliente con una CPFVM altamente funcional tendría un muy buen control sobre sus impulsos y sus comportamientos sociales. La COF (pon el dedo en el puente de la nariz, entre los ojos, y estarás apuntando directamente hacia ella) desempeña un papel fundamental en la integración de las emociones en la toma de decisiones y en la unión de las corrientes de pensamiento frías y calientes, de modo que aplicamos las normas morales y el comportamiento adecuado de forma racional. Lo ideal es que los sistemas dorsal y ventral trabajen juntos. La planificación y la lógica se ven matizadas por la emoción; una persona no está ni demasiado sujeta a las normas ni demasiado dominada por el impulso. Los dos caballos corren juntos.

La COF también es crucial para el aprendizaje inverso: cuando algo que era gratificante cambia y se vuelve neutro o malo. Recordamos a un cliente que disfrutaba hablando con un compañero de dirección, hasta que de repente ese directivo se volvió crítico y sarcástico. Lo que era un placer se convirtió en un dolor. Se esforzó por entender el motivo, pero la cuestión inmediata era adaptarse a la nueva situación, y ahí es donde entra en juego la COF. Nos ayuda a cambiar de rumbo y a no seguir esforzándonos en vano. Sin el aprendizaje inverso, la gente sigue haciendo algo que le hace daño, aunque se dé cuenta de que le está haciendo daño (Figura 3.1).

Cuando planificamos este libro nos planteamos una pregunta: ¿Qué tratar primero: la emoción o la cognición? ¿O un enorme capítulo que cubriera ambas cosas a la vez? Decidimos tratar primero la cognición, con la esperanza de que todo el panorama se aclare cuando ambas se aclaren por separado.

Así pues, nuestra primera parada es la cognición y la planificación de objetivos.

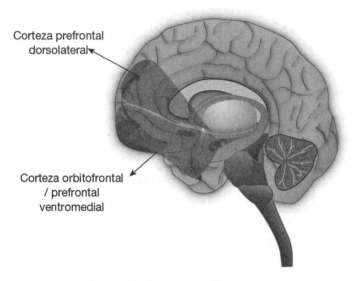

Corteza prefrontal
dorsolateral

Corteza orbitofrontal
/ prefrontal
ventromedial

Figura 3.1 Cognición caliente y fría.

La neurociencia de los objetivos

¿Qué quieres? Esta sencilla pregunta impulsa nuestras acciones; es la pregunta fundamental del *coaching*. Lo que empieza como un pensamiento termina en una acción. El cerebro utiliza el mismo neurotransmisor, la dopamina, para modular tanto la sensación de querer algo (a través de la vía de la recompensa y la CPF) como la capacidad de actuar (a través de los ganglios basales, un grupo de estructuras profundas en el cerebro que controlan el movimiento). La acción orientada a los objetivos es algo muy natural para nosotros, y es difícil imaginar cómo sería la vida sin ella.[2]

¿Cómo decidimos qué hacer? Elegimos lo que nos parece valioso y gratificante. Lo deseamos y tratamos de conseguirlo. A veces, la recompensa es seductora (sexo con la pareja deseada, tarta de chocolate o un nuevo *gadget* reluciente) y el deseo es fuerte. Otras veces, la recompensa es más abstracta (autoestima, libertad o reputación) y el deseo más cerebral. Sea lo que sea, planificamos para conseguirlo; imaginamos posibles futuros, anticipamos los obstáculos y ajustamos nuestras acciones constantemente hacia el estado deseado. El camino hacia el éxito puede significar esfuerzo, dolor y sacrificio. Al final, puede que ni siquiera nos guste lo que conseguimos. Querer y gustar no se rigen por los mismos circuitos del cerebro. A veces, creemos que queremos algo, pero lo que realmente queremos es la sensación que creemos que tendremos cuando hayamos conseguido el objetivo.

Debemos mantener la concentración en el objetivo a pesar de los contratiempos. Tanto si conseguimos el objetivo como si no, el viaje implica creatividad, planificación y visualización. Se necesita la capacidad de concentrarse a lo largo del tiempo y de ignorar las distracciones. Los viejos hábitos deben desaparecer y los nuevos formarse. Miramos al pasado y al futuro para ver los obstáculos y los recursos y formar un plan de acción. Muchas áreas cerebrales deben estar coordinadas. ¿Cómo funciona esto en la práctica? Hay tres procesos principales en el comportamiento orientado a objetivos: crear, sostener y completar.

Crear

La función principal del cerebro es calcular el futuro. El cerebro no es un bulto pasivo de tejido que espera responder a lo que ocurre ahí fuera. Está continuamente tratando de dar sentido a la experiencia, trayendo recuerdos y tratando de predecir el futuro. La mejor manera de predecir el futuro es crearlo.

El cerebro genera expectativas a partir de la experiencia y luego utiliza la información entrante para modificarlas. No vemos lo que está ahí fuera. Vemos lo que está aquí modificado por lo que percibimos ahí fuera (y, de todos modos, percibimos una parte muy pequeña de lo que hay ahí fuera, y gran parte de ella se pierde en el procesamiento). Si dudas de esto, ve a YouTube y mira los vídeos en los que una persona con traje de gorila se pasea por la pantalla y la gente no lo ve (atención selectiva).[3] O mira el vídeo en el que la gente cambia de aspecto y los demás no se dan cuenta (ceguera al cambio).[4] Estos trucos funcionan porque el cerebro crea primero lo que espera ver y no siempre presta atención a lo que hay. Nuestro cerebro está creando todo el tiempo, somos creadores naturales.

Pero no nos sentimos creadores, sino todo lo contrario. Nos sentimos como marionetas a merced de las personas y los acontecimientos de ahí fuera. Crear es un estado del cerebro y una actitud ante el mundo. Hay dos posturas fundamentales que podemos adoptar ante el mundo. Una es ser un creador. Un creador crea posibilidades y se siente poderoso. La otra es ser una víctima. Una víctima reacciona a los acontecimientos y se siente impotente. Creemos que esta es una distinción central para los *coaches*, y todo *coaching* exitoso ayuda al cliente a ser más creador de su vida, así como a prestar atención al *feedback* que viene de afuera.

Un creador siente que tiene influencia para cambiarse a sí mismo y al mundo. Una víctima siente que tiene pocas opciones y que está a merced de los acontecimientos externos. Un creador ve el mundo exterior como *feedback;* una víctima lo ve como una coacción. Un creador sabe que no puede controlar los acontecimientos, pero puede controlar su reacción a los mismos, por lo que ningún acontecimiento es intrínsecamente malo o bueno. Lo que importa es cómo piensa en ellos y qué hace con ellos. Un creador asume la responsabilidad. Una víctima culpa a los demás.

En el capítulo anterior hablamos de la elaboración descendente y ascendente. El procesamiento descendente está impulsado por nuestros planes y objetivos. El procesamiento descendente nos permite ser creadores. El procesamiento ascendente viene de abajo a arriba: nuestra atención es captada por el estímulo. El procesamiento ascendente es a veces muy importante: tenemos que prestar atención al dolor, al peligro, al hambre y a la sed, por ejemplo. El procesamiento ascendente está ahí para ayudarnos a sobrevivir. Cuando la supervivencia está en juego, el cerebro no se compromete y el procesamiento ascendente gana. Sin embargo, si nuestra atención es constantemente captada por eventos externos que no son una amenaza para la vida, entonces estamos bailando al son de otra persona. El procesamiento ascendente habitual para los acontecimientos mundanos nos convertirá en víctimas.

Reaccionar constantemente a los acontecimientos del exterior es estresante. Cuando nos sentimos amenazados, el eje hipotálamo-hipófisis-suprarrenal (HHS) entra en acción.[5] Las glándulas suprarrenales son estimuladas para liberar la hormona del estrés, el cortisol. La respuesta al estrés es útil y nos da energía. El cortisol tiene una reputación injusta: no es malo. Te estimula y te prepara para un reto. El cortisol es necesario. Sin embargo, un exceso de cortisol durante mucho tiempo es malo para el cuerpo y provoca los síntomas del estrés: presión arterial alta, cambios de humor y falta de sueño.

Cada día, podemos adoptar una posición de víctima, reactiva, o una actitud activa de creador. He aquí un ejemplo de un cliente que intentaba tener una mejor relación con su cónyuge. Una mañana le describió cómo ella le había gritado por un asunto trivial. La atención ascendente reaccionaría al comentario hiriente en su valor nominal. Eso le llevaría a la ansiedad, quizás a la irritación o a la ira por lo injusto de todo ello. Eso podría llevar a un comentario cortante como respuesta y, pronto, a una disputa en toda regla. Nuestro cliente, sin embargo, se decidió por la atención de arriba abajo. Se dio cuenta de su reacción y la aceptó, pero no actuó en consecuencia. Quería tener una mejor relación con su pareja, así que era una oportunidad para averiguar qué le molestaba. Creó un significado diferente para la conversación. Una vez que aceptó la situación, pudo analizarla desapasionadamente, tuvo opciones y pudo ser creativo. La posición reactiva nunca será creativa.

Ser creativo es estar en el aquí y ahora, ocuparse de lo que hay, en lugar de guiarse por los hábitos del pasado. Un hábito ya no exige atención: funciona por sí mismo, ya no hay una recompensa asociada. Es automático, recorre un camino tallado por la neuroplasticidad. Las acciones impulsadas por el hábito y las acciones dirigidas por el objetivo compiten en el cerebro, y la COF es la parte que decide qué camino seguir: la creación o la reactividad. La COF es la jueza que decide si seguimos el hábito o reflexionamos sobre lo que queremos en la situación.[6]

Para detener la acción habitual, la CPF debe inhibir la respuesta. Entonces, se abre el camino para ser creativo. La creatividad es un campo de juego, pero el primer paso es siempre la inhibición: detener el pensamiento o la respuesta habitual para que haya un espacio para el pensamiento nuevo.[7] Los pacientes con daños en la CPF vuelven a actuar según su entorno, de forma preprogramada y sin tener en cuenta el contexto. Esto se ha denominado conducta de utilización, es decir, un comportamiento que reacciona al entorno. Las acciones suelen ser extrañas. Por ejemplo, un paciente de un hospital de París, al encontrarse con un martillo, un clavo y un cuadro en la consulta del médico, se puso a colocar el cuadro en la pared, sin motivo aparente.[8] Los pacientes con daños en la CPF suelen depender de los estímulos del exterior y reaccionar a ellos, y aun así, sus acciones pueden no ser apropiadas.

Un futuro diferente

En primer lugar, la COF decidirá si seguir el hábito —es decir, hacer que el futuro sea la imagen del pasado— o crear un futuro diferente. Un futuro diferente significa crear objetivos. A continuación, la CPF inhibe los hábitos y las distracciones, y comienza el proceso creativo.

La primera habilidad necesaria es el pensamiento de abstracción. Nuestro pensamiento se desarrolla a medida que envejecemos, desde el pensamiento operativo concreto del niño hasta el pensamiento matizado más abstracto del niño mayor y del adulto. Los niños tratan con objetos concretos: sillas, leche, galletas, osos de peluche, bicicletas. A continuación, aprenden a agruparlos en categorías abstractas: muebles, alimentos, juguetes, medios de transporte. Una vez que podemos agrupar los objetos en categorías y tratar con estas abstracciones, nuestro pensamiento es libre para combinar y manipular los pensamientos de maneras que son imposibles con el pensamiento concreto. La CPF es el lugar donde realizamos las abstracciones y la capacidad se desarrolla a medida que el cerebro madura.[9] Cuando podemos pensar en abstracciones, podemos establecer objetivos como mejores relaciones, mejores habilidades de liderazgo, etc., y podemos establecer objetivos del ser; es decir, convertirnos en mejores personas.

La segunda habilidad es la capacidad de viajar en el tiempo. Esto nos libera del momento singular del tiempo presente para abarcar el pasado y el futuro. La creación de objetivos requiere la capacidad de mirar al pasado, aprender de él, recoger recursos de él y proyectarse hacia el futuro, mientras se actúa en el presente.

Sabemos que el núcleo supraquiasmático del hipotálamo es una especie de marcapasos del cerebro. Controla los ritmos circadianos del sueño, la temperatura corporal, la memoria y el rendimiento. Cuando el reloj de tu cuerpo no coincide con el del país en el que te encuentras, tienes *jet lag*. No se sabe mucho sobre cómo medimos los plazos más largos. Es probable que la CPF, los ganglios basales y el hipocampo estén implicados,[10] pero el funcionamiento exacto sigue siendo un misterio.

Piensa en algo que hiciste el año pasado... y luego el año anterior. ¿Cómo puedes saber que un recuerdo ocurrió antes que otro?

El cerebro debe etiquetar de algún modo los recuerdos con una marca de tiempo, aunque, cuanto más retrocedemos, menos seguros estamos del orden y los años se funden unos con otros.

He aquí algunas preguntas de *coaching* útiles para ayudar al cliente en la fase de creación de objetivos:

¿Qué quieres crear?

¿Cómo quieres que esto sea diferente?

Cuando hayas hecho el cambio, ¿cómo será tu vida? Describe tu nueva vida...

¿Qué será cierto para ti cuando consigas este objetivo? ¿A qué rompecabezas responde este objetivo?

Sostener

Mientras escribíamos este libro, queríamos mudarnos a una nueva casa fuera de Londres. Nuestra hija iba a cambiar de colegio y queríamos estar más cerca de este. Nos hicimos una idea del tipo de casa que queríamos, de la zona que queríamos y del tipo de vida que queríamos llevar. Era abstracta, optimista y se construyó en parte a partir de nuestros recuerdos de lo que habíamos disfrutado en el pasado. Necesitábamos información sobre la zona, así que pasamos muchos fines de semana recorriéndola y haciéndonos una idea. Después, pudimos elaborar un plan de acción. Era difícil crear una imagen nueva: la tentación era intentar tener todo lo que teníamos antes, pero en un lugar diferente. Esta es la trampa del *expat:* un expatriado que vive en el extranjero y que sigue comiendo comida inglesa, que habla inglés con los lugareños, que tiene un círculo de amigos expatriados y que, a todos los efectos, vive como lo haría en Inglaterra (pero con mejor clima).

La creación debe ir seguida de la planificación y la acción. Esto debe sostenerse a veces durante largos periodos. Para trabajar en pos de un objetivo, tenemos que hacer un seguimiento de los avances y elaborar el siguiente paso. Para ello, necesitamos la memoria de trabajo. La memoria de trabajo es el lugar donde almacenamos y trabajamos con la información a corto plazo (no más de unos minutos). Es «la pizarra de la mente». En este espacio de trabajo, sacamos los recuerdos a largo plazo, los movemos, los aparcamos, los vinculamos al presente y los proyectamos al futuro. La memoria de trabajo es crucial para planificar y mantener la concentración en el objetivo. La CPF dorsolateral (CPFdl) es el lugar donde el conocimiento almacenado (originalmente del hipocampo y la CPF) se integra con nuestras percepciones presentes. La CPFdl también inhibe las desviaciones de la memoria de trabajo: el olor del café o el tentador timbre del teléfono que nos dice que tenemos otro mensaje. Mantener las ideas en la memoria de trabajo y ser capaz de considerarlas largamente sin saltar a una solución es el sello de una inteligencia fluida con pensamiento abstracto y creativo, reconocimiento de patrones y resolución de problemas. La corteza cingulada anterior (CCA) supervisa todo el proceso. Su trabajo consiste en encontrar errores y luego dar *feedback* a la CPF. La actividad de la CCA es mayor cuando se detectan errores o incongruencias.[11]

La creación y el sustento de los objetivos no son sólo cognitivos. Las emociones influyen en nuestro pensamiento en todo momento. Pueden interferir: el procesamiento de la CPF se ve interrumpido por señales de la amígdala si nos sentimos ansiosos o asustados. Los valores están involucrados y los recuerdos conllevan emociones. La COF integra las vías calientes y frías, evaluando el tono emocional de las ideas. Los valores y las emociones guían nuestras decisiones a medida que avanzamos. Los valores son lo que es importante para nosotros en esa situación y están vinculados con la emoción en el sistema límbico. Representan lo que nos resulta gratificante.

Completar

Los objetivos son como muñecas rusas, uno anida dentro de otro y completar uno conduce hasta otro. Los objetivos a largo plazo se dividen en secuencias de objetivos más cortos.

La planificación de objetivos es iterativa, y aplicamos el mismo pensamiento a cada uno de los subobjetivos, sin perder de vista el objetivo principal. En nuestro ejemplo, encontrar un abogado, organizar la financiación, encontrar un agente inmobiliario, encontrar una casa para comprar, encontrar un comprador para nuestra casa, realizar la venta y, finalmente, mudarnos de la vieja a la nueva.

No podemos controlar lo que ocurre, y cada paso del camino es una cocreación en la que intervienen uno mismo, otras personas y acontecimientos aleatorios. A veces funciona y a veces no. Cuando no lo hace, la CCA se pone en alerta y la secuencia vuelve a empezar.

Destino y viaje

Los objetivos deben ser gratificantes; si no, ¿para qué molestarse? Una de las recompensas es la de alcanzar el objetivo: llegar al destino. La otra recompensa está en el viaje. Es inmensamente satisfactorio haber terminado este libro y entregar el manuscrito, pero más gratificante es el aprendizaje que supone escribirlo. Cuando pensamos en los objetivos, parece que el destino es la recompensa, pero eso es una ilusión. Nuestro cerebro ha evolucionado a lo largo de decenas de miles de años y, durante la mayor parte de ese tiempo, las recompensas y los valores eran sencillos: comida, refugio y sexo; y todo ello lo antes posible, porque la vida era corta e incierta. Ahora nuestros objetivos pueden ser más abstractos y a largo plazo. Los objetivos a largo plazo, como la adquisición de habilidades, el desarrollo personal, el liderazgo o las buenas relaciones, son muy complejos. Pueden girar, cambiar y transformarse a medida que avanzamos. El éxito no depende sólo de ti, es necesario que participen muchas otras personas. Incluso cuando consigues lo que quieres, puede que no sea lo que esperas, y puede que no sientas lo que pensabas que ibas a sentir.

Hemos tenido varios clientes que han subido con esfuerzo la escalera de su carrera, han colocado triunfalmente el pie en el último peldaño y, al mirar a su alrededor, se han dado cuenta de que la vista no se parece en nada a lo que habían imaginado. Así que más vale que el camino sea gratificante; de lo contrario, el logro de la meta puede ser una gran decepción.

Este es el mejor ejemplo. Supongamos que quieres escalar el Monte Everest. Estarás en la cima (si lo consigues), como mucho treinta minutos; esos treinta minutos serán maravillosos, pero luego tienes que empezar a bajar. El ascenso y el descenso te llevarán semanas. La preparación llevará meses. Escalar el Everest es un viaje, y todo el viaje tiene que ser gratificante y merecer la pena. La vista desde la cima es la guinda del pastel. Sea cual sea el objetivo, pasamos mucho más tiempo en el viaje que en el destino. La emoción de la cumbre nunca dura, y buscamos otra cumbre que conquistar. El viaje tiene que ser gratificante para que, aunque no se llegue a la meta, se pueda sentir que ha merecido la pena.

Un viaje requiere concentración y perseverancia a largo plazo. Esto está relacionado con el neurotransmisor dopamina que conoceremos en el capítulo ocho. Basta con decir que la dopamina es el neurotransmisor que domina la recompensa. Las vías del cerebro nos hacen desear y buscar aquellas cosas que consideramos gratificantes. Actúa sobre la CPF para darnos la sensación de motivación, energía y deseo. La CPF tiene muchos receptores de dopamina, y la motivación proviene de la activación de las vías de la dopamina en la CPF. Para ser motivadores, los objetivos deben ser gratificantes, deben estar vinculados a valores. El valor no sólo debe estar en el logro, sino también en el viaje. Si no hay relación con los valores, no hay dopamina. Sin dopamina, no hay motivación. Sin motivación, no hay acción. (La dopamina es también el principal neurotransmisor que activa los ganglios basales para actuar). Cuando los clientes se quejan de la falta de motivación, lo que están diciendo desde el punto de vista neurocientífico es: «Este objetivo no parece ser lo suficientemente gratificante y valioso como para activar mis vías mesolímbicas de dopamina, por lo que estoy experimentando una falta de energía y de impulso para pasar a la acción con tal de conseguir este objetivo». Respuesta: conecta el objetivo con tus valores y, por tanto, con la dopamina. A medida que los niveles de dopamina aumentan en la CPF, también aumenta la motivación.[12]

Se necesita flexibilidad, así como concentración y perseverancia. Las circunstancias cambian y hay que reconsiderar los planes. La COF interviene en el aprendizaje inverso, cuando lo que era gratificante deja de serlo. La CCA también entra en juego. En primer lugar, se activa cuando utilizamos un marco temporal más largo. La CCA restringe la visión al pasado inmediato. En segundo lugar, se activa más por las acciones que podemos controlar. Cuando un cliente cree que no tiene mucha influencia, la CCA puede no activarse en el mismo grado y puede restringir su horizonte temporal. El *coach* debe mantener al cliente en su zona de influencia, donde puede tener un impacto directo en lo que sucede.

Aplicaciones para el coaching

Ahora vamos a unir los temas con el ejemplo de nuestra propia incursión en la compraventa de viviendas.

Uso de los conocimientos almacenados (CPFdl e hipocampo)

Ya teníamos experiencia en la compra de una casa, pero no en la venta y la compra al mismo tiempo. Teníamos experiencia en encontrar los fondos para comprar, así que eso fue útil. Sin embargo, gran parte de nuestra experiencia anterior no era aplicable, ya que las condiciones del mercado eran muy diferentes en ese momento.

En los casos en los que no teníamos ni conocimientos ni experiencia, nos pusimos en contacto con expertos, agentes inmobiliarios y abogados para que se ocuparan del proceso legal.

Estas son las dos cosas importantes que hemos aprendido:

- Era tentador seguir los pasos obvios y conocidos. Muchas veces, valió la pena echar un segundo vistazo.

- En la medida de lo posible, «externalizamos nuestra CPF» a profesionales de confianza.
- Era tentador, pero inútil, intentar controlar todo el proceso. Controlamos lo que podíamos y pagamos a otros para que intentaran controlar lo que no podíamos.

Las preguntas útiles fueron las siguientes:

¿Qué sé ya de esto?

¿En qué medida estos conocimientos se aplican ahora? ¿En qué medida las circunstancias son diferentes ahora?

¿Quién o qué puede ayudarme y cómo puedo encontrarlo?

Motivación y recompensa (dopamina, CPF y sistema límbico)

Hubo fuertes valores que nos llevaron a la mudanza.

Queríamos mudarnos al campo, valorábamos el estilo de vida de allí. Queríamos estar cerca del colegio de nuestra hija.

Los principales valores para la mudanza fueron la sensación de espacio, la paz y una zona bonita.

Había muchas cosas buenas en el lugar donde vivíamos, pero sabíamos que perderíamos algunas cosas en un nuevo lugar. Tardamos diez meses en completar la mudanza. Hubo muchos momentos en los que nos sentimos agobiados, ansiosos e irritables, y cada vez intentábamos recordar por qué nos mudábamos.

Algunas preguntas útiles fueron las siguientes:

¿Qué es lo importante de esto? ¿Cómo me siento al respecto?

¿Mi próxima acción está en consonancia con lo que es importante de esto? ¿Sigo queriendo esto?

¿Qué pequeña recompensa puedo darme por haber llegado hasta aquí?

Detección de errores (CCA)

Muchas veces, el proceso parecía paralizado y era difícil no ponerse ansioso. Un acontecimiento nos puso a prueba. Acabábamos de perder un comprador y teníamos tres nuevos clientes potenciales en fila para ver nuestra casa. A las cuatro de la mañana de un lunes, Joseph se despertó por el sonido del agua corriente. Se levantó alarmado y entró en el baño del primer piso, que daba directamente a la cocina. El suelo estaba inundado por una tubería rota. Detuvo el flujo de agua y bajó a la cocina preparado para lo peor, y no se decepcionó. La cocina parecía como si le hubiera caído una bomba de agua, el techo de escayola se había derrumbado y estaba esparcido en trozos empapados por todo el suelo. Una tonelada de escombros de obra que se habían escondido entre los pisos se habían venido abajo con el techo. Fue una catástrofe. Nos pareció que el techo se había caído sobre nuestros sueños. No había nada más que hacer que limpiar, cancelar las visitas y llamar a los electricistas, fontaneros y decoradores necesarios para poner la cocina en orden. Esto nos llevó más de dos semanas. Al final, puede que incluso fuera mejor así. La cocina se redecoró por completo y, en su nueva encarnación blanca y brillante, resultó más atractiva para los compradores que su anterior aspecto desaliñado.

Algunas preguntas útiles en esta etapa:

¿Cuáles son los riesgos? ¿Qué podría salir mal?
¿Qué puedo hacer para mitigar estas amenazas? ¿Qué influencia tengo?
¿Cómo puedo retomar el hilo?

Aprendizaje inverso y flexibilidad (COF)

Aquí hay muchos ejemplos. En algunas etapas, tuvimos que presionar a los agentes inmobiliarios y a nuestro comprador. Hubo momentos en los que quisimos presionar pero nos contuvimos, porque no iba a servir de nada. La mayoría de las veces dejamos el proceso en manos del abogado, pero otras veces tuvimos que intervenir y hacernos cargo del proceso. El incidente del techo de la cocina lo puso todo en suspenso. En lugar de buscar compradores, tuvimos que aplazarlos durante dos semanas.

Algunas preguntas útiles:

¿Qué acciones tengo que seguir realizando en todo momento?

¿Qué acciones debo revisar que quizá no me sirvan ahora?

¿Qué acciones debo replantear o dejar de hacer debido a este cambio de circunstancias?

Acción (ganglios basales)

Las acciones fluyen fácilmente si la planificación ha sido buena. Puedes construir todo un plan de acción paso a paso, pero ten siempre presente que la realidad es siempre más complicada, y tendrás que cambiar y adaptarte. Hay un dicho militar: «Ninguna estrategia sobrevive al primer contacto con el enemigo». O, como diríamos nosotros, «ningún plan de acción sobrevive al derrumbe del techo de la cocina». Pero siempre hay otro plan de acción.

La pregunta es sencilla: ¿Cuál es mi siguiente paso de acción?

Tabla 3.1 **La neurociencia de los objetivos: resumen**

Habilidad	Sistema cerebral
Planificación	CPFdl
Creatividad	CPF (inhibición)
Procesamiento descendente	CPF
Abstracción	CPF
Deseo	Dopamina
Memoria de trabajo	Hipocampo
Horizonte temporal	CCA
Detección de errores	CCA
Enfoque	Vía dopaminérgica mesocortical
Motivación	Dopamina
Valores	Sistema límbico
Memoria a largo plazo	Hipocampo y CPF
Integración de la emoción y la cognición	COF
Aprendizaje inverso	COF
Toma de decisiones	COF
Flexibilidad	COF
Pasar a la acción	Ganglios basales

Hay muchos tipos de objetivos; nos hemos centrado en los objetivos del hacer, pero también hay objetivos del ser, objetivos de autodesarrollo. Estos son más personales, pero el cerebro los maneja de la misma manera. Crear, mantener y completar un objetivo es un proceso complejo; hay muchos sistemas simultáneos trabajando. Nuestro cerebro es brillante a la hora de gestionarlo. No es tan bueno en la recopilación y evaluación de la información, que es el tema del próximo capítulo.

4

Pensamiento: trucos y trampas

Los *coaches* hacen preguntas para estimular un nuevo pensamiento y preguntas de trampolín (que te llevan a otro pensamiento) a partir de la respuesta. Las preguntas desentrañan el problema y ayudan a los clientes a pensar de nuevas maneras. El *coaching* es, sobre todo, cognitivo. Estamos orgullosos de nuestra capacidad de pensar. Aquí viene la mala noticia. La capacidad de pensamiento del cerebro es errática. Está lejos de ser una máquina de pensar objetiva y lógica. Nuestra forma habitual de pensar distorsiona, simplifica y, directamente, malogra la información que obtenemos. La buena noticia es que, cuando entendemos cómo funciona, podemos pensar mejor. En este capítulo se exponen las trampas que pueden deformar nuestro pensamiento sin que nos demos cuenta.

Dos formas de pensar

Tenemos dos sistemas de pensamiento. El primero es rápido, automático y en su mayor parte no consciente. Llega a conclusiones basadas en reglas generales, muchas de las cuales han sido creadas por la evolución. Dan respuestas rápidas y fáciles, adecuadas a tiempos más sencillos. Solemos utilizarlo para las decisiones cotidianas, pero no es fiable y está influido por nuestras circunstancias: dónde estamos y con quién. Confiamos en él por nuestra cuenta y riesgo para tomar decisiones complejas. Se trata de «pensar sin pensar», sin detenerse a reflexionar. Es lo que se conoce como pensamiento rápido o (de forma poco imaginativa) sistema 1, según el trabajo de Daniel Kahneman sobre la economía del comportamiento.[1] Tendemos a justificar nuestras respuestas rápidas porque tenemos poco o ningún acceso reflexivo a nuestro pensamiento.[2] Somos malos para «pensar sobre el pensamiento». El sistema 1 activa la ínsula, la corteza cingulada anterior y partes del sistema límbico.

El sistema 2 es lento, consciente y reflexivo. Es mucho más fiable, pero… exige un esfuerzo y la inhibición de esa respuesta rápida y obvia (pero a menudo errónea) del sistema 1. El sistema 2 utiliza el pensamiento abstracto y descontextualizado y es necesario para tomar decisiones importantes: asimilar la información, considerarla detenidamente, buscar lo que falta sin dejarse llevar por lo que ocurre aquí y ahora. El sistema 2 utiliza la neocorteza, especialmente la corteza prefrontal (CPF) y la corteza parietal.

¿Y la intuición? El sistema 1 no es la intuición. Consideramos que la intuición es el sistema 2, que trabaja bajo la superficie y está respaldado por mucha experiencia. Algunas personas pueden hacer muy buenos juicios a partir de muy poca información (lo que se llama *thin slicing* y podría traducirse como «hilar fino»).[3] Suelen llamarlo intuición, pero se trata de una apreciación rápida basada en amplios conocimientos (Figuras 4.1 y 4.2).

Nuestro pensamiento es una mezcla del sistema 1 y del sistema 2. Sin embargo, se necesita un esfuerzo especial para inhibir el sistema 1 y utilizar el sistema 2. El pensamiento del sistema 1 proviene de ser «tacaños cognitivos».[4] Queremos gastar el menor esfuerzo posible. Todos somos tacaños cognitivos, acaparamos recursos, nos apresuramos a utilizar el sistema 1. No debemos juzgarnos por hacer esto; es el proceso por defecto del cerebro.

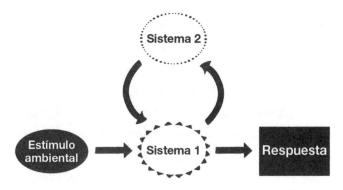

Figura 4.1 Sistemas 1 y 2.

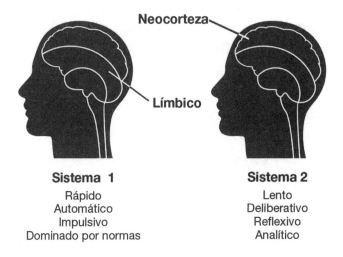

Figura 4.2 Toma de decisiones: procesamiento de los sistemas 1 y 2.

La primera respuesta del cliente a una pregunta suele ser del sistema 1 de pensamiento. Por lo general, no tenemos en cuenta la primera respuesta del cliente, sobre todo si es rápida. La llamamos respuesta de la cabeza.

Así, seguimos una respuesta rápida con preguntas como:

«Ese es tu primer pensamiento. ¿Cuál es el segundo?».
«Cuéntame algo que no sepas». (Este precisa de buena sintonía, pero es muy efectivo).

«¿Esa es tu mejor idea al respecto?».

«Reflexiona un poco más y luego dime lo que piensas».

Utilizamos el mismo enfoque cuando tenemos un cliente insoportable que parece tener todas las respuestas, con una réplica lista para cada pregunta. Dan la impresión de haber pensado en todo. Estos están atrapados en el sistema 1.

Sistema 1 en acción

El sistema 1 es poco fiable en tres aspectos.

En primer lugar, utiliza atajos cognitivos (heurística) y los aplica indiscriminadamente. Por ejemplo, tendemos a pensar que las personas altas y guapas son más capaces y más fiables.[5] Lo juzgamos en menos de una décima de segundo a partir de la apariencia facial.[6] Esto puede llevarnos a cometer grandes errores.[7]

En segundo lugar, el sistema 1 está predispuesto a creer: entiende a través de creer, no de analizar y reflexionar.

En tercer lugar, y lo más importante, el sistema 1 está influido por la situación y da respuestas basadas en el contexto inmediato y no en principios generales. El sistema 1 está muy influenciado por el contexto en el aquí y ahora. El sistema 2 mira al pasado, al presente y al futuro. Tiene en cuenta el allí y el entonces, así como el aquí y el ahora.

Estos son los principales sesgos del sistema 1.

Aversión a las pérdidas

Odiamos más perder que ganar. Una ganancia garantizada (aunque sea pequeña) es más atractiva que el riesgo de perder. Si ya estamos perdiendo (como la inversión en acciones que pierden valor), es más probable que apostemos y nos arriesguemos a una pérdida mayor si eso nos da la posibilidad de recuperar nuestro dinero (doble o nada).[8] La pérdida no tiene por qué ser tangible, como el dinero; puede ser cualquier cosa que valoremos, como el respeto, el amor, el bienestar o la libertad. La gente juega al doble o nada con todo esto.

El sesgo del *statu quo* es una variación de la aversión a las pérdidas. El sistema 1 favorece el *statu quo* porque un cambio se ve como una pérdida. Sin tener en cuenta todas las demás cosas buenas que puede aportar un cambio, la sensación de perder algo puede ser suficiente para inclinar la balanza a favor de la situación actual. Este sesgo explica por qué muchos clientes que dicen querer cambiar, no lo hacen. Los clientes vienen al *coaching* con ganas de cambiar, pero no han pensado en lo que pierden en el proceso. Pueden resistirse a cambiar aunque el coste sea pequeño.

Cuando Joseph se planteó mudarse de Londres a Brasil hace unos años, dudó; no dejaba de pensar en lo que perdería. Andrea verbalizó un reenfoque de manera simple, diciéndole que pensara en lo que dejaría.[9] Dejar es algo que se controla. Perder es algo que te ocurre y que no puedes controlar. Dejar implica que las cosas siguen allí donde las dejaste, y que puedes venir a reclamarlas. Perder implica que se han ido para siempre. Este pensamiento ayudó mucho a Joseph en su momento y ha ayudado a muchos clientes desde entonces.

Otra variación de este tema es la falacia de los costes hundidos. ¿Alguna vez has esperado ver una película, un concierto o una obra de teatro? Esperas que sea una gran noche. Se apagan las luces, empieza la función y a los cinco minutos sabes que es un desastre. Te enfrentas a una decisión: levantarte y marcharte o quedarte hasta el final con la vana esperanza de que mejore. Si te quedas hasta el final, estás atrapado en la falacia de los costes hundidos. Ya has perdido tiempo y dinero (y eso no sienta bien) y no quieres admitirlo. Sin embargo, no tiene sentido quedarse. ¿Por qué perder más tiempo? Nunca recuperarás lo que ya has perdido. Esta misma dinámica mantiene a los clientes en malas relaciones, malas amistades y malas inversiones. Hemos tenido clientes que luchan por un proyecto que está claramente condenado, pero la aversión a las pérdidas les impide darlo por terminado.

¿Cuáles son las aplicaciones para el coaching?

En primer lugar, el conocimiento es poder. Háblale al cliente del sistema 1 y de la aversión a la pérdida. En segundo lugar, explora en detalle el estado actual del cliente, que puede ser menos valioso de lo que parece. En tercer lugar, observa cómo el cliente habla de las decisiones en términos de pérdida o ganancia.

Por último, hay que tener cuidado con el planteamiento de las alternativas. Asegúrate de que el cliente tiene claro tanto las pérdidas como las ganancias de cualquier curso de acción.

Cuando haya pérdidas, anima al cliente a mirarlas con objetividad. Algunas cosas deben dejarse ir para pasar a alternativas mejores. También puedes utilizar el reenfoque perder/dejar.

Sesgo de atención

El sistema 1 dirige nuestra atención. Buscamos lo que nos resulta familiar, especialmente en entornos nuevos y extraños. Aquello familiar atrae nuestra atención. Por extraño que parezca, no tenemos que saber conscientemente que es familiar para que esto ocurra. Es probable que consideremos a una persona más atractiva si hemos visto una foto suya antes, aunque no recordemos haberla visto.[10] Las investigaciones también demuestran que es más probable que la gente juzgue una afirmación como verdadera si la ha oído antes, incluso cuando jura que nunca la había oído.[11]

También buscamos lo que esperamos. Las expectativas son nuestros intentos de predecir el futuro, y nos empeñamos en ser buenos pronosticadores. Buscamos pruebas, aunque sean endebles, para demostrar que tenemos razón. Esperamos que las personas actúen de determinada manera y a menudo no nos damos cuenta si actúan de forma diferente. Es lo que se llama ceguera atencional: no vemos lo que no esperamos, sobre todo si se nos ha ordenado que busquemos otra cosa. El ejemplo más claro es el vídeo del *Gorila en la habitación*. El vídeo muestra a un grupo de estudiantes con camisetas de distintos colores pasándose una pelota. Tu tarea consiste en contar el número de pases. En mitad del vídeo, alguien con un traje de gorila se pasea por la pantalla, se detiene en el centro, se golpea el pecho y sale por la derecha del escenario. Un gran porcentaje de personas que miran este vídeo por primera vez no ven al gorila, aunque el *software* de seguimiento ocular muestre que lo miraron directamente. [12] Se sorprenden cuando vuelven a mirar y se preguntan cómo pudieron pasarlo por alto.

Un giro aún más divertido de este experimento se realizó en la Universidad de Western Washington. Un payaso con una gran nariz roja, vestido de color púrpura y amarillo, pedaleaba en un monociclo por el campus estudiantil. Una encuesta realizada más tarde a ciento cincuenta estudiantes reveló que sólo el cincuenta por ciento de las personas que caminaban solas vieron al payaso. (Un porcentaje menor de personas en grupo vio al payaso y sólo el veinticinco por ciento de los estudiantes que utilizaban un teléfono móvil lo vieron. La tecnología moderna refuerza la ceguera atencional).

Sesgo de confirmación

El sesgo de confirmación es una variación del sesgo de atención.

Nos fijamos y recordamos aquellas cosas que confirman nuestras ideas.

A menudo vemos lo que queremos ver. Hay volúmenes de investigación sobre esto desde 1998. [13] Nos fijamos en los hechos que confirman nuestras creencias, e ignoramos o descartamos los hechos que van en contra de nuestras ideas. Esto significa que tendemos a confiar demasiado en nuestras ideas y podemos continuar alegremente con creencias que van en contra de los hechos. Tuvimos un cliente que había reunido un diario de pruebas sobre la incompetencia de su superior inmediato. Estaba convencido de que esa persona era inútil en su trabajo. Cada día le aportaba nuevas pruebas. En una sesión de *coaching*, dijo que estaba dispuesto a dejar de lado su creencia y tener una mente abierta durante una semana. Le dijimos que pasara la semana recopilando un diario de las veces que viera a su jefe hacer un buen trabajo. El diario resultante era tan detallado como el primero y sorprendió al cliente. Su jefe era humano: algunos días buenos y otros malos. El sesgo de confirmación lleva a las personas a interpretar los acontecimientos de acuerdo con sus ideas preconcebidas y, por tanto, a ser más intransigentes con sus ideas.

Ahora un rompecabezas.

Observa las cuatro tarjetas que aparecen a continuación. Cada una tiene el dibujo de un pájaro o un tigre en una cara y una rosa o un nido en la otra (Figura 4.3).

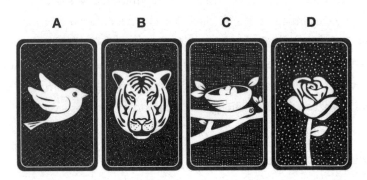

Figura 4.3 Sesgo de confirmación.

Esta es la regla: todas las cartas con un pájaro en una cara tienen un nido en la otra. ¿A qué dos cartas darías la vuelta para confirmar la regla?

Piensa antes de seguir leyendo.

La mayoría de la gente dice que se dé la vuelta a la carta A con el pájaro. Esto es correcto. Si no hay un nido en el otro lado, entonces se rompe la regla.

La segunda respuesta común es dar la vuelta a la carta C, mostrando el nido (que debería mostrar un pájaro al otro lado). Pero... esta es la respuesta del sistema 1. Si la imagen del otro lado es un pájaro, esto sólo confirmará la hipótesis. No te dirá si es cierta (porque no hay ninguna regla que impida que la carta del tigre tenga un nido al otro lado). Tienes que dar la vuelta a la tarjeta D que muestra la rosa, porque si esta tiene un pájaro en el reverso, entonces se desvirtúa la hipótesis.

Este pequeño juego muestra una idea más profunda. Incluso cuando no hay nada en juego, tendemos a buscar pruebas que confirmen las ideas, en lugar de pruebas que las cuestionen.[14] No es de extrañar que el sesgo de confirmación sea tan poderoso. El sistema 1 entiende las afirmaciones tratando de hacerlas verdaderas (confirmándolas). El sistema 2 entiende las afirmaciones tratando de hacerlas falsas (probándolas). «La excepción confirma la regla» debe ser el dicho más estúpido que se haya acuñado jamás. Una excepción refuta la regla y significa que hay una regla más profunda que encontrar.

Los clientes deben ser conscientes de su sesgo de confirmación. El sesgo de confirmación no es una estupidez; es simplemente la forma en que el cerebro funciona por defecto... Los *coaches* hacen bien en pedir a los clientes pruebas que refuten su idea u observación. Pide contraejemplos, preguntas que cuestionen las suposiciones del cliente. Si el cliente está en lo cierto, en ese caso buscar contraejemplos no le perjudicará.

Sesgo de disponibilidad

Prestamos atención a lo que está disponible. Nos dejamos llevar por nuestra propia experiencia y lo que conocemos, aunque no sea representativo. ¿Pensamos en viajar en avión? Nuestra mente piensa en dos accidentes aéreos ocurridos en los últimos dos meses, así que decidimos tomar el tren. Los accidentes aéreos son catástrofes de gran repercusión, de las que se informa y que recordamos (las cosas malas son noticia, lo que tiende a sesgar aún más el pensamiento). Nos olvidamos de los millones de viajes seguros en avión en el mismo periodo de tiempo; no fueron noticia. No sabemos lo que no sabemos y a menudo tampoco nos molestamos en averiguarlo.

Nos fijamos en las coincidencias y les damos más importancia de la que merecen simplemente porque están disponibles. El cerebro es un detector de patrones, siempre busca vínculos y asociaciones para dar sentido al mundo, incluso cuando no los hay.[15] El cerebro odia la aleatoriedad; siempre está tratando de dar sentido a los acontecimientos. Un cliente llama justo cuando estábamos pensando en él. ¿Coincidencia? Sin duda. Recordamos esa vez porque fue inusual, pero olvidamos las miles de veces que pensamos en ese cliente y no llamó. El mundo está lleno de coincidencias que el sistema 1 convierte en patrones. La sabiduría popular dice que «las desgracias nunca vienen solas» y será cierto... siempre que se esté esperando a la próxima.

Una variante del sesgo de disponibilidad es el sesgo del superviviente. Sobrestimamos las posibilidades de éxito porque los ganadores aparecen en los titulares y esas son las historias que aparecen en las noticias y que recordamos. La historia la escriben los vencedores. No nos enteramos de los fracasos. Oímos hablar de las grandes empresas y de cómo empezaron desde unos comienzos humildes y pensamos que nosotros podemos hacer lo mismo. Tal vez podamos, pero no olvidemos todos los cientos de empresas que intentaron la misma idea y fracasaron. Estudia también los fracasos y averigua qué hicieron mal. Mira tanto en los cementerios como en los pedestales para orientarte. Ten en cuenta el sesgo del superviviente cuando asesores a un cliente en un proyecto importante. Es estupendo que se sientan seguros e inspirados por las historias de éxito, pero aún así deben pensar cuidadosamente en sus estrategias y no seguir ciegamente un camino sólo porque llevó al éxito a otra persona. Siempre nos mostramos cautelosos cuando un cliente dice algo como «Sé que esto puede funcionar porque mi amigo John lo hizo». Vale, pero ¿cuántos otros lo han intentado y no ha funcionado? ¿Cuáles fueron los factores críticos que permitieron a su amigo John tener éxito cuando tantos otros fracasaron?

Sesgo de resultados

El sistema 1 evalúa las decisiones por el resultado y no por el proceso. Fíjate en las siguientes frases:

> Todos los seres vivos necesitan agua.
> Los árboles necesitan agua.
> Por lo tanto, los árboles están vivos.

Suena bien, ¿verdad? Perfectamente lógico. Ahora mira esto:

> Todas las flores necesitan oxígeno. Los elefantes necesitan oxígeno. Por lo tanto, los elefantes son flores.

¿De verdad? Claramente erróneo, pero fíjate que la lógica del argumento es la misma que la del primer ejemplo.

La lógica está equivocada. La primera proposición debería decir:

> Todos los seres vivos necesitan agua.
> Los árboles son seres vivos.
> Por lo tanto, los árboles necesitan agua.

No detectas el argumento erróneo en el primer ejemplo porque da una respuesta con la que estás de acuerdo. Tendemos a sacar conclusiones con las que estamos de acuerdo (sistema 1), en lugar de comprobar la lógica que hay detrás de la conclusión (sistema 2).

Las buenas decisiones provienen de un buen proceso de toma de decisiones. Incluso lanzando una moneda se acierta la mitad de las veces. Los resultados están influidos por muchas cosas, la mayoría de las cuales están fuera de nuestro control.

Como en el ejemplo del elefante, un resultado exitoso puede ser generado por un proceso terrible. Por ejemplo, un *coach* afirma tener un método infalible para conseguir clientes de *coaching*. Supongamos que consigue que ochenta *coaches* lo prueben. En realidad, el método es deficiente; sólo funciona para uno de cada cuatro. Por tanto, sesenta no obtienen ningún beneficio, pero veinte lo hacen bien. Entonces pide a los veinte que tuvieron éxito que inviertan en su próxima gran idea. La ley de los promedios dice que a diez (el 50%) les irá bien. Así que coge a estos diez para que prueben su siguiente gran idea. Cada vez trabaja sólo con sus éxitos. Después de unas cuantas iteraciones más, acabará con un puñado de personas a las que les ha ido bien cada vez. Estas serán las personas que dará como referencia para sus grandes ideas. Se les conoce como Monos del éxito.[16] Jurarán por su método y dirán a todo el mundo lo bien que funciona. (No funciona, han tenido suerte).

Error fundamental de atribución

Esto causa muchos problemas. Significa que atribuimos los resultados a las personas y descartamos las circunstancias. Subestimamos habitualmente la influencia del contexto en el comportamiento de las personas. Es fácil ver por qué. Conocemos muy bien nuestras propias intenciones. Cuando juzgamos a los demás, suponemos que son iguales y que lo que hacen está motivado por sus intenciones. No tenemos en cuenta la situación. (Pero nos apresuramos a explicar nuestros malos resultados por las presiones de las circunstancias). En la práctica, esto significa que juzgamos a las personas con demasiada facilidad y asumimos que actúan de forma coherente en todas las situaciones. La fiabilidad y la capacidad dependen mucho del contexto, pero tendemos a atribuir esas cualidades a las personas, no a su comportamiento en una situación. Etiquetamos a las personas como dignas de confianza o no dignas de confianza, cuando, en realidad, no es tan sencillo. La mayoría de las personas son dignas de confianza en determinadas situaciones y no lo son en otras. Esto significa que podemos confiar en personas en circunstancias en las que no se debería confiar y contratar a personas que no son competentes para el trabajo que queremos darles.

Sobrestimamos nuestra propia experiencia, influencia y conocimientos. Esto se conoce a veces como el efecto Lago Wobegon (un término acuñado por el profesor David Myers sobre una ciudad ficticia) donde «todas las mujeres son fuertes, todos los hombres son guapos y todos los niños están por encima de la media». Las encuestas demuestran que la mayoría de la gente cree estar por encima de la media [17] en cualquier habilidad que se le pregunte. (¿Quién admitiría tener una inteligencia inferior a la media?). Tenlo en cuenta cuando preguntes a tus clientes acerca de sus habilidades.

Cuanto más estudiamos la neurociencia, más nos damos cuenta del poder del contexto. Los estudios sobre liderazgo son un buen ejemplo. Hay bibliotecas enteras de libros sobre las cualidades de los líderes y sobre cómo la posesión de estas cualidades te convertirá en un buen líder. Al sistema 1 le gusta que las historias sean simples y personales y olvida que es la persona más el contexto lo que hace el éxito. Hay que estar en el lugar adecuado en el momento adecuado. La perseverancia pura y dura, la presencia regular, es una de las cualidades más infravaloradas del éxito. Cada vez hay más investigaciones sobre el liderazgo situacional que demuestran que un líder no tiene que ser una persona carismática e inspiradora, pero sí tiene que representar a sus seguidores frente a la oposición. [18]

Cuando los clientes conozcan este sesgo del sistema 1, serán más realistas sobre sus habilidades y las de los demás. Evaluarán los resultados como una combinación de la persona y la situación. Proporcionarán las mejores circunstancias a los demás y se centrarán en el mejor lugar y momento para sus propias acciones. Y no se dejarán engañar tan a menudo y serán más eficaces en lo que hacen.

¿Correlación o causa?

El sistema 1 saca conclusiones precipitadas, especialmente sobre la causa y el efecto. El cerebro busca patrones, y la causa-efecto es un patrón muy importante, porque se puede predecir el efecto si se conoce la causa. El efecto siempre sigue a la causa, pero eso no significa que lo que sigue a algo sea causado por ello. La gente se lava las manos antes de comer, pero lavarse las manos no hace que se coma. Cuando dos cosas se encuentran juntas, no significa que una sea la causa de la otra. Por lo general, un tercer factor causa ambas cosas. Las playas en las que se vende más helado también tienen la mayor incidencia de quemaduras solares. Los helados y las quemaduras solares no están conectados, pero ambos están relacionados con un gran número de veraneantes acalorados. Correlación no significa causalidad. En otras palabras, si dos cosas suceden juntas, no se deduce que una haya causado la otra. Puede que no haya ninguna conexión.

Existe una correlación muy estrecha entre el consumo de queso y la muerte por enredo en la ropa de cama. Cuanto más queso se consume, mayor es la probabilidad de morir enredado.[19] La correlación es de casi el noventa y cinco por ciento, lo cual es estadísticamente impresionante.

¿Qué podría explicar esta inesperada amenaza de comer queso en la cama? Pues bien, comer demasiado queso podría, de alguna manera, provocar la muerte en la cama.

Otra explicación igualmente improbable es que la ropa de cama peligrosa provoque antojos nocturnos de queso. O, tal vez, algún otro factor sea la causa de ambos. (¿Demasiado vino?). Lo más probable es que se trate de una completa coincidencia y un ejemplo de que, si se seleccionan cuidadosamente los datos, se puede argumentar casi cualquier cosa.[20] Políticos, tomad nota.

Pensamiento lógico

Podemos pensar de forma lógica, pero requiere un esfuerzo. La lógica es un conjunto de reglas insensibles y el cerebro no está bien adaptado a ellas. La lógica no depende del contexto. A continuación se presenta el test de reflexión cognitiva introducido originalmente por Shane Frederick.[21] Son tres preguntas sencillas, y pueden resultar familiares, pero muchas personas se equivocan porque sacan conclusiones del sistema 1 sin pensar.

1. Un bate y una pelota cuestan 1,10 dólares en total. El bate cuesta un dólar más que la pelota. ¿Cuánto cuesta la pelota?
2. Si cinco máquinas tardan cinco minutos en hacer cinco objetos, ¿cuánto tardarán cien máquinas en hacer cien objetos?
3. En un lago hay una superficie cubierta de nenúfares. Cada día, la superficie duplica su tamaño. Si la superficie tarda cuarenta y seis días en cubrir la mitad del lago, ¿cuánto tardará en cubrir todo el lago?

Respuestas en la nota a pie de página.[22]

A continuación, el infame rompecabezas *Monty Hall*.

Imagina que estás en un concurso de televisión frente a tres puertas cerradas.

Se te dice que hay un valioso premio detrás de una puerta (diez mil dólares), pero que no hay nada detrás de las otras dos puertas. Eliges una puerta, llamémosla puerta A. El presentador del concurso abre una de las otras dos puertas (la puerta B) para revelar... un espacio vacío.

Eso te deja con dos puertas sin abrir; una es tu elección original (puerta A) y otra que es desconocida (puerta C).

Ahora el presentador te pide que elijas una puerta. ¿Te quedas con tu elección original (puerta A) o cambias a la otra puerta (puerta C) para tener más posibilidades de conseguir el premio?

Piénsalo por un momento.

El sistema 1 declara rápidamente que tiene una posibilidad entre tres de que cualquier puerta tenga el premio. Por lo tanto, es indiferente cambiar o no. Así, la mayoría de la gente se queda con su elección original. (Además, el sesgo del *statu quo* opera aquí, al igual que la aversión a las pérdidas. Supongamos que cambias de puerta y descubres que el premio está detrás de tu primera elección y lo pierdes. Eso sería insoportable).

Entonces, el sistema 1 tiene otro pensamiento. Ahora está eligiendo entre dos puertas, una con nada y otra con premio. Tienes una probabilidad del cincuenta por ciento, así que no importa qué puerta elijas, por lo que es mejor que te quedes con la puerta A. (El *statu quo* y la aversión a la pérdida siguen funcionando).

De hecho, sorprendentemente, si cambias de puerta y eliges la puerta C, ganarás dos tercios de las veces. No vamos a entrar en la explicación estadística aquí, pero, si no te lo crees, puedes jugar a la simulación del juego y comprobarlo por ti mismo. [23]

La lección práctica del rompecabezas de *Monty Hall* es que, cuanta más información tengas, mejor decisión podrás tomar. La nueva información cambia el problema. Al principio, no tienes información, por lo que la probabilidad de acertar es de una entre tres. La segunda vez, tienes más información (una opción mala ha desaparecido). Por lo tanto, estás en una mejor posición para elegir.

Aplicaciones prácticas para *coaches*

Saber cómo funciona el sistema 1 hace que el *coaching* sea más fácil y eficaz. En primer lugar, tómate la primera respuesta del cliente como un trabajo en curso y no como algo definitivo. Es probable que se trate de una respuesta superficial del sistema 1. Pide siempre una reflexión mejor y más profunda.

En segundo lugar, desconfía de cualquier afirmación de un cliente que empiece con palabras como «Obviamente...» o «Claramente...».

Resumen del sistema 1

Patrón del sistema 1	Descripción
Tacaño cognitivo	Utiliza la menor cantidad de esfuerzo para pensar.
Aversión a la pérdida	Odia perder más que ama ganar.
Sesgo de *statu quo*	Preferencia por la situación actual.
Costes hundidos	Reticencia a dar por perdidos los recursos que han sido invertidos.
Sesgo de atención	Prestar atención a lo familiar y esperado.
Sesgo de confirmación	Prestar atención a las pruebas que confirman lo que crees ahora. Tendencia a buscar pruebas confirmatorias en lugar de contraejemplos.
Sesgo de disponibilidad	Tendencia a utilizar sólo los hechos que están fácilmente disponibles. Lleva a dar importancia a las coincidencias.
Sesgo de supervivencia	Tendencia a prestar atención sólo a las historias de éxito e ignorar las dificultades.
Sesgo de resultado	Prestar atención al resultado más que al proceso.
Sesgo de atribución fundamental	Asumir que las personas son las únicas responsables de sus resultados y el contexto no importa. Asumir que la gente es coherente en todas las situaciones.
Efecto Lago Wobegon	Sobrestimar la propia habilidad.
Causa y correlación	Suponer que los eventos que ocurren en secuencia o juntos son una causa y un efecto.

Las cosas son obvias y claras para el sistema 1. En tercer lugar, sospecha mucho cuando el cliente venga con ejemplos sobre sus percepciones sobre una situación. Puede tratarse de un sesgo de confirmación. Pide a los clientes que den contraejemplos. Si no se les ocurre ningún contraejemplo, pídeles que encuentren uno antes de la siguiente sesión.

Otra aplicación es empezar a construir un plan de acción desde el objetivo hacia atrás hasta el presente. El presente está lleno de creencias y prejuicios que pueden obstaculizar un buen plan de acción. El futuro es una pizarra en blanco, así que pon el objetivo deseado en el futuro y luego trabaja hacia atrás. Esto minimizará los prejuicios. No preguntes al cliente qué es lo primero que va a hacer. Pídale al cliente que imagine que ha alcanzado el objetivo y lo que tuvo que hacer inmediatamente antes para lograrlo. Cuando tenga ese paso, pregúntale qué hizo antes para conseguirlo. Sigue trabajando así hacia atrás hasta llegar al presente. Esto siempre genera un mejor plan de acción que trabajar del presente hacia el futuro (Cuadro 4.1).

El poder del contexto: Primado

El primado es el efecto del entorno inmediato sobre nuestro pensamiento. Nuestros pensamientos están «cebados», es decir, configurados y dirigidos por la situación en mayor medida de lo que imaginamos. He aquí algunos ejemplos que pueden sorprenderte.

En primer lugar, en un experimento denominado «El efecto Florida», los investigadores tomaron dos grupos de estudiantes universitarios y les hicieron una prueba de asociación de palabras. El grupo de control recibió una prueba con palabras al azar. El segundo grupo pensó que estaba recibiendo una prueba al azar, pero no fue así. Su prueba estaba preparada con muchas palabras asociadas a la edad y la enfermedad. (Florida figuraba en la prueba, ya que es el estado favorito de los Estados Unidos para jubilarse; otros ejemplos de palabras eran olvidadizo, calvo, gris). Se filmó a los estudiantes caminando por el pasillo después de haber terminado la prueba. Los estudiantes a los que se les aplicaron las palabras relacionadas con la vejez caminaron mucho más despacio que el grupo de control. Ninguno de ellos creía que las palabras tuvieran ningún impacto en su comportamiento. En otro experimento similar, un grupo recibió una prueba de palabras preparada con palabras asociadas a la grosería y un segundo grupo recibió una prueba con palabras asociadas a la cortesía. A continuación, se interroga a ambos grupos. El grupo preparado con las palabras groseras interrumpió al entrevistador significativamente más veces y más rápido que el segundo grupo. El primado no alteró su juicio sobre el entrevistador (no pensaron que fuera grosero), pero sí su comportamiento.[24]

Resulta aleccionador pensar que algo intrascendente puede alterar nuestro comportamiento sin que seamos conscientes de ello. En otro experimento,[25] los participantes obtuvieron mejores resultados en el juego *Trivial Pursuit* después de ser preparados con palabras relacionadas con la inteligencia. En cambio, lo hicieron peor cuando se les preparó con palabras relacionadas con la estupidez. Parece que, cuanto más tiempo se prepare a la gente, más pronunciado será el efecto.

Nuestro cerebro hace interpretaciones sencillas del entorno y toma las metáforas al pie de la letra. Esto conduce a otro efecto de primado. Decimos que las personas son cálidas o frías, lo que significa que son amistosas o distantes. La CPF las toma como metáforas, pero otras partes del cerebro que no tienen acceso al lenguaje las toman literalmente. En un experimento,[26] los participantes que sostuvieron brevemente una taza de café caliente (en lugar de café helado) juzgaron al entrevistador como una persona más cálida, es decir, más cariñosa y generosa, que los que sostuvieron el café helado. ¿Cómo pueden las sensaciones físicas de calor activar las ideas de cuidado personal? El cerebro trabaja con señales eléctricas, no con conceptos, y tanto la información física como la psicológica sobre la temperatura son procesadas por la ínsula. La ínsula se activa cuando experimentamos cambios de temperatura y cuando nos tocan. También se activa con las experiencias de confianza, empatía, vergüenza social y bochorno.

¿Y la distancia emocional? Hablamos de amigos cercanos y de parientes distantes. Utilizamos la distancia como metáfora de la relación emocional. ¿Quizás el primado también se produzca en este caso?

Lo hace. En un estudio de 2008,[27] se preparó a los participantes con ideas de cercanía o distanciamiento. Los que recibieron la idea de distancia se vieron menos afectados emocionalmente por las escenas de violencia y dijeron disfrutar más de las escenas embarazosas que el otro grupo. El primado de ideas de distancia también redujo la vinculación emocional con la familia y el entorno familiar. No pudimos encontrar estudios sobre las partes del cerebro que se activan al medir la distancia y sentir la cercanía emocional. El primado sugiere que existe una relación.

La preparación tiene enormes implicaciones. Sólo en el caso del *coaching*, importa lo que leemos, con quién estamos y qué hacemos antes de una reunión, conversación o presentación importante. También importa lo que un cliente haya hecho inmediatamente antes de una sesión de coaching. El efecto puede ser insignificante en la vida cotidiana, pero puede marcar una gran diferencia en decisiones y reuniones importantes.

Anclaje

La información también ejerce el primado. Nos afecta la información disponible, aunque no tenga ninguna relación con el problema en cuestión. El cerebro sigue intentando aplicarla.

Por ejemplo, ¿crees que la gran pirámide de Giza mide más o menos de cien metros?

> ¿Cuál es tu mejor estimación de su altura? Escribe tu respuesta.
> Ahora bien, si te preguntamos: ¿Crees que la gran pirámide de Giza mide más o menos de quince metros?

¿Qué altura crees que tiene?
¿Darías una respuesta diferente?

Lo más probable es que des una estimación menor que antes, porque estás influenciado por la información dada en la pregunta. Este efecto se conoce como anclaje. El anclaje es una variación del sesgo de disponibilidad. El cerebro utiliza la información que está disponible. Recuerda que el sistema 1 entiende afirmaciones tratando de hacerlas realidad. El anclaje ocurre en todas partes. Es un dolor de cabeza para los encuestadores que tratan de obtener opiniones imparciales de la gente. Es una de las armas más potentes del marketing y las ventas. Considera cualquier precio sugerido como un ancla. Es una parte crucial de cómo el *coach* debe enmarcar sus preguntas

Las palabras y los números aleatorios pueden ser anclas, incluso cuando se sabe que son aleatorios. Consideremos la investigación realizada con jueces experimentados que estaban considerando imponer una sentencia de prisión a una señora condenada por robar en una tienda.[28] Sin saberlo, se les pidió que tiraran un dado que estaba marcado: podía salir un tres o un nueve. A continuación, se les preguntó si impondrían una condena en meses superior o inferior al número que habían sacado. La pena media impuesta por los jueces que sacaron un nueve fue de ocho meses. La media de los que sacaron un tres fue de cinco meses. ¿Qué relevancia tiene la tirada de un dado en una sentencia de prisión? Ninguna. Y, sin embargo, en la práctica sí la tuvo.

Antes de que pienses que no te dejarás engañar por el primado y el anclaje, recuerda el efecto Lago Wobegon.

Enfoque y preguntas

El primado tiene muchas implicaciones para el *coaching*. La más importante es el enfoque de las preguntas. Los clientes piensan en las preguntas de forma diferente y dan respuestas diferentes según el enfoque de las preguntas.

¿Centrarse en las ganancias o en las pérdidas?
¿Situación o característica personal? ¿Causa o efecto?
¿Proceso o resultado?

Esto es más sutil que evitar las preguntas capciosas. Las preguntas capciosas son obvias («¿Cómo de grave es la situación… realmente?» o «¿Qué más no te ha contado?»). Las preguntas capciosas intentan introducir una idea en tu mente. El primado lo hace sin intentarlo.

Las preguntas que empiezan con «¿Por qué?» atraen las respuestas del sistema 1. La pregunta «¿Por qué has hecho eso?» pide una explicación y juega con el sesgo de confirmación. Nuestro cerebro aprovecha la invitación para hilar una historia que tenga sentido. Una pregunta de «¿Por qué?» también puede provocar una historia. («Lo hice por estas cosas del pasado…»). El cliente puede dar una cadena de acontecimientos que conducen a la acción como explicación.) Caen en la trampa de la correlación/causa.

La intención de una pregunta de «¿Por qué?» suele ser obtener lo que era importante de la situación, por lo que una pregunta mejor es: «¿Qué es importante para ti sobre X?».

Las preguntas cerradas siempre preparan la respuesta. Enmarcan la pregunta de la siguiente manera: «Sólo hay dos respuestas a esta pregunta, sí o no, y tienes que dar una de ellas». Esto conduce sutilmente al cliente en la dirección de lo que piensa el *coach*, porque este ha limitado las posibles respuestas. Los clientes casi nunca cuestionan las preguntas cerradas, porque no les sobra capacidad cognitiva para fijarse en la forma de la pregunta. Les decimos a nuestros clientes que cuando les hacemos una pregunta cerrada, deben señalarlo en lugar de responder a la pregunta. Queremos que piensen en la pregunta, no sólo en sus respuestas. Cuanto más limitadas sean las posibles respuestas del cliente, más probable será que la respuesta provenga del sistema 1.

El llamado modelo TED de preguntas es una buena manera de mantener las preguntas abiertas y sin prejuicios. TED son las siglas en inglés de *tell*, *example* y *describe*.

Las preguntas TED son las siguientes:

«Cuéntame más…», «Dame un ejemplo…» y «Describe la situación…».

Sistema 2

¿Cómo conseguimos que los clientes activen el sistema 2?

En primer lugar, explica los dos sistemas. La neurociencia ofrece al cliente una perspectiva liberadora. Llegan a conocer mejor su cerebro, con sus trucos y demás. El sistema 1 no es malo; no hay que culparlo. A veces funciona bien y todos lo utilizamos. Una vez que los clientes lo entienden, están preparados para vigilar el pensamiento del sistema 1. Una parte de su CPF está al acecho y su forma de pensar no volverá a ser la misma.

En segundo lugar, cuestiona cualquier respuesta superficial. Pídeles que piensen mejor.

En tercer lugar, utiliza tú mismo el sistema 2 en las sesiones. Háblale de este al cliente y dile que la sesión de *coaching* es un refugio para el sistema 2. Muéstrale al cliente cómo funciona el pensamiento del sistema 2 y su poder: más profundo, más reflexivo y no atado al contexto.

En cuarto lugar, pregunta a los clientes por el contexto de las decisiones o conversaciones importantes.

¿Dónde estaban?

¿Quién estaba allí?

¿Qué se dijo?

¿Qué pasó antes?

El contexto es importante. El primado es poderoso porque no lo notamos.

En quinto lugar, anímalos a rodearse de un primado positivo, especialmente antes de las decisiones y conversaciones importantes.

¿Qué compañía frecuentan?

¿Pueden evitar a los conocidos que lastran su energía?

¿Dónde van y qué hacen cuando toman decisiones importantes?

Seis, pedir contraejemplos.

El sistema 1 entiende a través de creer.

El sistema 2 entiende a través de dudar y probar.

El sistema 1 comienza asumiendo que la información es verdadera.

El sistema 2 parte de la base de que la información es un punto de partida para probar y construir.

El pensamiento del sistema 2 necesita tiempo. El tiempo escasea hoy en día, especialmente en los negocios. Los ejecutivos se enorgullecen de poder hablar por teléfono, dar órdenes a su equipo y firmar papeles con la mano que no sujeta el móvil.

El cerebro no puede realizar varias tareas a la vez; hace las cosas de una en una. Además, la multitarea resulta más agotadora; aumenta la carga cognitiva, y la carga cognitiva dificulta el uso del sistema 2.[29]

Por último, no tomes decisiones cuando estés cansado o estresado, ya que esto también entorpece el sistema 2. Los ejecutivos se enorgullecen de la rapidez en la toma de decisiones, y a veces se necesita una decisión rápida. Sin embargo, las decisiones rápidas están fuertemente influenciadas por el sistema 1. Por lo tanto, hay que tener claro qué decisiones son complejas e importantes y dejar tiempo para el sistema 2. Una sesión de *coaching* es un regalo en forma de tiempo para pensar más profundamente.

5

Sentimiento y emoción

Cognición y emoción pueden ser dos palabras distintas, pero no las experimentamos por separado. Las palabras dividen la realidad en paquetes ordenados, pero el cerebro no está ordenado; es un sistema desordenado y masivamente interconectado. Nuestra experiencia es una compleja mezcla de cognición, emoción, motivación y deseo, cada una de las cuales se relaciona con las demás. Como escribió el filósofo Friedrich Nietzsche, «uno debe aferrarse a su corazón, porque, si lo deja ir, pronto pierde también el control de la cabeza».

¿Qué es una emoción? Un sentimiento y una respuesta a los acontecimientos o a nuestra interpretación de los mismos.[1] Las emociones, como su nombre indica, nos mueven.[2] Reaccionamos porque nos importa, son personales. Pueden cambiar nuestro ritmo cardíaco, la presión sanguínea, el color de la piel y la respiración. Nos impulsan a actuar: gritar, correr, llorar, luchar. Llegan rápidamente y no podemos controlarlas (pero sí podemos controlar lo que hacemos con ellas).

Imagina que alguien toca tu cuerpo. Los receptores sensoriales de tu piel transmiten esa señal al cerebro. La corteza motora la localiza y tú eres consciente de la sensación. Esa sensación no tiene todavía ningún componente emocional. Entonces, el cerebro se pone a trabajar en esa sensación y trata compulsivamente de darle un significado. De ahí surge la emoción.

¿Qué fue lo que tocaste?

¿Un insecto? ¡Uf! Asco. Ahuyéntalo.

¿Un desconocido? Sorpresa. ¿Por qué me tocan? ¿Es por accidente? ¿Intentan llamar mi atención?

¿Qué clase de desconocido? ¿Son peligrosos? Miedo.

Vaya, eso me molestó, estaba tratando de leer este libro. Ira.

¿O es alguien a quien quiero acercándose y tocándome afectuosamente para llamar mi atención? Felicidad.

Nuestro cerebro entra en acción.

Del sentimiento a la interpretación, de la interpretación al juicio y la emoción.

La neurociencia de la emoción

Muchas estructuras cerebrales forman parte del circuito emocional. Los centros emocionales son subcorticales, por debajo de la corteza cerebral. El sistema incluye la amígdala, el hipotálamo, el tálamo, la circunvolución del cíngulo y el hipocampo, y suele denominarse sistema límbico. Algunas partes de la corteza orbitofrontal (COF) también son importantes para integrar las experiencias emocionales. El sistema emocional evolucionó antes que la corteza prefrontal (CPF) en un mundo sin electricidad, leyes, dinero ni teléfonos móviles. Responde a las necesidades básicas de vivir, comer y reproducirse; sin la satisfacción de estas necesidades, los humanos no habrían sobrevivido para desarrollar el pensamiento ejecutivo e inventar la electricidad, el dinero o los teléfonos móviles.

No hay acuerdo científico sobre el número de emociones,[3] pero la mayoría de los psicólogos están de acuerdo en las básicas: ira, tristeza, alegría, asco y miedo. Las emociones son señales fuertes que no podemos anular, y algunas (como el miedo) significan una amenaza para nuestra salud y bienestar. Las emociones (y los cambios corporales que las acompañan) ocurren muy rápidamente (en un quinto de segundo) y no están bajo control consciente.

Desde el punto de vista del cerebro, no hay emociones positivas o negativas, sino señales y reacciones a diferentes acontecimientos. Lo positivo y lo negativo son juicios que hacemos sobre el sentimiento. Todas las emociones están ahí por una razón y nos ayudan a funcionar (Figura 5.1).

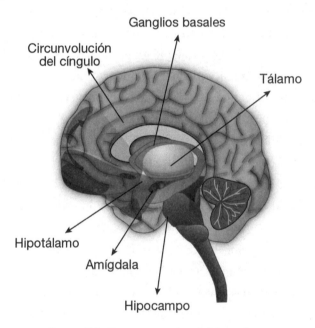

Figura 5.1 Sistema emocional del cerebro.

La amígdala

La amígdala es la estructura más importante del sistema emocional. Hay dos (pero nadie utiliza la fea forma en plural *amygdalae*), una en cada hemisferio, en lo más profundo del lóbulo temporal medial. Es una de las estructuras más conectadas del cerebro. La amígdala interviene en la decisión de lo que significa un acontecimiento y lo que hay que hacer al respecto. La amígdala da prioridad a nuestra supervivencia y está siempre atenta a las amenazas. Por tanto, responde principalmente a las experiencias de miedo, desde los acontecimientos que ponen en peligro la vida hasta las amenazas a nuestros valores, reputación, bienestar y autoestima. Las personas con daños en la amígdala no pueden procesar el miedo. No pueden identificar las expresiones faciales de miedo, aunque sí todas las demás expresiones emocionales. También carecen de la experiencia del miedo. Entienden la idea, pero no la sienten. Aunque esto parece maravilloso, es muy peligroso, porque no reconocen ni afrontan bien las situaciones de peligro.[4]

El trabajo de la amígdala es estar atenta a las amenazas. Cuando la amígdala avisa, la CPF evalúa la amenaza. Por ejemplo, ¿qué pasa si alguien nos asalta por la noche? Recibimos una sacudida de miedo orquestada por la amígdala. («Con razón» concuerda la CPF). Otras veces, la razón puede discrepar. Por ejemplo, las turbulencias durante un viaje en avión. Muchas personas sienten miedo, rebotando a treinta y cinco mil pies. La CPF murmura tranquilizadoramente: «No hay nada de qué preocuparse, estás perfectamente a salvo. Mira, los auxiliares de vuelo no están preocupados. El avión está construido para agitarse con las turbulencias. Las turbulencias no pueden hacer caer los aviones. Relájate». En este caso, la amígdala puede no prestar atención y seguimos agarrados a los reposabrazos.

Hay dos vías distintas para llegar a la amígdala. Una va directamente (y rápidamente) a través del tálamo. Esta se conoce como la vía baja. Simultáneamente, el tálamo envía la información a la corteza sensorial y a otras partes del cerebro, incluido la CPF, para su análisis. El resultado del análisis se envía a la amígdala. Esto se conoce como la vía alta. La vía baja es veinte veces más rápida que la vía alta. Si estás solo por la noche y ves un movimiento inesperado en la oscuridad, recibirás una sacudida inmediata de ansiedad (vía baja), pero después de un momento, verás que es sólo la sombra de la luna entre los árboles (vía alta). La ansiedad pierde fuelle, pero no desaparece del todo hasta que se disipan los cambios fisiológicos del cuerpo (resubida de adrenalina, aumento del ritmo cardíaco y de la respiración que te preparaban para luchar o huir).

Tenemos que evaluar la amenaza para ver su importancia. Este es el trabajo de la CPF medial. Cuanto más activo sea la CPF medial, menos responderá la amígdala. Las prácticas del *mindfulness* (que consideraremos más adelante) refuerzan este bucle de *feedback*. El *coaching* también puede hacer que la CPF medial del cliente evalúe de forma realista las amenazas y las afronte con eficacia.

Nuestros objetivos y motivaciones afectan a la actividad de la amígdala. Por ejemplo, si tu propuesta de negocio es rechazada, tu amígdala estará más activa si necesitas ganar dinero desesperadamente. Estará menos activa si no necesitas el dinero. La amígdala también responde al riesgo: cuanto más arriesgada sea la decisión, más activa estará la amígdala, posiblemente debido a nuestra mayor anticipación a la pérdida. Además, las personas que asumen más riesgos tienden a tener una amígdala más grande y menos conexiones entre la amígdala y la CPF medial,[5] presumiblemente porque la CPF no es tan eficaz para evaluar el riesgo.

La amígdala responde a las expresiones faciales de felicidad, enfado y tristeza, pero responde sobre todo a las expresiones faciales de miedo. Si alguien parece asustado, significa que hay un peligro cerca, por lo que nuestra amígdala reacciona. Sorprendentemente, responde incluso cuando no somos conscientes de haber visto la expresión de miedo. Los estudios demuestran que la amígdala se activa con la misma intensidad cuando la expresión de miedo se muestra subliminalmente, enmascarada por una cara neutra, que cuando se muestra normalmente.[6] Es probable que la amígdala tenga algunas respuestas de miedo programadas. El miedo a la muerte, el dolor y la parálisis son buenos candidatos. Tememos cualquier cosa que pueda matarnos, herirnos o paralizarnos (las serpientes cumplen los tres criterios, y quizá por eso son tan temidas). Aprendemos a temer algunas cosas (Joseph tiene problemas con las alturas, para Andrea no suponen ningún problema. Andrea odia las arañas, Joseph no ve por qué tanto alboroto), probablemente debido a malas experiencias pasadas. La amígdala puede ser enseñada a temer algunas cosas, por ejemplo, si el silencio de tu pareja suele ser el preludio de una pelea, puede que te sientas ansioso cuando está en silencio, incluso si no hay pelea después. Se ha asociado una cosa con la otra: es un aprendizaje condicionado. Este miedo condicionado puede ocurrir incluso si no se recuerdan los acontecimientos. Un ejemplo clásico es el de una paciente con Síndrome de Korsakoff (sin memoria a corto plazo), que fue tratada por el psicólogo suizo Edouard Claparede. La paciente no recordaba ni reconocía al doctor ni al personal médico de un día para otro. Un día, Claparede escondió un alfiler en la mano y le dio la mano para presentarse. Ella se sobresaltó por el dolor, pero debido a su estado, al día siguiente había olvidado el incidente. Sin embargo, cuando al día siguiente le tendió la mano para presentarse, ella se negó a cogerla. Cuando le preguntaron por qué, dijo que por supuesto «todo el mundo tenía derecho a retirar la mano». Su sistema de memoria del lóbulo temporal estaba dañado, por lo que no recordaba conscientemente el dolor o la amenaza.[7] Sin embargo, la amígdala había aprendido que había un peligro (el doloroso pinchazo) y se hizo oír. Tuvo que justificar la retirada de su mano, así que la CPF inventó una excusa en nombre de la amígdala.

Secuestro de la amígdala

La amígdala tiene más funciones. Mejora la memoria: recordamos mejor las experiencias emocionales. También participa de alguna manera en el control de las redes sociales. El volumen de la amígdala está relacionado con el tamaño y la complejidad de las redes sociales de una persona.[8]

La amígdala evalúa si las personas parecen fiables y amistosas.[9] Juzgamos el grado de amabilidad y confianza de las personas prestando atención a sus ojos. La amígdala forma parte del sistema que orienta nuestra atención automáticamente hacia los ojos de otras personas cuando tenemos que juzgar sus intenciones.

Una amígdala activa dirige tu atención a la autodefensa. En caso de amenaza, apagará la CPF y la posibilidad de un pensamiento abierto y creativo. Esto se conoce como «El secuestro de la amígdala». Las amenazas pueden ser reales y físicas: animales poco amistosos, enemigos, situaciones peligrosas. Este sistema puede activarse por la falta de respeto, el tono de voz amenazante, el exceso de trabajo, las amenazas de pérdida de empleo o la falta de «me gusta» en nuestras publicaciones de Facebook. Todo ello supone una amenaza para nuestro bienestar y autoestima, pero no para la vida y la integridad física. Las respuestas de lucha, huida y parálisis, que son útiles ante peligros reales, son inútiles en situaciones sociales en las que la amenaza no es física, pero la amígdala sigue alertándonos y el sistema nervioso simpático entra en acción para enviar adrenalina y cortisol a nuestro cuerpo.

Algunas personas son más resistentes que otras; se recuperan más rápidamente de la adversidad. Parece que cuanto mejores sean las conexiones de la CPF con la amígdala, mayor será la resiliencia.[10] La CPF contiene a la amígdala activa, pensando en la situación, reencuadrando y planificando. Pero la alta resiliencia tiene su lado negativo. Las personas con alta resiliencia se recuperan más rápidamente y pueden parecer insensibles ante los demás. Esto puede hacer que parezcan poco simpáticas y emocionalmente inaccesibles.

Los *coaches* pueden ayudar a un cliente a reconocer un secuestro de la amígdala y lo que lo desencadena. Pueden ayudar a los clientes a evitar los desencadenantes, ya sean actualizaciones de las redes sociales o personas negativas. Cuando estamos ansiosos o asustados, es obvio que no tomaremos buenas decisiones, pero incluso un ligero secuestro de la amígdala impide pensar con claridad. Nadie debería tomar una decisión importante sin la plena posesión de su amígdala. Por otro lado, los *coaches* se mueven en una fina línea entre el desafío y la amenaza. Un *coach* debe desafiar al cliente para que salga de sus patrones habituales, pero, si se pasa de la raya, se convierte en un secuestro.

¿Emociones buenas y malas?

No hay emociones malas o buenas. El miedo parece una emoción mala. No es agradable de sentir y se asocia con cosas malas que suceden, pero está ahí para un propósito. Nos prepara para enfrentarnos al peligro. El miedo señala una amenaza que requiere nuestra atención y acción inmediatas. Las tres F (por sus siglas en inglés *fight – flight – freeze*, lucha, huida o parálisis) son las respuestas que nos da la evolución, y persisten en formas sofisticadas. Un cliente que se siente amenazado puede discutir contigo (lucha), interrumpir la sesión o bloquearla (huida) o quedarse atascado y ser incapaz de pensar (parálisis). Si ocurre cualquiera de estas cosas, es probable que haya un secuestro de la amígdala. La ira nos da energía y nos empuja a conseguir lo que queremos y a superar los obstáculos. El asco nos advierte de algo malo. Básicamente, el asco se desencadena por la comida mala. La comida que huele mal puede hacernos sentir mal. La parte superior del labio se levanta en la expresión de asco para bloquear las fosas nasales contra el olor. Ahora, podemos sentir asco por las acciones de la gente, las opiniones políticas o el gusto por la ropa. La tristeza es una respuesta a la pérdida y moviliza la ayuda de los demás. Ofrecer consuelo es una respuesta humana universal a una persona que está triste.

La sorpresa es una emoción de entrada; abre los ojos y orienta la atención hacia lo que ocurre (bueno o malo). Dura menos de un segundo. Desconfía de cualquiera que parezca sorprendido durante más tiempo, pues está fingiendo. La felicidad, por muy agradable que sea, es un lujo desde el punto de vista de la evolución; no es necesaria para la supervivencia. Es posible que haya evolucionado como una forma de mostrar placer a los demás y establecer vínculos con ellos.

Las emociones son de dos tipos: de acercamiento y de alejamiento. Desde un punto de vista biológico, la elección más importante es la de acercarse a algo, porque nos beneficia, o alejarse de ello, porque puede perjudicarnos. Acercarse y alejarse son reacciones humanas básicas, y las emociones son sentimientos que nos impulsan a acercarnos o alejarnos de algo. La tristeza, el asco y el miedo son emociones de alejamiento, que nos hacen evitar o alejarnos de lo que las ha provocado. La felicidad y (por extraño que parezca) la ira son emociones de acercamiento, que nos impulsan hacia lo que las ha provocado, bien para abrazarlo (felicidad), bien para superarlo (ira). La CPF está estructurada de manera que la CPF izquierda procesa predominantemente las emociones de acercamiento y la CPF derecha las de alejamiento. Las primeras investigaciones sugerían que la CPF izquierda procesa la felicidad y la CPF derecha la tristeza,[11] pero otros experimentos demostraron que la CPF izquierda procesa la ira además de la felicidad. Esta división de la CPF parece ser universal. Incluso los bebés recién nacidos tienen esta división. Cuando los bebés prueban algo amargo, tienen más activación en la CPF derecha, mientras que hay más activación en la CPF izquierda cuando prueban algo dulce.[12] Los bebés angustiados tienen una mayor actividad de base en la CPF derecha. Los adultos deprimidos tienen una CPF izquierda menos activa de lo normal.[13]

Serotonina

La serotonina es uno de los principales neurotransmisores del cerebro y regula el estado de ánimo y las emociones. No se sabe muy bien cómo lo hace. Lo que sí sabemos es que los fármacos que aumentan los niveles de serotonina en el cerebro son muy eficaces para combatir la depresión.[14] La serotonina interviene en todo el cerebro y parece aumentar la resistencia emocional, principalmente haciendo que las personas sean menos sensibles al rechazo. También interviene en los mecanismos de reducción del dolor. La serotonina no se limita a frenar el dolor: las drogas como el éxtasis también activan el sistema de la serotonina en el cerebro y eso hace que nos sintamos bien. La serotonina también influye en nuestro ritmo circadiano y en nuestro ciclo natural de descanso; se convierte en melatonina, que influye directamente en nuestro ciclo de sueño.

El cerebro sólo tiene cien mil neuronas que producen serotonina, y estas se encuentran principalmente en una pequeña zona del cerebro medio conocida como núcleos del rafe; esta zona se proyecta a muchas partes del cerebro. El noventa por ciento de la serotonina se produce en el intestino, no en el cerebro. La mala alimentación es el mayor enemigo de la serotonina. Se la ha llamado la hormona de la felicidad, pero en realidad no es una hormona, y, aunque afecta al estado de ánimo, un nivel alto de serotonina no equivale a felicidad.

Felicidad

Todos los que acuden al *coaching* quieren ser felices. Los *coaches* solemos preguntarles qué les hace felices, pero rara vez exploramos qué significa la felicidad para ellos. Parece evidente. ¿No es la felicidad la extroversión, las fiestas y las expresiones espontáneas de placer? Esa es una de las formas en que puede manifestarse, pero hay muchas otras. La felicidad puede significar cualquier cosa, desde una sonrisa momentánea pasando por un placer pasajero hasta un sentimiento profundo y duradero de satisfacción con uno mismo y con la vida. Es difícil de medir, excepto por medio del autoanálisis. No hay ninguna máquina que podamos acoplar al cerebro para medir su nivel general de felicidad.

La pregunta «¿Eres feliz?» no es sencilla. La felicidad puede tener dos significados muy diferentes. Uno es la felicidad que experimentamos en el momento como el yo que experimenta. El yo que experimenta responde a la pregunta: «¿Cómo eres de feliz en este momento?». Por otro lado, está la felicidad del yo recordado, es decir, lo satisfechos que nos sentimos a lo largo del tiempo y lo calculamos mirando hacia atrás en nuestros recuerdos. El yo recordado responde a la pregunta: «¿Cómo de feliz eres en general?». Estas dos medidas pueden ser muy diferentes. El yo que experimenta puede estar pasando por un buen momento, pero el yo recordado puede descartar esto y decir que eres infeliz porque tu vida no va bien.

Hay una historia zen atribuida a D.T. Suzuki que pone de manifiesto los dos yoes.

Un día, un hombre que caminaba por la selva, molestó a un tigre muy peligroso. Huyó con el tigre persiguiéndolo, pero llegó al borde de un alto acantilado. Desesperado por salvarse, trepó por una enredadera y se descolgó por el enorme precipicio. Mientras estaba colgado, dos ratones salieron de un agujero en el acantilado y comenzaron a roer la liana... De repente, el hombre se dio cuenta de que en la liana crecía una fresa silvestre. La arrancó y se la llevó a la boca. Estaba deliciosa.

El yo que experimenta es feliz. El yo recordado estaba petrificado.

La mayoría de las métricas sobre la felicidad miden la felicidad del yo recordado. El yo recordado es el que puede convencerte de que nunca fuiste feliz en una relación, si esa relación acaba mal. Los tribunales de divorcio están llenos de testimonios del yo recordado sobre lo mala que era la relación. El yo recordado tiene su propia narrativa. También podemos experimentar la emoción de la felicidad en el momento retrocediendo y reviviendo algunos grandes momentos por cortesía del yo recordado.

Con el *coaching*, distinguimos entre la felicidad en el momento (experimentando el yo) y la satisfacción con la vida (recordando el yo). Definimos la felicidad como el hecho de sentirse bien con uno mismo y con la vida, y poder disfrutar de ello.

La felicidad que sentimos en general tiene un fuerte componente genético.[15] Algunas personas son naturalmente más felices que otras. La felicidad también depende de la buena suerte, que está fuera de nuestro control. Ganar la lotería aumentará el nivel de felicidad autodeclarada a corto plazo, pero luego se estabilizará a su nivel anterior.[16] La desgracia, la enfermedad, la pobreza y las malas circunstancias hacen descender el nivel de felicidad, pero, sorprendentemente, en poco tiempo vuelve a subir a su nivel anterior. Los clientes creen que alcanzar sus objetivos les hará felices. Normalmente tienen razón. Pero... esta sensación durará poco (por razones que veremos más adelante). Entonces vuelven a su nivel de felicidad inicial y buscan la siguiente cosa que les haga más felices. «Perseguir la felicidad» es una frase extraña que implica que se está persiguiendo algo que no se tiene, una idea que garantiza la infelicidad. Somos increíblemente adaptables a las circunstancias cambiantes, aunque en general no somos muy buenos para saber qué nos hará felices de forma sostenible.

Algunas personas pueden hacer que el brillo de una buena experiencia dure todo el día, mientras que para otras se desvanece rápidamente. Ser capaz de mantener las emociones positivas forma parte de la felicidad, y esto depende de la actividad del circuito de recompensa (núcleo accumbens y estriado ventral). Cuanta más actividad haya aquí, más positiva será la perspectiva. Para mantener las emociones positivas, la CPF izquierda necesita fuertes conexiones con estas áreas. La planificación a largo plazo y la visualización de futuras recompensas es una buena manera de reforzar este vínculo. Otra forma (y contraria a la intuición) de reforzar el vínculo es renunciar a los placeres inmediatos. Muchas conexiones de la CPF con los centros del placer son inhibitorias. Por lo tanto, ser capaz de obtener un placer inmediato, pero renunciar a él deliberadamente, refuerza la conexión. Esto funciona bien con los objetivos de salud (renunciar a esos bocadillos sabrosos pero poco saludables). Una tercera forma es centrarse en los aspectos positivos de uno mismo y de los demás. A menudo pedimos a los clientes que escriban sus puntos fuertes. Les pedimos que den las gracias a los demás en cada oportunidad que se les presente y que les hagan cumplidos (de forma apropiada, por supuesto). Los clientes se sorprenden de la frecuencia con la que dan por sentado a los demás y de la rapidez con la que encuentran fallos y les corrigen. Agradecer y elogiar a los demás hace que ambas partes sean más felices.

La felicidad (una sensación frecuente de bienestar y satisfacción) está asociada a la buena salud. En un estudio de investigación,[17] se sometió a personas a tareas estresantes y se midieron sus niveles de cortisol (hormona del estrés) y fibrinógeno (marcadores inflamatorios en la sangre). Los niveles elevados de estos indicadores están relacionados con las enfermedades cardiovasculares y la diabetes. Las personas que se consideraron menos felices tenían niveles mucho más altos de ambas, no sólo en el momento del experimento, sino también tres años después.

El *coaching* se ocupa de la felicidad en el sentido de un nivel constante de bienestar más que de la emoción en el momento. Ayuda al yo que experimenta a ser feliz en el momento, y al yo recordado a acumular suficientes recuerdos felices para sentirse satisfecho con la vida, y esto viene de la comprensión y el tratamiento de sus propias emociones y las de los demás.

Expresión emocional

Las emociones suceden muy rápido y no podemos controlarlas. El sentimiento se genera en menos de un quinto de segundo. Nuestra mente consciente se pone al día un poco más tarde, pero en ese momento tu cara te ha delatado porque los circuitos emocionales del cerebro controlan sus músculos. Todo lo que puedes hacer es ajustar tu expresión a algo socialmente apropiado. Estas expresiones emocionales que recorren la cara demasiado rápido para el control consciente se llaman microexpresiones y muestran sentimientos genuinos.

Puedes saber lo que siente alguien, pero no puedes saber qué lo ha provocado. Supongamos que le cuentas a tu amigo una historia triste y detectas una sonrisa fugaz en su rostro. Esto no significa que la historia le resulte divertida. Puede que tu historia le haya recordado un incidente divertido no relacionado. Las emociones no pueden fingirse tan fácilmente como las palabras, pero no sustituyen a estas. No muestran lo que realmente piensas, sino lo que también piensas. El cerebro es una colección de módulos (recuerda el equipo en la habitación cerrada). Puedes recibir dos mensajes diferentes pero igualmente veraces al mismo tiempo de diferentes miembros.

Las emociones aparecen muy rápidamente, pero luego pueden perdurar, como los invitados de una fiesta que se quedan cuando quieres recoger e irte a la cama. El estado de ánimo persiste. No de forma intensa, pero sí lo suficiente como para colorear tu visión del mundo. Esto se denomina periodo refractario y es una forma de primado emocional. En el periodo refractario vemos las cosas a través de cristales teñidos de emoción. Por ejemplo, supongamos que terminas una exasperante llamada telefónica al servicio de atención al cliente sobre tu servicio de banda ancha. Su guión era irritante y no crees que realmente te desearan un buen día. Subes las escaleras y te das cuenta de que hay un desgarrón muy feo en la alfombra. Al mirar por la ventana, ves que está lloviendo. ¡Uf! Vas a salir más tarde y el tráfico será malo... Y eso te recuerda que el coche necesita una revisión, pero en otro taller. El último era terrible. El enfado puede condicionar tu pensamiento durante varios minutos. Ahora imagina una llamada exitosa. No habrías notado la alfombra, y la lluvia sería una lluvia necesaria. Tu cerebro rebusca recuerdos que coincidan con tu estado de ánimo en el periodo refractario. No tomes decisiones importantes en el periodo refractario de miedo, asco o ira.

El dilema del tranvía

Las decisiones son a menudo una lucha entre la cabeza y el corazón, la cognición caliente y la fría. He aquí un experimento mental que lo pone de manifiesto. La filósofa Philippa Foot lo desarrolló originalmente como un rompecabezas jurídico en 1967.[18]

Imagina que estás junto a una vía de tren. De repente, un tranvía se te acerca. Detrás de ti hay cinco personas trabajando en la vía, sin darse cuenta del peligro que se aproxima. El tranvía va demasiado rápido para detenerse a tiempo y las personas están demasiado lejos para oír un grito de advertencia.

No tienes forma de avisarles a tiempo. Afortunadamente, ves una palanca a tu lado que desviará el tranvía por una vía lateral antes de que llegue a los cinco trabajadores. Por desgracia, hay una persona trabajando en esta vía lateral, y si desvías el tren tirando de la palanca, le matará a él.

¿Qué haces? ¿Y por qué?

(Esta es toda la información disponible; aquí no hay truco). Piensa un momento antes de seguir leyendo (Figura 5.2).

Figura 5.2 El dilema del tranvía.

Hay dos respuestas posibles. Lo interesante es saber por qué la gente opta por una de las respuestas. La mayoría de la gente opta por tirar del interruptor, aunque sus razones pueden ser diferentes. Una persona puede tirar de la palanca por motivos utilitarios: una muerte es preferible a cinco. Otra puede tirar de la palanca para salvar vidas y dejar que Dios (o el azar) se encargue de lo que ocurra después. Las imágenes de resonancia magnética funcional (RMNf) de las personas que se enfrentan a esta elección suelen mostrar actividad en la corteza cingulada anterior, áreas del lóbulo parietal y las áreas dorsolaterales de la CPF. Se trata de una cognición fría. El cerebro trata este rompecabezas moral impersonal de la misma manera que trata un problema de matemáticas. Lo sabemos porque la carga cognitiva (dar a la gente otras tareas que hacer al mismo tiempo) interfiere con esta decisión, aumentando el tiempo de reacción.[19]

Ahora imagina que estás en un puente sobre la vía. Ves cómo se acerca el tren. Los mismos cinco trabajadores están en la vía de abajo y van a morir a menos que intervengas. No puedes alcanzar la palanca a tiempo. Sin embargo, junto a ti, en el puente, hay un hombre muy grande que lleva una voluminosa mochila y se inclina sobre el parapeto para ver mejor. Ves que un empujón oportuno le hará caer a la vía, donde su tamaño y peso junto con la mochila serán suficientes para hacer descarrilar el carro antes de que llegue a los cinco trabajadores. Una vez más, puedes actuar para salvar cinco vidas. Pero el hombre de la mochila morirá.

¿Lo empujas o no?

(De nuevo, no hay información oculta y no se conoce al hombre).

Esto parece la misma cuestión; un hombre muere por el bien de cinco. ¿Pero es así? En el primer escenario, tu acción es impersonal, tiras de una palanca. En el segundo, debes empujar físicamente a una persona real. La mayoría de la gente dice que es moralmente incorrecto empujar al hombre. Las mismas personas que estarían dispuestas a tirar de la palanca no empujarían al hombre. La mayoría también dice que es moralmente incorrecto no empujar al hombre. Cuando los principios morales entran en conflicto, hay que tomar una decisión ética y personal.

Este experimento plantea muchas preguntas. Supongamos que hay niños en la pista.

Supongamos que tus amigos o tu familia estuvieran en la pista. ¿Importa quién es el hombre de la mochila? ¿Un amigo? ¿Un miembro de la familia?

¿Un premio Nobel?

Las imágenes por RMNf de los voluntarios que se enfrentan a este segundo dilema muestran actividad en el área motora del cerebro (imaginando el empujón) y más actividad en las regiones del cerebro que procesan la emoción, especialmente la circunvolución del cíngulo posterior.[20] La carga cognitiva no aumenta el tiempo de reacción en estos dilemas morales personales, lo que demuestra que ya no se trata de un rompecabezas lógico.

¿Afecta tu estado de ánimo a tu decisión? En la primera situación, el estado de ánimo positivo no influyó en los tiempos de reacción ni en las decisiones tomadas. (En uno de los ensayos, para inducir un estado de ánimo positivo, se mostró al grupo de prueba un fragmento de *Saturday Night Live* antes de tomar la decisión. Al grupo de control se le ahorró este visionado).[21] El estado de ánimo no influye en el juicio racional. Sin embargo, un estado de ánimo positivo aumentó las probabilidades de que una persona empujara al hombre desde el puente en el segundo escenario. Los investigadores propusieron que un estado de ánimo positivo contrarrestaba el sentimiento de repulsión de empujar al hombre por el puente y, por tanto, facilitaba la decisión fría. Es posible (pero no se ha investigado en este trabajo) que, si los voluntarios hubieran visto escenas moralmente desagradables antes de tomar la decisión, ¿se habría producido el efecto contrario. Esta investigación muestra el complejo juego entre la emoción y la cognición, así como el primado emocional en nuestra toma de decisiones.

El sistema emocional del cerebro es atraído por el contacto personal y la acción directa. Nuestra CPF dorsolateral (CPFdl) puede argumentar que es el mismo problema, pero no lo es. Cuando interactuamos físicamente con las personas, especialmente si las conocemos, las emociones influyen en nuestras decisiones.[22]

Esto es relevante para los clientes de *coaching* que trabajan en empresas familiares. Por ejemplo, cuando un matrimonio o un hermano y una hermana controlan la empresa. Otros miembros de la familia extensa trabajan en la empresa, quizás en la contabilidad o en la fabricación y las ventas. ¿Qué ocurre cuando un miembro de la familia comete un error costoso? El conocimiento frío dice que hay que deshacerse de ellos y contratar a alguien que haga un mejor trabajo, y esto es lo que ocurriría en las organizaciones impersonales. En las empresas familiares, la situación es diferente. La opción racional es despedir a la persona. Los circuitos emocionales se oponen a ello. Esto puede llevar a un punto muerto; el trabajador familiar disfuncional se queda y quizás cree más estragos. Cuando trabajamos con clientes que se enfrentan a esta decisión, les explicamos cómo la emoción y la razón están dando mensajes diferentes y exploramos los valores. ¿Qué es importante para ellos en esta situación? Analizamos las consecuencias de mantener o despedir al miembro de la familia. Exploramos las circunstancias en las que mantendrían al miembro de la familia y aquellas en las que lo dejarían marchar. También ayudamos al cliente a ver la situación desde la perspectiva de los demás miembros de la familia. Sea cual sea la decisión del cliente, tendrá claras las consecuencias desde múltiples perspectivas y sabrá que puede vivir con la decisión tanto emocional como racionalmente.

Valores

La energía emocional impulsa nuestros valores. Los valores son aquello que es importante para nosotros; canalizan nuestra energía emocional y nos comprometen físicamente. Los valores son la forma en que los circuitos emocionales del cerebro se manifiestan en el lenguaje y la acción. Hay millones de objetivos posibles; la vida siempre puede ser mejor. De ellos, seleccionamos unos pocos para actuar.

¿Cómo?
Creemos que son importantes.

Los valores siempre se personifican: los sentimos y nos llevan a la acción. Cuando preguntamos a los clientes qué es importante para ellos en relación con un objetivo, buscamos la animación, el movimiento, el cambio de color de la piel, el cambio en la respiración y el cambio en el tono de voz. Todo esto muestra la actividad del sistema nervioso simpático. Sin ellos, las palabras son insustanciales. Los valores son paradójicos; tienen nombres muy abstractos: amor, libertad, felicidad, respeto. Sin embargo, nos comprometen visceralmente. Nos esforzamos mucho por vivirlos, y algunas personas están dispuestas a morir por ellos.

Los valores y la emoción que los acompañan son lo contrario de los «debería». Excepto en cuestiones morales o legales, cuando un cliente dice que debería hacer algo, «debería» significa que no quiere hacerlo. Significa que hay un valor extrínseco, impuesto por otros, pero que el cliente no respalda completamente. Siente una presión. Puede que actúe, pero hay poco entusiasmo y a menudo una batalla interna. El cliente necesita explorar lo que quiere y sentir las emociones que conlleva. Entonces, sale de la sesión con una idea clara de lo que va a hacer y es congruente con ello.

Inteligencia emocional

La inteligencia solía ser puramente cognitiva (tests de CI, manteniendo la emoción al margen). Ahora la inteligencia emocional es la norma. La inteligencia emocional es la capacidad de reconocer nuestras propias emociones y las de los demás y de utilizarlas para guiar nuestras acciones y ayudarnos a nosotros mismos y a los demás a ser más eficaces. Esto significa equilibrar la CPF y los centros emocionales y mezclar las corrientes calientes y frías de la CPFdl y el CPFvl en una temperatura agradable, integrándolas en la COF.

Para gestionar nuestras propias emociones, primero tenemos que ser conscientes de ellas. Para gestionar las emociones de los demás, tenemos que ser conscientes de ellas.

Esto nos da una cuadrícula de inteligencia emocional (Figura 5.3).

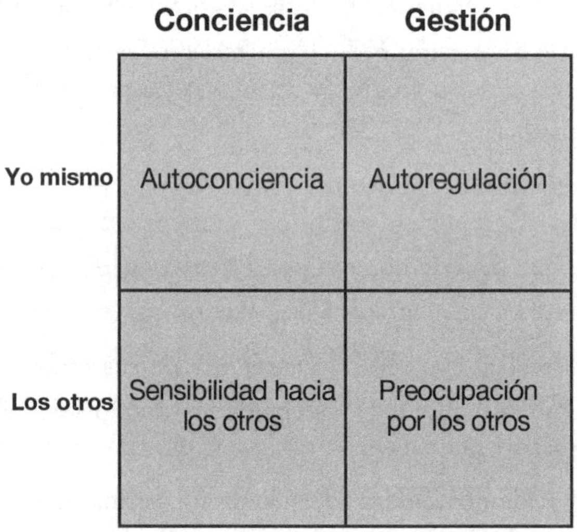

	Conciencia	**Gestión**
Yo mismo	Autoconciencia	Autorregulación
Los otros	Sensibilidad hacia los otros	Preocupación por los otros

Figura 5.3 Cuadro de inteligencia emocional.

Autoconciencia

¿Hasta qué punto somos conscientes de nuestras emociones? La estructura clave del cerebro para la autoconciencia parece ser la ínsula, situada entre los lóbulos frontal y temporal. Está conectada con la amígdala, la corteza cingulada anterior y las áreas corticales de los lóbulos frontal, temporal y parietal que intervienen en la atención y la memoria. Evalúa los estímulos emocionales y parece integrar todas las sensaciones corporales en un sentimiento corporal.[23] La ínsula también se activa cuando asumimos riesgos, probablemente por su vínculo con la amígdala. Cuanto más arriesgada es la decisión, más activa está la ínsula.[24]

No todo el mundo es consciente de sí mismo en el mismo grado, y esto puede reflejar la actividad de la ínsula. En un extremo, el hipocondríaco es hipersensible a cualquier dolor pasajero. Por otro lado, algunos se resisten el estrés, sin ser conscientes de las señales de su cuerpo, hasta que su salud se deteriora.

La autoconciencia se resiente si las señales del cuerpo se bloquean de alguna manera. El bótox suaviza las arrugas paralizando los músculos de la cara; no pueden moverse cuando sentimos una emoción. Las patas de gallo no se formarán con una sonrisa feliz, los ojos no se estrecharán con la ira y el interior de las cejas no se levantará con la tristeza. El vínculo mente-cuerpo va en ambas direcciones: la emoción cambia la cara y el cerebro toma ese *feedback* fisiológico como una información emocional. Sin movimiento muscular, no hay *feedback*. La ínsula no recibe las señales y la persona con bótox será mucho menos consciente de sus emociones. Tú no sabrás si alguien con bótox está enfadado, triste o sorprendido, pero ellos tampoco.

¿Cómo podemos ayudar a los clientes a ser más conscientes de sí mismos? La meditación guiada *(mindfulness)* es la mejor manera. La práctica de la conciencia sin prejuicios en cada momento abre la conciencia de los sentimientos corporales. El *coach* también puede organizar un recordatorio para que los clientes sean más conscientes de sí mismos. Puede ser una imagen, un aviso en el móvil, cualquier cosa que le recuerde al cliente que debe detenerse un momento, respirar y prestar atención a lo que siente.

En ocasiones, un cliente puede ser demasiado consciente de sí mismo, sensible al tacto y con sentimientos y sensaciones corporales que reclaman atención. El *mindfulness* también ayuda en este caso. Calma la amígdala y reduce la incómoda autoconciencia.[25] El *mindfulness* es una de las prácticas más útiles para el *coach* y el cliente. Tiene muchos beneficios que resumiremos en el último capítulo.

Gestionar las emociones

Muchos clientes tienen problemas para gestionar sus emociones. Algunos se preocupan sin motivo. Otros son demasiado impulsivos, tienen problemas para controlar su temperamento o se enfadan e irritan por cosas pequeñas. Hemos hecho de *coach* para muchos ejecutivos que quieren dejar de alienar a la gente con su mal humor y sus arrebatos de ira. Hemos encontrado tres intervenciones que resultan útiles.

En primer lugar, explora con el cliente lo que ocurre cuando tiene un arrebato emocional (ira, por ejemplo). Habrá un desencadenante de la ira. Puede ser una acción de un empleado, una mala noticia o algo que alguien dice. Este desencadenante lo habrán aprendido en algún momento de su vida. La amígdala y el sistema emocional entran en acción. En menos de medio segundo, el cerebro ha puesto en marcha todos los signos familiares de la ira. Los labios se tensan, los ojos se entrecierran, la sangre se dirige a los músculos de los brazos y las piernas, la barbilla puede salirse y los puños pueden empezar a cerrarse. No pueden evitarlo. Sin embargo, hay una pequeña ventana de elección justo después de eso. Es entonces cuando la CPF puede decidir si deja que la emoción siga su curso o la frena. El cliente sabe que no puede detener el sentimiento inicial, pero tiene la posibilidad de elegir si actúa en consecuencia. Una respiración profunda le da una pausa para pensar. Hacer esto con regularidad lo convertirá en un hábito, por cortesía de la neuroplasticidad.

A continuación, el cliente puede explorar su perfil emocional. Cada cerebro es diferente. Algunas personas tienen un perfil «tormenta tropical». Explotan bruscamente, pero luego la tormenta se calma rápidamente. Otras personas se calientan a fuego lento durante horas antes de estallar y pueden tardar más tiempo en volver a calmarse (Figura 5.4).

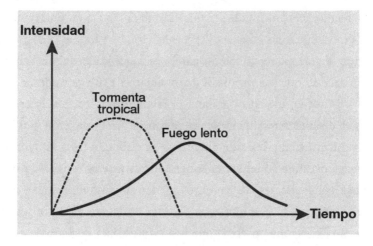

Figura 5.4 Perfiles de ira.

La mayoría de las personas se encuentran en un punto intermedio. Pedimos a los clientes que dibujen un gráfico de su patrón de ira. Luego, les pedimos que lo compartan con su pareja o con un buen amigo y les pedimos que nos den su opinión. No es de extrañar que los compañeros corrijan el gráfico y lo conviertan en algo más realista.

Ahora el tercer y último paso: gestionar la emoción. Hay muchas estrategias. Una de ellas es evitar la situación. Algunos clientes piensan que esto es hacer trampa, pero es la mejor estrategia siempre que sea posible. Si es imposible, el ensayo mental puede ayudar. El cliente visualiza la situación con antelación y se ve a sí mismo tranquilo y con todo resuelto en su mente. Como sabemos, el ensayo mental tiene un valor limitado, pero es mejor que nada. La práctica del *mindfulness* antes de una reunión difícil también puede ayudar. La investigación demostró que los participantes que practicaron esta técnica sintieron menos emociones negativas y tenían una actividad reducida en la amígdala, junto con un aumento de la actividad en las regiones cerebrales de la CPF que controlan la atención. [26]

La distracción funciona retirando la atención del evento molesto. Así, mirar el papel pintado o entregarse a una agradable ensoñación puede ayudar, pero no suele ser una estrategia viable en una reunión.

La estrategia más eficaz es la reevaluación o enfoque. Pensar en la situación de una manera diferente cambia el significado y altera la emoción, haciendo que sea más fácil de manejar. Un colega molesto puede convertirse en un reto y en una prueba de resistencia y liderazgo, en lugar de una interrupción exasperante. La reevaluación activa la CPF ventromedial y lateral y disminuye la actividad de la amígdala. [27] Todas las investigaciones actuales demuestran que la amígdala y otras regiones subcorticales del cerebro pueden ser influenciadas por la CPF. La amígdala tiene una actividad matizada, afectada por los objetivos de la persona en ese momento. Si uno está relajado, la amígdala no estará tan activa. La reevaluación disminuirá el impacto de cualquier perturbación.

Suprimir la emoción no funciona. Esto utiliza un mecanismo cerebral más primitivo. Los experimentos demuestran que la supresión aumenta la actividad de la amígdala, lo que hace que las personas estén más excitadas durante más tiempo después de la experiencia de subida. [28] La supresión también conduce a un recuerdo menos completo de la situación.

Conocer las emociones de los demás

¿Cómo sabemos lo que sienten los demás? Casi todos los adultos pueden entender el estado de ánimo de los demás. La teoría de la mente se desarrolla en los niños a partir de los siete años: se dan cuenta de que otras personas tienen una mente como la suya, pero diferente. Por eso, si nosotros estamos disgustados, podemos predecir que otras personas también lo estarán. Es la empatía cognitiva.

La empatía emocional es un paso más. Sentimos algo de lo que sienten los demás. Esto ocurre gracias a las neuronas espejo. Una neurona espejo es una neurona que se activa no sólo cuando se realiza una acción, sino también cuando se ve la misma acción realizada por otra persona. Más adelante veremos con más detalle las neuronas espejo como parte de nuestro cerebro social. Es posible que imitemos los ligeros cambios musculares que vemos en la cara de otra persona y que nuestro cerebro lo interprete como si nosotros mismos sintiéramos esa emoción.

También podemos observar a la otra persona. Joseph tenía un cliente que era director de una empresa colombiana. En una sesión, habló de una barbacoa al aire libre que disfrutó con algunos compañeros de trabajo. A todas luces, se trataba de una ocasión feliz, pero Joseph notó una fugaz expresión de tristeza mientras hablaba (las comisuras interiores de sus cejas estaban levantadas), y su voz perdió fuerza. Estaba triste. Joseph dijo algo así como: «Parece que te lo has pasado bien, y sin embargo… tengo la idea de que hubo algo que te entristeció… ¿Qué opinas?». Esto es una invitación abierta a conectar con la emoción y a hablar con más profundidad, pero sólo si él quería hacerlo. El cliente se quedó pensativo durante unos momentos y luego habló de una conversación con un colega en la barbacoa en la que se sintió triste por el estado de la empresa e impotente para hacer algo al respecto. Exploramos ese sentimiento en la sesión, y dio lugar a muchas reflexiones, que quizá no habrían abordado ese tema sin la invitación a su yo emocional. Las emociones aparecen en el rostro del cliente, pero no sabemos por qué están ahí ni qué las origina. En caso de duda, hay que preguntar.

Gestionar las emociones de los demás

Un *coach* no suele tener que lidiar con grandes expresiones de emoción, aunque es más probable en algunas culturas que en otras. Para gestionar las emociones de los demás, primero hay que gestionar las propias. Mantén la calma y no te permitas bajar al barro. Las emociones se alimentan unas de otras y la situación puede agravarse rápidamente si respondes de la misma manera. (Esto está bien si la emoción es alegre). Con la tristeza o la ira, el *coach* debe hacer retroceder al cliente, antes de que la emoción sea demasiado. La mejor manera de hacerlo es interrumpir la sesión, hacer una pausa e invitarle a reflexionar desapasionadamente sobre el recuerdo. Si el cliente está triste por alguna idea de la sesión, muéstrate presente y comprensivo y pasa los pañuelos de papel. Cuando el cliente esté preparado para volver a hablar, tú estarás a su disposición.

Es de esperar que un cliente no se enfade con el *coach* en una sesión, si lo hace, entonces el *coach* ha gestionado mal la reunión. Interrumpe la sesión y reanúdala en otro momento, donde el primer punto del orden del día será cómo y por qué se enfadó el cliente. Mientras tanto, el *coach* debería hacer examen de conciencia por su cuenta.

Las emociones afectan a todos los aspectos de nuestra vida. Son las corrientes cálidas y brillantes de nuestra vida interior, que dan profundidad y sentido a nuestros pensamientos y experiencias. Nuestra felicidad, nuestro bienestar y en quién confiamos se basan en las emociones. Influyen en nuestras decisiones, y ese es el tema de nuestro próximo capítulo.

6

Decisiones, decisiones

Desde el momento en que nos despertamos y abrimos los ojos, nuestro cerebro empieza a tomar decisiones.

¿Le doy al botón de posponer alarma? ¿Qué me pongo hoy?

¿Qué voy a desayunar? ¿Estoy preparado para la reunión?

Nosotros decidimos: elegimos un camino en lugar de otro, basándonos en las opciones que vemos.

Algunas decisiones son fáciles (¿Desayuno hoy?), otras decisiones son más difíciles (¿Voy hoy al gimnasio?). Ambas tienen mérito.

Algunas decisiones pueden afectar significativamente a tu futuro (¿Acepto este nuevo trabajo o me quedo en el anterior?). Otras son triviales. (¿Me pongo hoy los calcetines rojos o azules?).

Las decisiones pueden tomarse por costumbre o por elección. Una decisión habitual está motivada por el contexto. La vía neural en el cerebro se activa; la acción procede sin pensar. La corteza prefrontal (CPF) no participa en una decisión habitual. En otros tiempos, esta decisión estaba asociada a una recompensa, pero ya no. La repetición creó los cambios neuroplásticos que la hicieron automática.

Algunas de estas decisiones automáticas son útiles; no queremos tener que pensar en ellas cada vez. Por ejemplo, «¿Me detengo en un semáforo en rojo o no?».

Otras decisiones habituales no son tan buenas. «Fumo otro cigarrillo» Sería una mala decisión, si fuera una elección y no un hábito.

Una decisión por elección es cuando se evalúa la recompensa y se decide en consecuencia. La CPF está implicada.

La neurociencia de la toma de decisiones

Tomamos decisiones y elegimos un curso de acción en función de la recompensa probable. Hay recompensas básicas como la comida, el refugio y el sexo. Hay recompensas secundarias como el dinero, el estatus, el poder y la reputación, y todas ellas son valores. Actuar a partir de nuestros valores es gratificante; hay que responder a preguntas antes de decidir:

Probabilidad: ¿Cuál es la probabilidad de la recompensa?
Recompensa: ¿Qué importancia tiene?
Esfuerzo: ¿Cuánto esfuerzo va a suponer y cuál es el coste?
Tiempo: ¿Cuánto tiempo llevará?

Se han realizado estudios con imágenes de resonancia magnética funcional (RMNf) y dependientes del nivel de oxígeno de la sangre (BOLD) para ver las partes del cerebro asociadas con la decisión y el valor de las recompensas.[1] Los valores positivos se asocian a la corteza prefrontal ventromedial (CPFVM) y a partes del cuerpo estriado. La actividad del cuerpo estriado también está relacionada con la cantidad de esfuerzo que se realiza. Ambas áreas también se activan cuando se alcanza el objetivo. Otras regiones que se activan en la toma de decisiones son la ínsula, la corteza prefrontal dorsomedial (CPFdm) y el tálamo. La corteza orbitofrontal (COF) es más activa cuando hay una recompensa importante. La corteza prefrontal ventrolateral (CPFVL) se activa más cuando hay un valor a corto plazo (como el segundo trozo de tarta lleno de calorías), y la CPF dorsal era inhibidora, ejerciendo el control y frenando la impulsividad.[2] Recordarás que la CPFVL se asociaba con el pensamiento caliente y emocional y la CPF dorsal con los cálculos más fríos. El autocontrol depende probablemente de la medida en que la CPF dorsal influye en la señal de valor inmediata de la CPFVL.

¿Me quedo o me voy, exploto o exploro?

Las decisiones más difíciles suelen ser las de continuar con lo que se tiene o intentar un cambio. Por ejemplo, si se debe permanecer en el trabajo actual o salir a buscar uno mejor. Otro ejemplo: seguir con una relación poco satisfactoria o dejarla y buscar otra. En cada caso, hay que renunciar a lo que se tiene a cambio de un rendimiento incierto. Podría ser mejor, o peor. Conoces el presente, pero no el futuro. A veces, el presente es difícil, y te preguntas cuánto puedes aguantar antes de decir basta. Hay que hacer malabarismos con las variables de decisión. Una forma de pensar en ello es si hay que quedarse (explotar) la situación actual o salir y encontrar una nueva (explorar). El cerebro lleva miles de años tomando este tipo de decisiones para encontrar comida y agua. ¿Me quedo en la zona y trato de explotarla o me alejo con la esperanza de encontrar algo mejor? Los animales que buscan comida y los humanos obedecen a un principio básico llamado Teorema del valor marginal.[3] Este propone que un animal explota el entorno hasta que la tasa de éxito cae por debajo de la media de toda la zona. Una vez que esto ocurre, se va a explorar. Aplicar esto a los trabajos y a las relaciones significa que juzgamos la satisfacción y el salario medio en el trabajo o la satisfacción media en una relación. Por supuesto, esta es una decisión muy difícil y personal. Estarás muy influenciado por las personas que conoces; no hay un estándar externo que aplicar. Una vez que tu satisfacción cae por debajo de este nivel, es el momento de explorar. La decisión es compleja; las personas tienen diferentes umbrales de lo que pueden tolerar. El valor del presente se sopesa con lo que se podría ganar y el tiempo y el esfuerzo necesarios. La asunción de riesgos, la necesidad de novedad, así como el valor de la seguridad, y el tipo de persona entran en juego. Los estudios de RMNf muestran que ciertas células de la corteza cingulada anterior (CCA) se disparan cuando se ha tomado una decisión de cambio.[4] Sabemos que la CCA interviene en la evaluación del riesgo.

Los factores más importantes serán los siguientes:

- Lo bien que se percibe la situación en el presente (recompensa presente).
- Coste percibido del cambio (tiempo, esfuerzo, dinero, reputación y emociones).
- Percepción de la recompensa futura prevista (y la probabilidad de que se materialice).

El siguiente diagrama lo resume.

Las divisiones 1 y 4 son las opciones difíciles (Tabla 6.1). El *coaching* en estas situaciones explorará varias cuestiones:

¿Cuánto valoras la situación actual? ¿En qué medida es gratificante la situación actual?

¿Qué grado de satisfacción tienes con la situación actual? ¿Cuáles son las ventajas de la situación actual? ¿Cuáles son las desventajas de la situación actual?

¿Cuáles son los costes de dejarlo? (esfuerzo, dinero, incomodidad, reputación, etc.). ¿Cuál es la probabilidad de que te vaya mejor si haces el cambio?

¿Qué tendría que ocurrir en la situación actual para aumentar su valor y tu satisfacción?

¿Qué podría mejorarse de la posible situación futura?
¿Puedes mantener los beneficios de la situación actual mientras realizas el cambio?

Tabla 6.1 Recompensa en el presente frente al coste del cambio

1. Alta recompensa en el presente y bajo coste de cambio: Permanece pero mantén opciones abiertas. (A menos que la recompensa futura sea mayor y muy probable, entonces cambia).	2. Alta recompensa en el presente y alto coste del cambio: Permanece.
3. Baja recompensa en el presente y bajo coste del cambio: Cambia.	4. Baja recompensa en el presente y alto coste del cambio: Incierto. Trabaja para aumentar la recompensa presente o reducir el coste del cambio. Encuentra un equilibrio con la probabilidad y el grado de recompensa futura.

Marcaje somático

Nuestros circuitos cognitivos fríos tienen la misión de ofrecernos el mejor conjunto de opciones. Nos gustaría pensar que decidimos de forma lógica con un análisis de costes y beneficios, pero el cerebro no funciona así. Decidimos emocionalmente. A lo largo de la vida, las emociones se unen al conocimiento y la experiencia. Cada recuerdo tiene un peso emocional. Incluso los hechos tienen un peso emocional dependiendo de dónde los aprendimos, de quién los aprendimos y cómo los aprendimos. Cuando decidimos, el cerebro revisa esos hechos y experiencias junto con las emociones asociadas. Los pone en la balanza, los sopesa y se inclina por el más positivo (o el menos negativo). Esto se conoce como la hipótesis del marcador somático, desarrollada por el neurocientífico y escritor Antonio Damasio[5] en la Universidad de Iowa.

Damasio estaba tratando a un paciente, conocido como Elliott, tras ser operado de un tumor cerebral. La intervención quirúrgica fue un éxito y extirpó parte de la PFVM.[6] Se trata de una parte de la COF que conecta las estructuras cerebrales relacionadas con la emoción (principalmente la amígdala, la ínsula y la corteza cingulada) con la CPF. Después de la operación, Elliott podía pensar y resolver problemas como siempre. Lo que no podía hacer era decidir entre opciones. No podía priorizar su pensamiento. Tanto él como otros pacientes con daños en la COF habían perdido la capacidad de hacer juicios de valor. Empezó a tomar muchas decisiones erróneas. Esto pareció sorprendente en su momento. La COF se ocupa de las emociones, que se suponía que interrumpían la toma de decisiones correctas y lógicas. Pero hay que tener en cuenta que el pensamiento intelectual es lento y principalmente lingüístico. Las decisiones que tomamos a diario tienen que ser rápidas y necesitamos sentirnos satisfechos con ellas. Debatir lógicamente sobre qué cenar sería ilógico. Los sentimientos se producen rápidamente y llevan mucha información. El cuerpo nos da un resumen emocional de la situación. Sentimos los datos, incluso en decisiones complejas y difíciles.

Jugando con las emociones

Damasio puso a prueba su hipótesis con un divertido experimento conocido como la prueba del juego de Iowa.[7] Los participantes sacan cartas de cuatro barajas diferentes en un programa de ordenador. Algunas cartas ganan dinero y otras lo pierden, pero los participantes no saben cuáles son de antemano. Su objetivo es ganar la mayor cantidad de dinero posible. El juego está configurado de forma que dos barajas son buenas; si se elige de una de ellas, se ganará dinero a largo plazo. Dos son malas; si se elige de una de estas, se pierde dinero. Sin embargo, las barajas malas son atractivas inicialmente porque pagan mucho, las pérdidas sólo se producen cuando se elige de entre esas barajas repetidamente. En el experimento, se midió la respuesta galvánica de la piel (GSR), una medida de estrés, mientras los participantes jugaban.

¿Qué ocurrió? Los sujetos normales empezaron a mostrar estrés en la GSR al considerar las barajas malas después de sólo diez ensayos. No eran conscientes de que las barajas eran malas, pero alguna parte de su cerebro lo había detectado y la reacción emocional se reflejaba en el GSR. La mente consciente no se puso al día hasta unos veinticinco ensayos, cuando empezaron a evitar las barajas malas. Los juicios emocionales se produjeron mucho antes de la conciencia. Sin embargo, los sujetos con daños en la COF siguieron eligiendo los mazos malos. Es más, siguieron haciéndolo incluso cuando sabían que estaban perdiendo dinero. Otro experimento[8] en el que el patrón se reveló desde el principio mostró que los participantes con daños en la COF lo hicieron tan bien como los participantes sanos. Así pues, la COF es sensible a los patrones cambiantes de recompensa y castigo. Esto se llama aprendizaje de inversión; en otras palabras, cuando el mundo deja de recompensarte por algo, deja de hacerlo.

Investigaciones anteriores[9] habían descubierto que la COF tiene áreas diferenciadas. El castigo activa la COF lateral. Las recompensas activan la COF medial. La cantidad de activación depende de la intensidad de la recompensa o el castigo. Por lo tanto, un daño en la COF impediría a alguien equilibrar la recompensa con el castigo y tomar una decisión razonable.

Las personas con daños en la COF no muestran arrepentimiento. El arrepentimiento es el sentimiento que se tiene cuando se compara lo que se hizo con una alternativa que hubiera resultado mejor. El arrepentimiento tiende a hacer que las personas sean más reacias al riesgo (lo que se manifiesta en el cerebro como una mayor actividad en la COF). Los daños en la COF impiden el arrepentimiento, presumiblemente porque el sujeto no puede hacer la comparación entre lo que hizo y una alternativa mejor. La COF tiene muchos estímulos (tacto, gusto, olor, información sobre las expresiones faciales) y está vinculada a la amígdala (la anticipación del castigo produce miedo) y a muchas partes del cerebro. Es la parte del cerebro crucial para la toma de decisiones: comparar emociones y evaluar premios y castigos.

Aplicaciones para el *coaching*

Cuando los clientes se quedan paralizados y no pueden decidir, suele ser por culpa de las emociones encontradas, vividas como un choque de valores. Por ejemplo, un cliente nuestro estaba considerando dejar su trabajo después de cinco años. La empresa se había portado bien con él. Le habían ascendido y le habían prometido un aumento de sueldo para acompañar el ascenso. Sin embargo, al cabo de dos años, su sueldo no había cambiado. Se sentía traicionado. Se sentía enfadado y deshonrado. Quería hablar. Pensaba que la empresa no le tenía en cuenta porque estaba a punto de jubilarse. Por otra parte, quería jubilarse lo mejor posible desde el punto de vista económico. Si renunciaba en ese momento, perdería su salario actual y tendría una posibilidad infinitesimal de encontrar un trabajo bien remunerado tan cerca de la jubilación. Su jubilación no sería tan feliz y próspera. Sus hijos estaban en la universidad en el extranjero, y él quería poder visitarlos regularmente. Se sentía atascado. Por un lado, honestidad y honor; por otro lado, la estabilidad financiera y la familia. Las manos estaban equilibradas. Ambos caminos eran buenos en algunos aspectos y malos en otros. El *coaching* puede ayudar a clarificar una situación así, dejando que el cliente adopte todas las perspectivas posibles. Pase lo que pase NO hay que precipitarse con el plan de acción.

Modelo de marcadores somáticos para la toma de decisiones

Este es nuestro proceso para resolver las decisiones sobre valores: el modelo del marcador somático.

1. Primado

   Busca cualquier influencia que pueda influir en tu pensamiento. ¿Dónde estás?

   ¿Con quién has hablado?

   ¿Qué te ha impactado en la última hora?

2. Estado emocional

   Comprueba tu estado emocional. (¿Periodo refractario? ¿Secuestro de la amígdala?) ¿Estás tranquilo y tus pensamientos fluyen bien?

3. Objetivos

   Aclara la situación en la medida de lo posible. Destaca los diferentes objetivos y establece un objetivo principal. En el proceso, se cubrirán las cualidades importantes habituales de un objetivo: el plazo, la adecuación a otras personas, que esté formulado de forma positiva y el poder del cliente para conseguirlo. En el ejemplo anterior, el objetivo principal era «jubilarse en las mejores circunstancias desde el punto de vista familiar, emocional y financiero». Había otros subobjetivos, y los valores del objetivo (emoción, finanzas y familia) estaban en desacuerdo.

4. Valores

   Obtén los valores asociados. Son la honestidad, el honor, la estabilidad financiera y la familia.

5. Obstáculos

   Explora los obstáculos. ¿Cuáles son las dificultades de la situación? ¿Cuáles son los factores de complicación?

   En este caso, se trataba de la falta de voluntad de la dirección de la empresa para discutir abiertamente las cuestiones salariales y la falta de una visión coherente del futuro.

6. Recursos

   Explora los recursos: ¿Qué o quién puede ayudar? En nuestro ejemplo, algunas fuentes de ayuda fueron su asesor financiero personal, algunos amigos y familiares y su jefe inmediato en la empresa.

¿Cuál es el coste en tiempo, dinero y esfuerzo de utilizar estos recursos?

7. Opciones

Expón las posibles decisiones. En el ejemplo, hay varias.

- Confrontar a la dirección con un aumento de sueldo o no.
- Continuar con la empresa si se niegan.
- Dejar la empresa si se niegan.

La salida no puede ser una amenaza vacía; debe estar preparado para actuar en consecuencia. Había un abanico de posibles tiempos de salida que se extendía a los dos años siguientes, cuando planeaba jubilarse y marcharse de todos modos.

8. Consecuencias

Explora las consecuencias de las decisiones. ¿Cuál es el peor resultado de cada decisión? ¿Qué probabilidad tienen esos resultados?

¿Cuál es el mejor resultado para cada decisión? ¿Qué probabilidad tienen?

Podemos expresarlo en una cuadrícula (Tabla 6.2).

Tabla 6.2 Consecuencias de la decisión

Decisión A	Decisión B
Peor resultado	Peor resultado
Probabilidad del peor resultado	Probabilidad del peor resultado
Mejor resultado	Mejor resultado
Probabilidad del mejor resultado	Probabilidad del mejor resultado

9. Marcaje somático

Imagina que vas a por la A y te sale bien. ¿Cómo te sientes ahora mismo?

Por lo general, juzgamos las decisiones con una visión retrospectiva de veinte sobre veinte. Pensamos que fue una buena decisión si salió bien (sesgo de resultado) y una mala si salió mal. Pero ahora, en el momento de decidir, no lo sabemos.

Lo que necesitamos saber es el equilibrio emocional actual para cada opción.

10. Prueba las otras decisiones posibles con las mismas preguntas que en el paso nueve.

11. En esta fase, tendrás una visión amplia de la situación y una buena idea del sentimiento de cada opción y te inclinarás por una de ellas.

Entonces, hacemos esta pregunta:

Si tomas esta decisión de la manera que prefieres (digamos la opción A), ¿qué tendría que ser cierto para que resultara de la mejor manera posible? Ya has explorado las mejores consecuencias posibles en el paso ocho.

Esta pregunta te muestra lo que tiene que ocurrir para obtener esas consecuencias. A continuación, puedes elaborar un plan de acción para crear esas circunstancias favorables.

12. Al final de este proceso, el cliente tendrá claro:
- el objetivo
- los valores
- las opciones
- las consecuencias de las opciones
- qué opción prefiere
- qué debe ocurrir para que esta opción funcione de la mejor manera
- un plan de acción para preparar el terreno para las mejores consecuencias.

Metavalores

Los metavalores son los valores que el cliente quiere que sean verdaderos por encima de todo, independientemente de la decisión y las consecuencias. Nuestro cliente habló de integridad, honestidad y calma.

Aunque no siempre consigamos lo que queremos, podemos actuar con fidelidad a nuestros valores y mantener la cabeza alta pase lo que pase, sabiendo que hemos dado lo mejor de nosotros mismos y que hemos sido fieles a lo que es importante. (Esto es importante: es fácil alegrarse por un buen resultado de la decisión). Pero queremos ir más allá, estar en paz con lo que ocurra. Pase lo que pase, sabemos que hemos hecho todo lo posible. No hay garantías de que vaya a salir bien. Todos sufrimos la ilusión de control: creemos que controlamos los acontecimientos, pero no es así. Esta ilusión de control da lugar tanto a la acción de culpar como al sentimiento de culpabilidad. Si los acontecimientos son controlables, si salen mal, alguien tiene la culpa: otras personas (los culpamos) o nosotros mismos (nos culpamos). Una vez que nos damos cuenta de que no tenemos el control, nos limitamos a hacer lo mejor que podemos, y el culpar a otros y el sentimiento de culpabilidad se evaporan.

Presiones sociales en la toma de decisiones

Hemos visto cómo las simples reglas y los sesgos cognitivos del sistema 1 pueden distorsionar nuestra toma de decisiones. También hay presiones sociales a las que es difícil resistirse. Puede que nuestro cerebro sea sólo nuestro, pero su funcionamiento está moldeado por las relaciones con la sociedad y la cultura. No es de extrañar que esté sujeto a presiones sociales. El psicólogo Robert Cialdini las ha descrito muy bien.[10] La psicología de la persuasión se utiliza ampliamente en la venta, la negociación y la persuasión, en el mejor de los casos para influir y, en el peor, para manipular a los demás.

Autoridad

La sociedad dice que hay que respetar la autoridad, empezando por los padres. La sociedad se basa en la autoridad. La idea de jerarquía

—algunas personas tienen derecho a decir a otras lo que tienen que hacer— está profundamente arraigada en nuestro pensamiento. Las empresas se basan en este principio, por muy horizontales que digan que son. Cualquiera que trabaje en una empresa estará en deuda con alguien. El director general responderá ante los accionistas. En última instancia, la autoridad se basa en la confianza. Confiamos en nuestros padres para que nos cuiden cuando somos pequeños. Confiamos en que nuestros profesores tienen habilidades y conocimientos. La autoridad legítima viene con la premisa incorporada: esta persona sabe lo que hace. Por lo tanto, cuando alguien muestra autoridad, tendemos a asumir que tiene las habilidades que la acompañan. Estamos preparados para confiar en ellos. Tendemos a creer primero y a pensar después. Por desgracia, la autoridad y la competencia no van necesariamente unidas.

Lo que olvidamos es que, salvo en raras ocasiones, la autoridad es contextual. Funciona en un contexto, y en algunos ámbitos no se aplica. Está bien hacer lo que te dice tu jefe en el trabajo, pero no seguirías sus consejos de moda. En un avión obedecemos a la tripulación de cabina; ellos tienen autoridad en una aeronave. Fuera del aeropuerto, no hay razón para obedecerles o creer lo que dicen; es tan probable que se equivoquen como cualquier otra persona. Pero estamos preparados para obedecer a las personas con autoridad fuera de contexto. Un uniforme es muy persuasivo.

Estamos bien preparados para respetar la autoridad y olvidarnos del contexto, por lo que los adornos de autoridad, los uniformes, los grados y los títulos (reales o supuestos) hacen que una persona parezca más digna de confianza en cualquier contexto (error de atribución fundamental). Cuando un cliente cite investigaciones, autoridad y referencias como parte de su proceso de decisión, hay que explorar siempre si esas autoridades son adecuadas y saben de lo que hablan. La autoridad fuera de contexto debe ser, como mínimo, cuestionada, y tal vez descartada.

Sintonía

Nos influye la gente que nos gusta. No es ninguna sorpresa. Pero ¿deben influir en nuestras decisiones sólo porque nos caen bien? Puede que no les gustemos. Además, nuestros gustos están influenciados por la preparación inconsciente y los prejuicios. Por ejemplo, conocer a alguien en un evento que te gusta, te predispone a que te guste esa persona. El gusto se transfiere del contexto a la persona. Tendemos a querer a las personas que son como nosotros. El hecho de compartir valores e intereses crea un vínculo y es más probable que escuchemos lo que dicen. Pero el hecho de que nos gusten, ¿hace que tengan razón?

Hay otra trampa en la sintonía. Puede que nos guste alguien porque nos recuerda a otra persona. Si ese otro era un amigo, entonces el aprecio por el amigo se transferirá a la nueva persona. El tono emocional del recuerdo se traslada a la nueva persona. También (por supuesto) nos gusta la gente que nos hace cumplidos. La gente puede hacernos cumplidos sin tener en cuenta nuestros intereses.

También nos atraen las personas físicamente atractivas. El atractivo es, bueno, atractivo. Las personas atractivas son consideradas más competentes y dignas de confianza en muchos ámbitos.[11] Lógicamente, el atractivo físico no tiene nada que ver con la confianza, pero conociendo cómo el cerebro hace estos saltos de lógica en las alas de la emoción, probablemente no te sorprendas. Las personas atractivas dan una mejor imagen y, por lo tanto, los demás quieren que se les asocie con ellas.

(A las personas atractivas les va mejor en las batallas legales: son declaradas culpables con menos frecuencia y, si son condenadas, suelen recibir una sentencia más leve que las personas consideradas menos atractivas).[12]

Así que la verdad es que es probable que nos influyan en nuestras decisiones las personas que nos gustan, las que pensamos que son como nosotros y las personas atractivas, independientemente de lo competentes que sean.

Consistencia

A nuestro cerebro le gusta la previsibilidad y se esfuerza por mantener el mundo consistente mediante el sesgo de confirmación. Queremos presentar una cara coherente al mundo. Esto nos hace dignos de confianza y los demás lo valoran. Intentamos ser coherentes con nuestras acciones en el pasado. Es más fácil mantener la misma posición, utilizar los mismos criterios y tomar el mismo tipo de decisiones: seguir el sesgo del *statu quo*. Tenemos una imagen de nosotros mismos construida por nuestra CPF, y tiene una fuerte influencia en lo que hacemos. Por lo tanto, cuando tenemos que decidir nos fijamos primero en los precedentes, en lo que hemos hecho en el pasado. Los demás esperan que seamos coherentes, y existe la presión de volver a tomar la misma decisión. Cualquier otra cosa equivale a admitir que nos equivocamos en el pasado.

El *coach* puede señalar que la coherencia no es lo mismo que la confianza. La confianza proviene de la capacidad de aplicar valores y principios a situaciones diferentes y actuar de forma coherente con ellos. La coherencia por sí misma no es una buena razón. La coherencia se convierte en un hábito, que a su vez se convierte en un cumplimiento irreflexivo. Cada decisión es nueva, y la coherencia no es una razón para elegir un camino en lugar de otro.

Reciprocidad

Cuando alguien nos hace un favor (aunque no nos lo haya pedido), nos sentimos obligados. Nos sentimos en deuda. La reciprocidad es generalmente un principio positivo; no podríamos tener una vida social sin ella, las cosas que hacemos y los regalos que hacemos a los demás son los lazos sociales que nos unen. Tenemos un sentido muy agudo de la equidad y la justicia; parece que una parte de nuestro cerebro lleva la cuenta de lo que damos y recibimos.[13] Es la base del derecho y la moral. El lado positivo de la reciprocidad muestra nuestro sentido innato de la justicia. Vivir con los demás es un equilibrio entre dar y recibir, y los que toman y no dan pronto se vuelven impopulares (como un compañero de copas que nunca paga su ronda en el bar, pero siempre acepta una copa cuando se la ofrecen). La mayoría de las personas se sienten incómodas al estar siempre en el extremo receptor (excepto el compañero de copas). Dar algo a cambio es natural. También es incómodo seguir dando y no recibir nada a cambio, incluso cuando insistimos en que no queremos nada. Seguimos esperando que al menos nos ofrezcan algo. La cooperación está profundamente integrada en nuestros genes y en nuestro cerebro.

Los estudios demuestran que un regalo barato y no solicitado tiende a influir en la gente para que compre algo mucho más caro.[14] (De ahí los bolígrafos o tazas baratas que acompañan a una invitación para patrocinar una causa digna). Así que, de nuevo, tenemos que ser conscientes del contexto. El hecho de que alguien te haga un favor, sobre todo si no te lo ha pedido, no significa que tengas que devolvérselo automáticamente, y mucho menos si el favor devuelto va a ser desproporcionadamente mayor y más significativo que el primero. No dejes que la generosidad de otro afecte a una decisión importante. Trata cada decisión por sus propios méritos. Este principio es bueno y está detrás de las numerosas normas que impiden a las personas de la vida pública aceptar regalos de otros.

Escasez

¿Has visto alguna vez carteles que anuncian una venta y que dicen: «Último día» o «Sólo quedan unos pocos»? ¿Te hace incorporarte un poco con más interés? Los vendedores saben que la escasez aporta un valor adicional. En primer lugar, sugiere que muchas otras personas han comprado el artículo antes (incorporando el principio de la prueba social, véase más adelante) y, en segundo lugar, genera ese miedo irracional a perderse algo. Esto tiene su propio acrónimo en la era de las redes sociales: *FOMO.* [15]

Hay buenas razones para este principio. En nuestro pasado evolutivo, los recursos importantes eran escasos; teníamos que luchar por ellos. La comida, la bebida y el refugio eran muy valiosos; no podías ir al supermercado y comprar otro si te lo perdías. Así que tiene sentido coger lo que hay en ese momento. ¿Por qué esperar? Puede que luego no lo haya.

Avancemos decenas de miles de años. Esos mismos recursos no son escasos en absoluto. Las necesidades importantes de la vida son abundantes para la mayoría de la gente. Nuestro cerebro, que está preparado para tiempos más difíciles, sigue emitiendo una advertencia. Un indicio de escasez hace que nos interesemos; incluso puede anular el hecho de que no queríamos el artículo en primer lugar. ¿Alguna vez has comprado algo en rebajas porque tenía un gran descuento? ¿O porque era una edición limitada? ¿Lo habrías comprado de otro modo? La escasez tiene poco que ver con el valor. El sistema 2 sabe que, si no lo hubieras comprado cuando abundaba, ¿por qué comprarlo cuando escasea?

La implicación para la toma de decisiones es obvia. No te dejes presionar por tu cerebro para hacer algo simplemente porque escasea. El mismo principio se aplica si una oferta especial es de duración limitada. Esto la convierte en escasa de una manera diferente: desaparecerá pronto. Sólo debes tener en cuenta la escasez si estás realmente indeciso, en cuyo caso, la decisión más segura es tomarla si la oportunidad es buena y está limitada en el tiempo. [16]

Prueba social

La prueba social es la seguridad en los números. Esta es la lógica: si mucha gente decide así, entonces debe ser bueno. Y no sólo eso, sino que tal vez tú estés siendo antisocial al no decidir de la misma manera.

En última instancia, aunque te equivoques estarás en buena (y numerosa) compañía. Nadie te culpará porque todos han hecho lo mismo. El riesgo se reduce.

La prueba social es una parte importante de la toma de decisiones; nos dejamos influir por las opiniones de los demás. Miramos las reseñas, los comentarios y decidimos en función de lo que piensan los demás. Este principio es importante en las redes sociales: cuando algo recibe muchos me gusta, es difícil no unirse a ello, aunque no nos guste. Las recomendaciones valen dinero.

La prueba social es útil; tenemos que tener en cuenta las decisiones de otras personas. Sin embargo, recuerda los principios de un buen *feedback*. La calidad cuenta tanto como la cantidad. Cuando alguien a quien respetas y que tiene una excelente trayectoria decide en un sentido, eso cuenta más que cientos de personas que saben poco sobre el asunto. Las opiniones de los expertos valen más que las de docenas de personas. Es mejor comprar las acciones que compra Warren Buffett que las que compran miles de inversores normales.

Los avales y las referencias genuinas son importantes a la hora de evaluar una acción, pero hay otros factores. Una investigación clásica sobre la prueba social fue realizada por Solomon Asch en 1951.[17] En su experimento, se mostró a un grupo de ocho estudiantes un papel con una línea recta dibujada. A continuación, se les entregaron otras tres líneas de longitudes diferentes y se les preguntó cuál se acercaba más a la longitud de la primera. La respuesta era siempre obvia. Sin embargo, como en tantos experimentos psicológicos, las cosas no eran lo que parecían. Todos los estudiantes, excepto uno, eran cómplices. Sólo había un participante auténtico, al que se le dijo que formaba parte de un experimento de percepción visual. Todos los estudiantes podían ver qué respuestas daban los demás. La mayoría de las veces, los siete cómplices daban la respuesta correcta. Pero, de vez en cuando, en un momento dado, daban una respuesta incorrecta. Ahora imagina que eres el auténtico participante. Tus compañeros, de los que no tienes motivos para sospechar, se alían contra ti, y todos coinciden en una respuesta que te parece completamente errónea. ¿Qué haces?

Los resultados fueron interesantes. Por término medio, un tercio de los participantes genuinos estaban de acuerdo con la respuesta incorrecta. Este experimento ha sido discutido y analizado a lo largo de los años y sigue siendo controvertido. La presión de la prueba social parece desempeñar un papel, así como la conformidad del grupo. Es cierto que hay que encajar en un grupo del que uno se siente parte. También es cierto que nada importante dependía de la decisión, ya que las normas éticas prohíben los experimentos en los que hay algo muy importante en juego. Sin embargo, sigue siendo una advertencia sobre las presiones del conformismo.

Ahora, con las redes sociales, la prueba social se reduce a los «me gusta» y a las recomendaciones *online*. Sin embargo, como sabemos, ambas se pueden comprar y manipular fácilmente. La prueba social *online* es incluso menos fiable que la variedad *offline*.

No decidas sólo porque muchos otros han decidido lo mismo, a menos que sean personas reales a las que respetas y que han reunido la misma información que tú.

Fatiga de decisión

Cuando tomamos muchas decisiones, la calidad de la decisión disminuye con el tiempo. Este es un ejemplo de agotamiento del ego, una experiencia con la que todos nos podemos identificar: el esfuerzo mental continuo se hace más difícil a medida que pasa el tiempo. Un buen sueño es necesario para restablecer nuestro cerebro. No está claro qué causa el agotamiento del ego, pero parece haber un paralelismo con el esfuerzo físico. La mente se cansa, pero, a diferencia del cuerpo, no siente el cansancio. Y ahí radica el peligro. Nuestras decisiones se deterioran, pero no nos damos cuenta.

El estudio clásico sobre la fatiga de decisión se realizó en 2011 con una junta de libertad condicional en una prisión israelí.[18] Los presos se presentaban ante la junta para que se evaluara su solicitud de libertad condicional. Idealmente, una junta de libertad condicional es objetiva y decide sobre los méritos de cada caso, y de hecho esa era su intención. Escucharon casos durante todo el día. Cada día se dividió en tres sesiones con una pausa para comer entre cada una. Al principio de cada sesión, el sesenta y cinco por ciento de los presos recibía una decisión favorable: libertad condicional anticipada. A medida que avanzaba la sesión, este porcentaje se reducía casi a cero, pero volvía a alcanzar el sesenta y cinco por ciento inmediatamente después de la siguiente pausa para comer. El factor más importante a la hora de decidir quién obtenía la libertad condicional era la hora del día en que se examinaba su caso, no los méritos del mismo.

Esto es sorprendente pero comprensible por lo que sabemos. Pensar y tomar decisiones críticas requiere un esfuerzo, y, si estás cansado, el sistema 1 toma el control. El sistema 1, con su *statu quo* y sus prejuicios de aversión al riesgo, opta por la decisión más segura: denegar la libertad condicional. (También tiene el mérito de mantener las opciones abiertas: el preso podría ser liberado en otra audiencia, mientras que una decisión de liberación una vez tomada es difícil de revocar).

¿Qué tipo de decisiones son las más agotadoras?

Las que son importantes con un alto componente emocional. Parece que ponen a prueba los centros emocionales del cerebro, ya que la COF se esfuerza por equilibrar los valores, unos contra otros. Cuanto mayores sean los riesgos, más cansado será. La presión del tiempo también se suma al estrés y la fatiga de la toma de decisiones. Cuantos más factores haya que tener en cuenta, más difícil y más cansado será. Esto pone a prueba la memoria de trabajo. Elegir es estupendo, pero elegir demasiado puede ser estresante. Para decidir entre dos trabajos, un análisis minucioso y un equilibrio de valores darán una elección con la que te sientas satisfecho. Con docenas de posibles trabajos a considerar, hay mucho más trabajo y la elección final es mucho menos segura. Esta es la paradoja de la elección.[19]

Demasiadas opciones pueden llevar a la parálisis y a la ansiedad por el miedo a perderse algo (*FOMO*). Barry Schwartz, en su libro *The Paradox of Choice*, escribe sobre los Maximizadores y los Satisfactores, términos acuñados originalmente por el psicólogo Herbert Simon en la década de 1950.[20] Estas torpes palabras captan una idea importante. Un Maximizador es alguien que trata de tomar la mejor decisión en cada momento, lo que significa considerar todas las opciones. Los Maximizadores van a sufrir una fatiga de decisión colosal. Un Satisfactor tiene valores, pero no necesita hacer la mejor elección cada vez. Esta es una estrategia mejor (desde la perspectiva del cerebro).

Las implicaciones para el *coaching* de la fatiga por decisión son obvias. Habla a los clientes de la fatiga de decisión como un fenómeno investigado a fondo. Algunos clientes, especialmente los altos ejecutivos, estarán decidiendo todo el día y se enorgullecen de su capacidad de decisión. Por tanto, no cuestiones su competencia, señala el paralelismo físico. Un excelente corredor no puede seguir corriendo todo el día, se desplomaría. La toma de decisiones para el cerebro es el equivalente al esfuerzo físico para el cuerpo. Ayuda a los clientes a hacerse amigos de su cerebro y a conocer sus limitaciones, así como sus puntos fuertes. Toma las decisiones más importantes al principio del día. Necesitan descansos frecuentes para refrescar sus neurotransmisores.

Los *coaches* también pueden beneficiarse de sus propios consejos. Ten más cuidado con tus clientes justo antes de comer, después de una larga mañana. Mejor aún, no programes demasiados clientes en el día. No podrás ser justo con todos. Planifica la jornada de *coaching* con suficientes descansos.

Todo el mundo hace elecciones (es decir, decide) a lo largo del día y estas se van acumulando. Hay muchas maneras de simplificar la vida, para que las elecciones menos importantes no sean una carga. Barack Obama, presidente de los Estados Unidos durante ocho años con el que posiblemente sea el trabajo más difícil del mundo, parecía conocer la fatiga de las decisiones. Automatizó el mayor número posible de decisiones sin importancia. Por ejemplo, mantuvo un número muy reducido de trajes que podía elegir para vestir cada día. No desperdiciaba energía mental en qué ponerse cada mañana: había limitado su elección de antemano. También tenía una buena estrategia para comunicar sus decisiones, que a menudo recomendamos a nuestros clientes. Le gustaba que le entregaran los memorandos que requerían una decisión con tres casillas de verificación al final. Decían Sí, No y Hablémoslo.

Descuento por demora: ¡Lo quiero ahora!

¿Qué más dificulta las decisiones? El tiempo. Tener que esperar los resultados. Queremos el mundo y lo queremos ahora. Algo del niño pequeño permanece en todos nosotros, el niño que experimenta una hora como un tiempo insufriblemente largo. Los niños tienden a dividir el tiempo en dos tipos: ahora y no ahora. Si se puede elegir, el ahora es siempre la propuesta más atractiva, algo que las compañías de tarjetas de crédito explotan muy bien. Te venden la posibilidad de comprar ahora, pero a un tipo de interés muy alto.

Querer las cosas rápidamente es natural. Tómalo ahora, o puede desaparecer, ya nos hemos encontrado con la presión de la escasez. El mañana es una promesa incierta y sin cumplir. La evolución ha puesto las cartas del lado del ahora. El sistema de recompensa de nuestro cerebro (el área tegmental ventral [ATV] y el núcleo accumbens [NAc]) responde a un retorno inmediato. Lo que más nos impulsa son las cuatro F (recuerda, por sus siglas en inglés): huir, luchar, alimentarse y tener sexo. Las dos primeras pueden salvarte la vida y las dos segundas hacen que tu vida merezca la pena.

Estos no admiten demoras. En términos neurológicos, tienen el mayor descuento.

En otras palabras, son los más difíciles de aplazar.

El descuento por demora, el no querer esperar, presiona las decisiones, favoreciendo las que dan resultados inmediatos. No sólo eso, sino que los castigos y las consecuencias insanas se destierran a un futuro incierto. El precio que podemos pagar en el futuro es débil e insustancial comparado con las recompensas del presente. Dejar de lado una recompensa del presente (por ejemplo, un segundo trozo de tarta de queso) en favor de una recompensa del futuro (sentirse más sano) requiere cierto esfuerzo, y la CPF debe convencerte de que la recompensa del futuro es más valiosa (por ejemplo, el aprecio de tu pareja), más grande (puedo comer un trozo más grande el fin de semana) o es una mala idea y conlleva malas consecuencias (sensación de saciedad desagradable y autodesprecio por volver a comer en exceso). La tarta de queso ahora no es siempre una mala decisión, pero la tarta de queso ahora —cada vez— no es buena.

Dejando de lado los problemas morales, ¿cómo podemos ayudar a los clientes con el atractivo del presente?
¿Aceptar la promoción fácil ahora o esperar a una mejor? ¿Tomar unas vacaciones de lujo o invertir el dinero?
¿Comer ese pastel de chocolate ahora o aguantar para un futuro saludable?

El ejercicio es otro ejemplo común. El ejercicio requiere tiempo y esfuerzo en este momento y las penalidades de una existencia sedentaria están cómodamente lejos.

En primer lugar, hay que hacer saber a los clientes que el problema no es la fuerza de voluntad o la pereza. Esos son juicios de valor inútiles. No significan nada. Se trata de un conflicto entre diferentes partes del cerebro. El sistema emocional caliente centrado en la amígdala y los ganglios basales, que se vincula con el sistema de recompensa en el ATV y el NAc, tira hacia un lado. El sistema frío, centrado en la CPFdl, que sopesa las consecuencias a lo largo del tiempo, tira hacia el otro lado.[21]

En segundo lugar, traer el futuro al presente puede ayudar. Por ejemplo, si la cuestión es comer la tarta de queso ahora, el NAc y el ATV pueden superar a la CPFdl. Pero la CPFdl tiene algo que ellos no tienen: un rango de tiempo. Por lo tanto, puedes argumentar: «Vale, va a saber muy bien ahora. Y antes de comerlo, piensa cómo te sentirás dentro de media hora si lo comes ahora…». Esto trae las malas consecuencias al presente. Si la sensación es de incomodidad, hinchazón y culpabilidad, entonces esto puede inclinar el argumento a favor de la CPF. Utilizamos este principio todo el tiempo con los clientes en la toma de decisiones. Les pedimos que se proyecten a sí mismos, en días, meses o años, y que imaginen cómo se sentirán si deciden en el sentido que están favoreciendo. Es una especie de estrategia de colapso del tiempo en la que el sentimiento de las consecuencias se traslada al presente para equilibrar la ecuación. Puede ser muy útil para los clientes que se sienten presionados a tomar una decisión rápida y gratificante, pero quizá poco acertada.

Un ejemplo. Joseph estaba asesorando a una directiva que estaba considerando cambiar de trabajo. Su trabajo actual estaba muy bien pagado, era responsable y seguro. Su problema era para los próximos seis meses. Acababa de ser nombrada jefa de un proyecto que odiaba. Aunque no pensaba que fuera la mejor persona para el trabajo, creía que podía cumplirlo. Dijo que se enfrentaba a seis meses de infierno. La alternativa era marcharse y crear su propia empresa, algo que siempre había querido hacer, pero era mucho más arriesgado, estaba peor pagado y tenía menos seguridad.

Este tipo de decisión no tiene una respuesta correcta; el cliente debe explorar sus valores. En este caso, un elemento clave fue el retraso de seis meses. ¿Es mucho o poco tiempo? Depende de con qué se compare.[22] ¿Cómo se comparan seis meses con el resto de su vida laboral? Su edad fue otro factor. La decisión de una persona de cincuenta años sería diferente a la de una de veinte. Otros muchos factores influyeron en su decisión: la familia, los amigos y los compañeros de trabajo. Cuando pudo salir de la presión del tiempo, pudo evaluar con más claridad. Joseph le preguntó cómo se sentiría dentro de seis meses si terminaba el proyecto. Luego le preguntó cómo se sentiría dentro de seis meses si dejara la empresa ahora. Su CPF orbital integró todos los factores y llegó a una decisión que la hizo sonreír.

El contrato Ulises

Otra forma de ayudar a los clientes con el atractivo de lo inmediato requiere un viaje a la mitología griega. Ulises era el rey del reino griego de Ítaca hace tres mil años, en la época de las guerras de Troya. Tal y como recoge el historiador griego Homero, los griegos derrotaron a los troyanos (mediante el famoso subterfugio del Caballo de Troya), y Ulises y sus hombres emprendieron el largo y peligroso viaje de vuelta a casa. Tuvieron que pasar por las pequeñas islas de *Sirenium Scopuli.* Según la leyenda, estas eran el hogar de las sirenas, mujeres de belleza sobrenatural. Estas mujeres cantaban melodías irresistibles, atrayendo a los marineros hacia las islas, donde sus barcos naufragaban en las rocas y los marineros hechizados se ahogaban felizmente.

Ulises quería ver y oír las sirenas y volver vivo a casa con su mujer. Hizo un plan. Sabía que estaría bajo un hechizo y no sería él mismo, así que ordenó a su tripulación que lo atara firmemente al mástil y que no lo soltara, dijera lo que dijera o hiciera lo que hiciera, hasta que hubieran pasado las islas. La tripulación se llenó los oídos de cera de abeja, para que no pudieran oír el canto de la sirena. Ulises pudo ver y oír lo que nadie más había vivido para contar. De ahí el contrato de Ulises: un contrato entre su yo presente y su yo futuro. El yo presente de Ulises sabía que su yo futuro no podría resistir el canto de las sirenas. Se aseguró de que su yo futuro no pudiera tomar la loca decisión que condenaría a toda la nave. Decidió, mientras seguía siendo racional, cuidar de su yo futuro, que se vería irresistiblemente tentado. Tú puedes controlar tu yo presente hasta cierto punto; tu yo futuro es otra cosa.[23]

Los *coaches* pueden utilizar esta idea de muchas maneras. En primer lugar, son un socio de responsabilidad para el cliente. El *coach* trabaja con el cliente para conseguir su acuerdo y compromiso con la acción y se asegura que lo mantiene. El *coach* se encarga de que el cliente dé lo mejor de sí mismo en el presente y le hace responsable de sus acuerdos y acciones futuras. El *coach* sustituye a la tripulación de Ulises. El cliente delega la responsabilidad en el *coach*, conociendo la debilidad de su propio yo futuro. A todos nos gusta pensar que nuestro yo futuro pensará y actuará igual que nuestro yo presente ante la tentación, pero no podemos contar con ello. Nuestro yo futuro tiene una mente propia, y los recordatorios pueden no funcionar, la mente que nos recuerdan es agua pasada. El cliente sabe que es capaz de rendir cuentas fuera de sí mismo, así que toma prestada la CPFdl del *coach*, dándose cuenta de que la suya propia puede no ser tan resistente cuando la sesión termine. Los cantos de sirena provienen de tentaciones externas, así como del pensamiento habitual.

Hemos utilizado este principio para ayudar a los clientes a evitar situaciones difíciles. A un cliente le gustaba ayudar a los demás. Casi siempre decía «sí» a cualquier propuesta o trabajo extra que le sugerían sus compañeros de trabajo. Se sentía realmente feliz ayudando a los demás, pero se estaban aprovechando y se dio cuenta de que tenía que dejar de hacerlo. Su predisposición a aceptar, su costumbre de aceptar y la presión de los demás lo hacían difícil. Andrea llegó a un acuerdo con él para que, cada vez que alguien le pidiera ayuda, dijera: «Déjame pensarlo». Luego sopesaría todos los factores y les daría una respuesta más tarde. Eso le permitía separar realmente las buenas propuestas de las malas y evaluar cada solicitud en función de sus méritos. A continuación, informaba de cada propuesta y de lo que había hecho en la siguiente sesión de *coaching*.

¿Por qué un cliente mantiene acuerdos con el *coach*? ¿Por qué quiere externalizar la responsabilidad? ¿Por qué no se acostumbra?

¿Por qué no posponer esa difícil conversación telefónica? («Sólo esta vez…»). Porque les importa el acuerdo de *coaching*. La relación de confianza y respeto entre el *coach* y el cliente es crucial. El *coach* no puede ser un socio responsable si el cliente no se preocupa.

Buenas decisiones

Es un milagro que tomemos buenas decisiones con las muchas cosas que pueden interponerse en nuestro camino.

En primer lugar, está la influencia de las emociones en el momento. La rabia, el miedo o la tristeza pueden sesgar nuestra toma de decisiones desde el principio. Las emociones fuertes apagarán partes de la CPF necesarias para obtener una visión equilibrada. El secuestro de la amígdala es el ejemplo extremo. Incluso cuando la emoción principal ha pasado, el periodo refractario influye en nuestro pensamiento. Se necesita tiempo para serenarse, y durante ese tiempo, se tenderá a interpretar los acontecimientos a través de esa lente emocional.

Luego viene el sistema 1 con sus simplificaciones, atajos y errores. La forma en que se enmarca una decisión en términos de pérdida o ganancia nos influye.

Luego está la influencia del entorno: primado y anclaje. Están los factores sociales: autoridad, agrado, escasez, consistencia, reciprocidad y prueba social.

Otra mala noticia es que nuestra memoria no es tan fiable como suponemos, y dependemos de ella para muchas decisiones. Los recuerdos también se ven influidos por el primado y el enfoque. Los recuerdos no se extraen prístinos e intactos de un archivo. Nuestro cerebro los reconstruye cada vez que recordamos, y el proceso de recordar los cambia sutilmente. A veces, fabricamos los recuerdos y rellenamos los huecos para crear una historia coherente y luego pensamos que eso fue lo que realmente ocurrió.

Por último, la fatiga de decisión puede erosionar nuestras buenas intenciones, y el descuento por demora entona su canto de sirena a favor del ahora (Figura 6.1).

Seguimos siendo optimistas. Conoce a tus enemigos. Cuando sabes que hay una trampa, puedes evitarla. Todo lo anterior podría influir, y probablemente lo hará, en tu decisión en algún momento, y para muchas decisiones, no importará mucho. Así es la vida. Sin embargo, cuando tienes que tomar una decisión importante, tienes que tener cuidado.

Utiliza el modelo de marcador somático para las decisiones importantes, con ese importante primer paso:

Factores emocional	Sistema 1	Contexto	Memoria	Otros
Secuestro de la amígdala	Aversión a la pérdida	Primado	Fabricación	Fatiga de decisión
Periodo refractario	Tacaño cognitivo	Enfoque	Falta de fiabilidad	Descuento por demora
	Sesgos de atención	Anclaje	Primado	
	Sesgos de confirmación		Guiones	
	Disponibilidad			
	Sesgos de resultado			
	Error fundamental de atribución			
	Correlación /Causalidad			

Figura 6.1 Factores que afectan a la toma de decisiones.

Comprueba dónde estás ahora y cómo te sientes mientras piensas en la decisión.

Ten en cuenta el posible primado. Fíjate bien en cómo se enfocan las alternativas.

Nuestras decisiones nos cambian a nosotros mismos y a nuestra situación; con suerte, hacia algo mejor. Queremos que el futuro sea más gratificante que el pasado, nuestra mayor fuerza y nuestra mayor debilidad es que rara vez estamos satisfechos. El presente es un trampolín hacia un futuro mejor. En otras palabras, queremos que el futuro sea más gratificante que el presente.

7

Memoria: en el jardín de rosas

Los dos yoes

¿Qué prefieres: unas fantásticas vacaciones gratis, haciendo lo que quieras con quien quieras, sin reparar en gastos, o las vacaciones normales que has planeado?

¿Quién no elegiría la primera opción? Pero hay un truco: no recordarás nada de las primeras vacaciones; cuando se acaben, tu recuerdo se borrará. Será como si nunca hubiera ocurrido. ¿Qué opción prefieres?

Este acertijo pone de manifiesto la diferencia entre el yo que experimenta y el recordado. El yo que experimenta conoce el momento presente; está en el ahora. El yo recordado conoce su historia y planea su futuro. El yo recordado es el narrador que recuerda las experiencias y las entrelaza en la historia de su vida. A menudo confundimos estos dos yoes cuando pensamos en la felicidad. El yo que experimenta puede ser feliz en el momento presente; el yo recordado puede ser feliz con la vida, independientemente de cómo se sienta en ese momento. Siempre que hacemos *coaching* a clientes que quieren ser felices, les explicamos esta distinción.

Tuvimos un cliente que dejaba su trabajo y nos contó sobre los tres años que llevaba en la empresa. Pasó rápidamente por encima de la mayor parte, diciendo que era feliz y que todo había ido bien. Luego, describió los últimos tres meses: cómo su nuevo jefe le había hecho la vida imposible. Todo culminó con una gran disputa con él y su equipo, y dimitió. Dijo: «Mi tiempo allí fue una pesadilla, los últimos tres meses lo arruinaron todo». Lógicamente, esto no tiene sentido. Los tiempos felices seguían siendo felices, el pasado no se puede cambiar, pero su recuerdo sí. El mal momento ensombrece los tres años enteros. A menudo confundimos la experiencia con el recuerdo. Los tribunales de divorcio escuchan esta confusión todo el tiempo, cuando las parejas describen su tiempo juntos a través de la amargura de sus sentimientos actuales por el otro. La memoria no es directa. No registramos todo y lo archivamos para futuras referencias. Seleccionamos experiencias del río que fluye en el momento presente. Cogemos un puñado de agua, lo metemos en una caja de recuerdos y construimos nuestra historia, qué tipo de persona somos, qué nos gusta y cómo somos de felices.

El yo recordado funciona con tres reglas.

En primer lugar, la duración no cuenta. Por muy largo que sea el tiempo, cuenta como un bloque. La primera parte y las últimas actúan como pilares y sí figuran de forma más destacada. En segundo lugar, sólo cuentan los momentos más intensos. Nuestro cerebro no recuerda lo corriente; las experiencias más intensas, buenas o malas, colorean toda la experiencia. En tercer lugar, el final de la experiencia matiza todo el recuerdo. Si termina mal, se etiqueta como una mala experiencia. Si termina bien, es una buena experiencia. En un experimento realizado por Daniel Kahneman[1], los sujetos metían la mano en un baño de agua helada. Eso era doloroso. En un primer escenario, mantenían la mano dentro durante sesenta segundos. En el segundo escenario, hacían lo mismo y luego la mantenían allí otros treinta segundos con el agua ligeramente calentada sólo un grado más. Una mayoría significativa de los sujetos dijo que preferiría repetir el segundo escenario en lugar del primero. El segundo terminó mejor. Racionalmente esto no tiene sentido. ¿Por qué optar por treinta segundos más de incomodidad? Nuestro yo recordado no es razonable.

El yo recordado puede incluso intentar controlar el futuro. Planificamos nuestra vida basándonos en recuerdos anticipados, no en experiencias reales. Hacemos cosas basándonos en cómo creemos que nos sentiremos al final, en lugar de cómo nos sentimos al hacerlas. Así, el yo recordado sacrifica el presente por el futuro. El yo que experimenta renuncia al futuro por el presente. De alguna manera, tenemos que mantener un equilibrio.

El cliente presenta su yo recordado. El yo recordado es el que toma las decisiones. Cuando tomamos decisiones, recordamos nuestra experiencia: los altos y los bajos. Entonces, tomamos decisiones basándonos en lo que recordamos, no en lo que ocurrió. Unas vacaciones de dos semanas en las que no pasó gran cosa parecen mejores en retrospectiva que unas vacaciones excelentes con los últimos días empañados por un tiempo terrible y errores del hotel. No elegimos entre experiencias, sino entre recuerdos de experiencias. Cada momento es precioso, es el único momento en el que se puede experimentar la felicidad, y casi todos se olvidan, se mezclan, se aderezan y se sirven por el yo recordado.

Memoria

La memoria es mucho más que un almacén del pasado. Es una de nuestras facultades más preciadas. Mnemósine, la diosa de la memoria en la mitología romana, era hija del cielo y diosa del tiempo. Inventó el lenguaje y fue la madre de las Musas, las diosas de la poesía, el teatro, el canto y la danza. Todo un currículum.

¿Quién eres tú? Te defines a través de la memoria. Te despiertas por la mañana y todo lo que te rodea se cristaliza en unos segundos. Sabes quién eres, y sabes lo que pasó ayer y todos los demás días. Sientes una continuidad del ser. Nunca te preguntas si eres la misma persona que se fue a dormir la noche anterior.

Piensa en una experiencia maravillosa que hayas tenido en el pasado. ¿Cómo sabes que fue maravillosa? Tendrías que haberla comparado con otras experiencias que no fueron tan maravillosas para saberlo. ¿Actúas de forma congruente con tus valores? Tienes que recordar tus valores y tus acciones para comprobarlo. ¿Cómo sabes si puedes confiar en alguien si no recuerdas sus experiencias anteriores? Sin memoria, el mundo sería imprevisible e incierto, como lo era cuando eras niño. Es necesario experimentar, aprender de la experiencia y recordarla para entender el mundo. La memoria es un aprendizaje capturado, estabilizado y disponible. Para configurar el futuro, se necesita el pasado.

La neurociencia de la memoria

¿Cómo recordamos? ¿Cómo construye y almacena el cerebro los recuerdos para el yo recordado? Los neurocientíficos aprendieron mucho de un hombre llamado Henry Molaison.[2] Cuando tenía nueve años, Henry fue atropellado por un ciclista y se golpeó la cabeza. A partir de entonces, sufrió ataques epilépticos cada vez más graves, hasta el punto que a los veintisiete años sufría hasta diez desmayos a la semana. La epilepsia parecía originarse en el lóbulo temporal medial, y William Scoville, un destacado neurocirujano, decidió que la única opción era extirpar la parte interna del lóbulo temporal medial de ambos lados del cerebro. Esto incluía el hipocampo, una estructura delicada, en el interior del lóbulo temporal. La operación fue un éxito: curó los ataques. No cambió su personalidad; siguió siendo una persona normal, inteligente y sociable. Sin embargo, perdió los recuerdos de los dos años anteriores a la operación, aunque podía recordar su vida anterior. Peor aún, después de la operación, su memoria se limitaba a unos pocos minutos. No podía convertir ninguna experiencia de la memoria a corto plazo en memoria a largo plazo. Podías tener una conversación perfectamente normal con él, pero una hora más tarde no se acordaba ni de ti ni de la conversación. Se recordaba a sí mismo tal y como era antes de la operación. La imagen que tenía de sí mismo era la de una persona de treinta años. Todos los días se miraba en el espejo y esperaba ver a una persona de treinta años y se sorprendía al ver el reflejo. Su vida, tal y como la conocía, se detuvo con la operación; después, fue un contínuo vivir el presente, cada día desconectado del anterior.[3]

El estudio de Henry Molaison reveló algunos de los misterios de la memoria humana. La memoria es un proceso cerebral distinto y no está directamente relacionado con otras capacidades. El cerebro almacena y procesa nuestra experiencia de diferentes maneras; el resultado son diferentes tipos de memoria.

La primera es la memoria sensorial. Es la huella del pasado inmediato, como el eco de un sonido o el destello de una imagen. Se mantiene durante un tiempo muy corto. La memoria sensorial permite repetir lo que alguien acaba de decir cuando no se está prestando atención (una habilidad muy útil durante una reunión aburrida). Los recuerdos sensoriales se almacenan como un rastro neural a corto plazo en el área sensorial implicada (lóbulo occipital para la información visual, lóbulo temporal para la información auditiva).

La siguiente es la memoria a corto plazo. Esta dura unos pocos minutos. Prestamos atención y el cerebro hace un seguimiento. La memoria a corto plazo es compleja e implica a muchas regiones cerebrales diferentes, incluida la CPF. La información contenida en la memoria a corto plazo decae rápidamente. La memoria a corto plazo también tiene tendencia a la interferencia, ya que la nueva información desplaza a la antigua, especialmente si la nueva información es importante.

Un tipo de memoria a corto plazo es la memoria de trabajo. En ella se almacena la información que necesitamos en ese momento. Mientras redactamos esta sección del libro, guardamos diferentes conceptos, asociaciones e historias en la memoria de trabajo para anotarlos mientras escribimos. La memoria de trabajo permite retener lo que el cliente ha dicho mientras se formula la siguiente pregunta. La memoria de trabajo dura unos veinte segundos cada vez y desaparece si no se refresca. Está limitada a las famosas «siete más o menos dos» segmentos de información en cualquier momento,[4] y, aunque el número de segmentos es limitado, no lo es el tamaño de estos ni la forma en que están organizados. La memoria de trabajo de Henry Molaison no se vio afectada por la operación.

La memoria a largo plazo es todo lo que recordamos. Puede remontarse a días, meses o años atrás. El hipocampo es la estructura cerebral que convierte los recuerdos a corto plazo en recuerdos a largo plazo. El hipocampo se encuentra en la profundidad del lóbulo temporal medio. Tiene muchas conexiones, tanto con las partes subcorticales del cerebro como con la corteza prefrontal. El cerebro no almacena los recuerdos en el hipocampo, sino que parece trasladarlos a la corteza cerebral de forma gradual. Los recuerdos a largo plazo están dispersos en el cerebro. No existe un «almacén de memoria a largo plazo». Los recuerdos visuales se almacenan en el lóbulo occipital (la corteza visual) y los auditivos en el lóbulo temporal. Reimaginar un acontecimiento es como reexperimentarlo, porque se activan los mismos circuitos. Los recuerdos visuales activan los circuitos visuales y los recuerdos auditivos activan los circuitos auditivos.

El hipocampo fue una de las primeras zonas en mostrar la neuroplasticidad del cerebro adulto. Los taxistas londinenses mostraron un aumento del volumen de su hipocampo cuando memorizaron las laberínticas calles de Londres para un examen llamado *The Knowledge*.[5] El hipocampo también procesa información espacial; contiene neuronas que codifican la ubicación, así como los acontecimientos y los hechos. En la prehistoria, el lugar en el que ocurría algo podía ser tan importante como lo que ocurría, así que quizás el hipocampo se desarrolló en el cerebro para la navegación, siendo el resto de la función de la memoria un feliz subproducto. Las estrategias de memoria que imaginan la información almacenada en lugares imaginarios pueden ayudar a mejorar la memoria.[6]

Las etapas de la memoria

Hablamos de recuerdos como si fueran cosas reales, pero la memoria es un proceso. Se trata de cambios en las conexiones entre las neuronas o de un cambio en la fuerza de las sinapsis. En cierto sentido, no existe la memoria, sino el acto de recordar o recuperar. Veremos que este acto de recordar puede cambiar la memoria cada vez.

Todo lo que llega a la memoria a largo plazo debe pasar por tres etapas principales. Si se pierde una de las etapas, no hay memoria.

La primera etapa es la codificación. Los estudios de RMNf muestran que el hipocampo está activo cuando se adquiere nueva información, al igual que regiones de la corteza frontal. La codificación implica cambios en la fuerza de las sinapsis en estas áreas del cerebro y la creación de nuevas sinapsis a través de la neuroplasticidad. Las huellas de la memoria se almacenan como conexiones sinápticas modificadas. El alcohol interfiere en el proceso de codificación, por lo que un bebedor empedernido puede despertarse a la mañana siguiente y no recordar lo sucedido.

Los acontecimientos sorprendentes tienden a ser codificados con mayor intensidad. La sorpresa es una emoción que orienta nuestra atención y marca el acontecimiento como significativo. La sorpresa no es ni positiva ni negativa, sino que siempre va acompañada de otra emoción, normalmente alegría, miedo o enfado.

El cerebro dispone de otro proceso independiente para codificar los recuerdos mediante la amígdala, como vimos en el capítulo sobre las emociones. Por tanto, si nos vemos envueltos en una situación emocionalmente intensa, como una pelea, un accidente de coche o algo similar, no sólo el hipocampo establecerá el recuerdo como de costumbre, sino que también lo hará la amígdala. Se obtienen dos recuerdos del mismo acontecimiento, uno normal y otro con carga emocional. Esta vía de memoria adicional es la razón por la que el tiempo parece ralentizarse cuando tenemos experiencias intensas y aterradoras. El cerebro no se acelera, pero los recuerdos que se establecen son más ricos y completos y, por lo tanto, parecen durar más tiempo.[7]

Los recuerdos de la amígdala son más vívidos e impactantes (suelen llamarse recuerdos o memorias de destello), pero no son más precisos. Así lo demuestra un interesante estudio sobre los recuerdos de la tragedia de las Torres Gemelas del 11-S.[8] La mayoría de las personas recuerdan dónde estaban y qué estaban haciendo en ese momento, uno de los que definen a una generación. Los investigadores entrevistaron a varios cientos de personas una semana después del atentado, preguntándoles qué recordaban. Un año más tarde, los entrevistaron y volvieron a hacerles algunas preguntas. Suponiendo que las primeras respuestas fueran las más precisas, las respuestas de un año después sólo coincidían en un sesenta por ciento con las respuestas dadas en la primera encuesta. Otra encuesta realizada dos años después mostró el mismo resultado. La memoria de los hechos fue la menos afectada. (El noventa por ciento era coherente después de un año y el ochenta por ciento después de tres años). Los recuerdos personales de dónde estaban y qué estaban haciendo en ese momento eran mucho menos consistentes. Peor fueron los recuerdos de las emociones en ese momento. Las respuestas posteriores sobre los recuerdos emocionales sólo coincidían con el informe original en un cuarenta por ciento de las ocasiones. Sin embargo, estos recuerdos eran los que más confianza les inspiraban. Dieron una calificación de confianza de cuatro sobre cinco. La confianza en un recuerdo no significa que sea preciso.

La segunda etapa es la consolidación y el almacenamiento. Esto estabiliza la memoria. La consolidación parece producirse en dos fases. Hay un proceso inicial rápido, determinado por los lóbulos temporales mediales, especialmente el hipocampo, seguido de un proceso más lento que consolida la memoria de forma permanente.

No está claro cómo se produce esta consolidación más lenta, pero sabemos que el sueño es esencial para el proceso. El hipocampo trabaja con la neocorteza y la información se transfiere lentamente y se sustituye por un rastro duradero en la neocorteza. Una vez en la memoria a largo plazo, podemos recuperarla, si se nos recuerda adecuadamente.

Tanto el sueño interrumpido como el estrés crónico alteran la consolidación de la memoria. El estrés físico y mental desencadena la liberación de la hormona del estrés cortisol a través del eje hipotálamo-hipófisis-suprarrenal (HHS). El cortisol se une a algunas zonas del hipocampo e interrumpe la consolidación. Un estudio mostró una reducción del catorce por ciento en el volumen del hipocampo de las personas que experimentan un alto nivel de estrés crónico, en comparación con los individuos no estresados.[9] La depresión también parece afectar a la memoria, ya que disminuye el volumen del hipocampo.[10]

Las lesiones en la cabeza o los traumatismos pueden bloquear la consolidación. Joseph fue atropellado por un coche cuando tenía doce años. Recuerda haber salido a la carretera y haber estado en el hospital después, pero no el accidente en sí. No perdió la conciencia. El accidente en sí fue lo más impactante (en más de un sentido), fuertemente codificado, pero no bien consolidado.

Dormir

En el capítulo uno vimos la importancia del sueño para consolidar la memoria muscular y permitir la neuroplasticidad. No nos sorprenderá descubrir que desempeña un papel importante en la consolidación de cualquier tipo de memoria. Esta idea no es nueva. El historiador romano Quintiliano escribió hace dos mil años: «Es un hecho curioso... que el intervalo de una sola noche aumenta en gran medida la fuerza de la memoria... las cosas que no se pueden recordar en el momento se ordenan fácilmente al día siguiente...».

La relación entre el sueño y la consolidación de la memoria se estableció en términos científicos en 1924,[11] y esos resultados se han repetido muchas veces desde entonces, mostrando que la retención de la memoria aumenta en un cuarenta por ciento después del sueño.

Durante el sueño profundo con movimientos oculares no rápidos (NREM), las memorias a corto plazo que se almacenan en el hipocampo y sus alrededores se transfieren a sitios más seguros y a largo plazo en la corteza cerebral. Esto no es aleatorio. De alguna manera, el cerebro parece colocar marcadores, como pegatinas, al aprendizaje que realizamos durante el día, señalándolo como importante. Durante el sueño NREM, el cerebro parece entonces capaz de elegir la información marcada, transferirla y reforzarla.[12] Sin el sueño profundo, los recuerdos no se transfieren y permanecen frágiles y se destruyen y sustituyen fácilmente. El sueño de movimientos oculares rápidos (REM) parece tomar estos recuerdos consolidados e integrarlos, quizás a través de malabarismos locos que se traducen en la forma que aparecen como sueños en nuestros teatros mentales. Resulta extraño que muchas personas decidan trasnochar una noche entera, para empollar y recordar antes de un examen o una presentación, siendo precisamente lo contrario de lo que deberían hacer.

Recuperación

La recuperación es el tercer aspecto de la memoria. Es la única forma de saber que recordamos: de alguna manera reactivamos la red neuronal donde se almacena el recuerdo y vuelve a aparecer.[13] Damos por sentado que recordamos, pero es un proceso increíble. Implica acceder a la experiencia original y traerla de vuelta a nuestra mente consciente. Podemos visualizarla, describirla e incluso sentir las emociones que sentimos en ese momento. Los estudios de resonancia magnética funcional (RMNf) muestran que el hipocampo y partes de la corteza cingulada están activos en la recuperación de la memoria. El hipocampo sólo parece activarse cuando se recuerda la memoria episódica, es decir, nuestras experiencias personales. Otras partes del lóbulo temporal se activan al recordar acontecimientos u objetos familiares. Esto sugiere que hay diferentes formas de memoria para diferentes tipos de eventos.

Todavía no sabemos cómo funciona el proceso de recuperación. Una teoría sugiere que se pueden codificar diferentes conceptos en neuronas individuales. Estas llamadas células abuela codifican un solo recuerdo, quizás uno para tu abuela materna y otro para tu abuela paterna, de ahí el nombre. Esto no puede ser la explicación completa; de lo contrario, si la célula abuela muere, no podrías reconocerla. Además, ¿cómo se adapta la célula a reconocer a tu abuela disfrazada o a medida que envejece? No obstante, se han obtenido algunos resultados que demuestran que, en algunas circunstancias, las células individuales pueden albergar una única memoria. En un experimento, se presentó a sujetos con electrodos intercraneales imágenes de celebridades, edificios famosos y animales conocidos.[14] Los investigadores descubrieron que una célula sólo respondía a la imagen de Bill Clinton, otra a la de los Beatles y una tercera a la de Jennifer Aniston. La «célula de Jennifer Aniston» se convirtió en una célula famosa y recibió mucha atención en la investigación. Respondía a las fotos de la actriz, pero, curiosamente, no a las fotos de ella con Brad Pitt. Sí respondió a las fotos de ella con Lisa Kudrow, así que quizás la célula formaba parte de una red de *Friends* o representaba un concepto y no una persona concreta.

La «célula de Jennifer Aniston» se inscribe en la metáfora popular de que la memoria a largo plazo es como un disco duro en el que los datos se almacenan, se recuperan, se inspeccionan y se devuelven inalterados e incorruptos. Pero nuestro cerebro no es un ordenador y la memoria no se parece en nada a un disco duro. Recordar una experiencia personal es un acto creativo que reconstruye la memoria cada vez que se extrae. Lo que se genera es ligeramente diferente de lo que se recuperó. Esto se demostró en unos fascinantes experimentos de Joseph LeDoux y sus colegas.[15] Estos enseñaron a las ratas a asociar un ruido fuerte con una pequeña descarga eléctrica. Las ratas se encogían ante el sonido, esperando la descarga. Cuando los experimentadores inyectaron una sustancia química que impedía la formación de nuevas proteínas en el cerebro (la memoria necesita proteínas para establecer nuevas conexiones), las ratas perdieron la asociación. Las ratas no podían crear el recuerdo del miedo, por lo que el choque era inesperado. Los investigadores fueron más allá y se preguntaron qué ocurriría si la inyección se realizaba durante el acto de recordar el choque. Tomaron ratas que tenían miedo al sonido y les inyectaron la sustancia química en el momento exacto en que las ratas recordaban lo que significaba el sonido (una descarga). El resultado fue sorprendente: bloquear el acto de recordar hizo desaparecer el recuerdo original. Las ratas no volvieron a hacer la asociación. Es cierto que este experimento se realizó con ratas, pero los humanos tienen los mismos mecanismos de memoria. Otras investigaciones demostraron que, cuando se activa un recuerdo de miedo, es necesario fabricar nuevas proteínas en la amígdala para que se vuelva a consolidar. El recuerdo es creativo y la memoria reconsolidada no es exactamente igual al rastro original. El cerebro que recuerda no es el que codificó el recuerdo, y este debe actualizarse.[16] La memoria es un proceso, no un depósito, y un recuerdo personal sólo es tan bueno como la última vez que lo recordaste.

Los *coaches* cambian los recuerdos. Los clientes recuerdan personas, situaciones, pensamientos y sentimientos y se los presentan al *coach*. Cuentan su historia compuesta de muchos recuerdos. Los *coaches* toman esta historia, la cuestionan, la reformulan, hacen nuevas distinciones y ofrecen nuevas perspectivas. Como resultado, la historia cambia y el recuerdo con el que se va el cliente es sutilmente (o a veces drásticamente) diferente del que tenía cuando llegó. Un cliente puede quejarse de que su jefe le gritó. Tiene un recuerdo claro, y significa que el jefe es un imbécil. El *coach* y el cliente discuten la situación, cómo habla el jefe normalmente, la situación general y el estado de ánimo del cliente en ese momento. El cliente puede salir con un recuerdo de una emergencia en la oficina, el jefe molesto, levantando la voz y luego volviendo a la normalidad. Esto se rearchiva bajo el título de «Emergencia en la oficina» en lugar de «El jefe es un idiota».

Memoria semántica

Almacenamos diferentes tipos de información. Por ejemplo, Joseph recuerda hechos e información y puede relacionar fácilmente las ideas con libros y conversaciones, a veces con una imagen eidética de la página en la que leyó la información por primera vez. Pero no puede recordar dónde o cuándo leyó el libro. Joseph es bueno en lo que se denomina memoria semántica: el almacén/diccionario de conocimientos generales que todos adquirimos y aprendemos a través de la experiencia y la educación. La capital de Brasil, el número de neuronas en el cerebro, dónde y cuándo empezó el *coaching*, etc. La memoria semántica no tiene contexto, sólo hechos. Dónde y cuándo lo aprendiste es irrelevante. Los recuerdos semánticos pueden ser erróneos: puede que nos hayan mentido o que hayamos entendido mal o que la memoria esté distorsionada de alguna manera. La memoria semántica es estable; recordar que París es la capital de Francia no va a cambiar ese recuerdo, pero un recuerdo de lo que hiciste en París cambiará un poco cada vez que lo recuerdes.

El conocimiento semántico es principalmente lingüístico: se almacena en palabras. Algunas palabras son más abstractas que otras. Por ejemplo, educación, respeto, felicidad, comunicación, argumento y presentación. Este tipo de palabras representan valores y conceptos importantes, y todos tenemos cierta memoria semántica para su significado. Sin embargo, cuanto más abstracta sea la palabra, más se desarrollará y se le dará un tono emocional y un significado gracias a las experiencias personales de nuestra memoria episódica. Estas palabras adquieren su significado gracias a la experiencia. Cuando un cliente las utiliza, su cultura, su educación y su experiencia darán a estas palabras un significado diferente al que tú tienes. En estos casos, la memoria semántica no es suficiente. Hay que hacer preguntas para saber qué significan esas palabras para el cliente. Los clientes no tienen el mismo diccionario que el *coach* para descifrar sus palabras.

Nuestro conocimiento se ha expandido exponencialmente; creamos *gigabytes* de datos cada segundo en la red mundial. La mayor parte de nuestro conocimiento científico ha llegado en los últimos doscientos años. Ya no lo almacenamos en nuestro cerebro.[17] Ya ni siquiera intentamos recordarlo. Internet, junto con los motores de búsqueda, es un depósito infinito de memoria semántica.[18] En muchos sentidos, hemos externalizado nuestra memoria semántica a *Google*.

Memoria episódica

La memoria episódica, o memoria narrativa, es el recuerdo de experiencias personales. Siempre incluye el contexto: dónde y cuándo y quién más estaba allí. Andrea tiene una buena memoria episódica; recuerda con mucha claridad los incidentes de su vida, exactamente dónde y cuándo ocurrieron. La memoria episódica depende del hipocampo y de otras estructuras del lóbulo temporal medio. Estas no maduran hasta los dieciocho meses, por lo que no recordamos nuestras experiencias cuando somos niños. Los acontecimientos significativos tendrán una memoria semántica y otra episódica. Por ejemplo, conocemos los hechos de la caída de las torres gemelas de Nueva York el once de septiembre (semántica) y podemos decir dónde creemos que estábamos y qué hacíamos cuando nos enteramos de la noticia (episódica).

La memoria episódica es la más propensa a la distorsión y al olvido. Las cámaras digitales, YouTube e Instagram han intervenido para llenar el vacío, aunque estos «recuerdos» suelen estar muy manipulados para dar una buena impresión.[19]

Memoria de guión

La memoria episódica se confunde a menudo con la memoria de guión. La memoria de guión no es realmente un recuerdo; es un conjunto de muchos recuerdos episódicos diferentes pero similares en una idea general de lo que suele ocurrir. Los recuerdos de guión no tienen contexto. Si tuvieras que describir lo que desayunaste hace veinte días, probablemente sacarías un recuerdo de guión del desayuno: lo que sueles desayunar. Lo que realmente desayunaste (si tuvieras forma de saberlo) podría coincidir con el guión, o podría ser diferente. Para crear un recuerdo de guión, se necesita la capacidad de formar recuerdos episódicos y la capacidad de generalizar varios casos similares en un solo tipo. Desarrollamos recuerdos de guiones alrededor de los cuatro años.

La memoria de guion da lugar a generalizaciones y refuerza las suposiciones del cliente. Un juicio de valor, una generalización o una queja suelen proceder de la memoria de guión. Los *coaches* trabajan con recuerdos episódicos de acontecimientos reales y no con guiones. Cuidado con los guiones. Algunas buenas preguntas para extraer la memoria episódica son «Ponme un ejemplo» y «Dame algunos detalles». Estas preguntas ayudan a los clientes a recordar lo que ocurrió y no lo que podría haber ocurrido. Otra forma de acceder a la memoria episódica es preguntar por las emociones del momento. También se puede preguntar en qué se diferencia ese ejemplo de lo que ocurre normalmente. Esto separará el guión del evento real.

La diferencia entre la memoria de guión y la memoria episódica se puede ver en el lenguaje. La memoria de guión se describe en tiempo presente: «Hago esto…», incluso cuando el acontecimiento se produjo en el pasado. La memoria episódica suele describirse en tiempo pasado y de forma específica: «Hice esto…». La memoria episódica consta de muchos detalles y de contexto.

Memoria implícita

La memoria implícita contiene acciones habituales. Estos recuerdos son difíciles de describir con el lenguaje; la memoria se personifica en el hacer. (Intenta explicar cómo ir en bicicleta). La memoria implícita abarca habilidades motoras como caminar (que todos hemos aprendido mediante ensayo y error), jugar al tenis, conducir, tocar la guitarra, etc.[20] En estas habilidades motoras interviene un sistema diferente: los ganglios basales, que controlan el movimiento principalmente a través del neurotransmisor dopamina. Los reflejos condicionados son otro tipo de memoria implícita, al igual que los hábitos no adictivos. Los realizamos en su mayoría de forma inconsciente y nos resulta difícil dar cuenta de cómo los hacemos. Incluso algo tan mundano como coger una taza de té (como hacemos todo el tiempo mientras escribimos), requiere una coordinación increíblemente compleja de manos, ojos y equilibrio.

Recordatorios y señales

Recordar no es sólo la fuerza de la codificación o la cantidad de consolidación. Necesita una señal. A veces, cuando la gente dice que tiene mala memoria, quiere decir que no ha establecido un sistema de recordatorios lo suficientemente bueno como para ayudarle a sacar la información que necesita.

Hay dos tipos de recordatorios: los aleatorios y los planificados. Los recordatorios aleatorios ocurren todo el tiempo. Entramos en un restaurante y el olor nos recuerda a otro lugar, quizás de hace muchos años. Leemos una frase en un libro y nos recuerda a otro libro. Visitamos un edificio y nos vienen recuerdos de lo que hicimos allí. No controlamos las señales aleatorias; se producen si algo en el presente se vincula con un sistema más amplio o con recuerdos almacenados en nuestra CPF, y esto nos trae otros recuerdos, como el mínimo toque en el borde de una tela de araña se transmite a todos sus rincones.

Las señales planificadas son las que necesitamos establecer cuando queremos recordar y hay muchas formas de hacerlo. Algunas pueden ser externas. Podemos pedir a los demás que nos lo recuerden. (No les culpes si se olvidan). Las notas y las fotos también funcionan. La memoria dependiente del contexto utiliza el lugar para recordarlo. Un recuerdo no es sólo un acontecimiento, sino que está vinculado a muchas asociaciones y señales que pueden ayudar a reconstruirlo.[21] La memoria dependiente del estado es cuando el indicio es tu estado psicológico. Vuelve a ponerte en el mismo estado de ánimo para acceder a los recuerdos de lo que hiciste en ese estado.

Las mejores señales para ayudar a reconstruir un recuerdo son las asociaciones vinculadas al mismo. Una forma es unir la nueva información a algo que ya se conoce. A nivel neuronal, los recuerdos se forman reforzando las sinapsis y estableciendo conexiones entre las neuronas. Cuanto más fuerte sea la conexión entre las neuronas, más fuerte será el recuerdo. Cuando recordamos cosas que ya hemos aprendido, se activan esas conexiones existentes. Cuando se añade la nueva información, aumenta la actividad, hace que la conexión sea más fuerte, fortalece el viejo recuerdo y hace más probable que la nueva información se almacene con él. La red ya está caliente para recibir la nueva información. Los actores utilizan este método para recordar sus frases: asocian su siguiente frase a una señal que se relaciona con la última frase pronunciada.

Los *coaches* utilizan recordatorios para ayudar a los clientes a recordar los pasos de acción. Una estructura es una señal especialmente diseñada para recordar al cliente que debe realizar una acción o pensar de forma diferente. Una estructura se ocupa del problema habitual en el que un cliente quiera recordar que debe hacer las cosas de forma diferente, pero en la tensión del momento, justo cuando esa nueva acción es necesaria, se olvida. El pensamiento habitual se impone y hace lo que ha estado haciendo, en lugar de lo que quiere hacer. El *coach* y el cliente pueden construir un recordatorio, adaptado a esa situación, y los mejores enlazan con las ideas e intereses existentes, por lo que se unen a una red caliente. Por ejemplo, Joseph tenía una clienta que quería mejorar su equilibrio de vida en los próximos años.

Sentía que algunas partes de su trabajo le quitaban demasiado tiempo. Le interesaba la pintura, así que su recordatorio y paso de acción fue pintar un mandala en forma de cruz y ponerlo encima de su escritorio. Había hablado de integrar dos tendencias opuestas y había mencionado la metáfora de una cruz, así que esa estructura encajaba muy bien. Los *coaches* nunca deben asumir la responsabilidad de recordárselo al cliente. El cliente debe rendir cuentas ante sí mismo.

Primado y memoria

En un capítulo anterior ya hablamos de cómo funciona el primado. Nuestro cerebro se ve influido por el contexto sin darse cuenta «el efecto Florida»). Nuestros recuerdos también pueden estar condicionados. Retenemos y olvidamos información sin darnos cuenta, lo que puede provocar algunos efectos extraños.

Nuestra memoria está primada e influenciada por lo que ha ocurrido recientemente. No podemos evitarlo; nuestro cerebro está primado, preparado como una bomba para bombear lo que nos resulta familiar.[22] Por ejemplo, si te pedimos que formes una palabra completando las letras que faltan de H-P------O, es mucho más probable que formes la palabra hipocampo que hipopótamo. (Aunque hay un número incorrecto de letras para deletrear hipocampo). Si este libro fuera una guía de safaris africanos, entonces estarías primado para hipopótamo. Este es un ejemplo trivial, pero el principio es importante. ¿Qué libro lees antes de una reunión importante o una conversación crucial? ¿Cómo te prima? Si se te prima con ciertas palabras, reconocerás otras similares más rápidamente. Los pacientes amnésicos, a los que se les mostraron palabras de primado y se les sometió a una prueba, fueron capaces de reconocer y completar las palabras más rápidamente, aunque no tuvieran ningún recuerdo consciente de haberlas visto antes.[23] El primado demuestra que algunos tipos de memoria funcionan como un sistema de memoria independiente y no dependen del recuerdo consciente. El material de primado actúa como una especie de señal que se salta nuestra conciencia.

El primado puede ser bueno: puede dar lugar a respuestas más rápidas debido a la exposición previa al material; puede ayudarnos a conectar con lo que necesitamos en ese momento. El primado también puede jugar en nuestra contra. Puede distraer. Este es un ejemplo. Mira alrededor de la habitación y anota mentalmente todo lo que veas de color verde. Tómate unos veinte segundos. En la siguiente nota, te haré una prueba de memoria. ¿Has terminado? Ahora ve a esta nota. [24] El primado orienta al cerebro por adelantado, y esto puede llevar a errores.

Por ejemplo, mira esta lista de palabras durante medio minuto (Tabla 7.1).

Tabla 7.1 Primado de la memoria

Naranja	Melón	Frambuesa	Menú
Negro	Campanas	Pastel	Grosella
Hierba	Calabacín	Mojito	Ford
Pimienta	Manzana	Uva	Tomate
Núcleo	Arbusto	Destornillador	Cinco
Piña	Martini	Alto	Ciruela
Aguacate	Lima	Oliva	Esmeralda

Ahora ve a la nota a pie de página [25] donde hay un breve test de memoria. Hazlo antes de seguir leyendo.

La mayoría de la gente cree que en la primera lista había al menos dos palabras, y a menudo cuatro, que no estaban. La razón es que ciertas palabras te inducen a esperar otras de la misma categoría. Por ejemplo, lima, aguacate, hierba y esmeralda están en la lista original. Todas ellas son verdes, y te preparan para el verde, pero la palabra verde no está ahí. A menos que tengas una memoria excelente, no vas a recordar las veinticuatro palabras. Este pequeño truco muestra cómo la memoria puede engañarnos. A veces, creemos

que recordamos acontecimientos o hechos, pero no porque han sucedido, sino porque encajan muy bien en el contexto, «deberían»
haber sucedido. Por tanto, reconstruimos el recuerdo de forma incorrecta basándonos en el primado.

El primado es la base de muchos trucos de magia y mentalismo.
Aquí hay un ejemplo que funciona mejor con dos o cuatro personas.

Elige un número par entre diez y cincuenta. ¿Tienes uno? Ahora
ve a la nota.[26]

Primado por medio de preguntas

Una serie de experimentos clásicos de Elizabeth Loftus[27] demostró
cómo la memoria es primada a través de la forma en que se formula
una pregunta. En el primer estudio, se mostró un vídeo de dos coches
colisionando a un grupo de estudiantes. Se les dividió en cinco grupos
y se les pidió que calcularan la velocidad de los coches. A un grupo se
le preguntó: «¿A qué velocidad crees que iban los coches cuando chocaron?».

Al segundo grupo se le preguntó: «¿A qué velocidad crees que
iban los coches cuando colisionaron?».

Al tercer grupo se le preguntó: «¿A qué velocidad crees que iban
los coches cuando toparon?».

Al cuarto grupo se le preguntó: «¿A qué velocidad crees que iban
los coches cuando se golpearon?».

Al quinto grupo se le preguntó: «¿A qué velocidad crees que iban
los coches cuando contactaron entre sí?».

El primer grupo, primado con la palabra chocaron, estimó una
media de casi 66 kilómetros por hora. El quinto grupo, primado
con la palabra contactaron, dio una estimación media de 52 kilómetros por hora. Los demás grupos dieron estimaciones interme-
dias. Todos vieron el mismo vídeo. La forma de la pregunta cambió
la respuesta.

Loftus y sus colegas realizaron otro estudio. A un grupo de voluntarios se les mostró un vídeo del accidente de coche y se les pidió que estimaran la velocidad a la que iban los coches cuando se golpearon. A otro grupo se le preguntó por la velocidad cuando los coches chocaron. Una semana después, sin volver a ver el vídeo, se preguntó a ambos grupos si habían visto cristales rotos en el lugar del accidente. Los que fueron preguntados originalmente sobre los coches chocando tenían más del doble de probabilidades de informar sobre cristales rotos en el lugar del accidente. No había cristales rotos en el lugar del accidente. Parece que el primado les hizo recordar algo que no estaba allí.[28]

Estos estudios tienen enormes implicaciones para el testimonio en los tribunales y ponen en duda la fiabilidad del testimonio de los testigos oculares. Los testigos rara vez mienten, creen honestamente en su relato, pero es fácil ver cómo los abogados pueden formular preguntas para primar la respuesta del testigo.

De esta investigación surgió una idea semántica interesante.[29] A un grupo se le preguntó si «vio el faro roto». Al otro grupo se le preguntó si «había visto un faro roto». El primer grupo tenía el doble de probabilidades de declarar que lo vio. La primera pregunta ejerce el primado y sugiere que hubo un faro roto, aunque no lo hubo.

Piensa en las siguientes preguntas, a ver si detectas alguna diferencia.

1. «¿Entrevistaste al cliente potencial?»
2. «¿Entrevistaste a un cliente potencial?»

La primera pregunta da a entender que existe un cliente potencial y pregunta si te has entrevistado con él. Te prepara para recordar a un cliente concreto. La segunda pregunta no te prepara de la misma manera; el cliente no es específico. Esta distinción existe en muchos idiomas.

Todavía no tenemos un modelo claro de cómo el cerebro integra y almacena el lenguaje. En el hemisferio izquierdo existen amplias conexiones entre los lóbulos temporales (que procesan la audición) y los lóbulos frontales, especialmente el área de Broca (que procesa los conceptos). Parece que nuestro cerebro tiene un léxico mental: un almacén de palabras y conceptos, lo que significan, cómo se combinan para formar frases, junto con su ortografía y patrones de sonido. Esta distinción entre «el cliente» y «un cliente» puede ser un principio organizativo de cómo aprendemos y almacenamos las palabras.[30] Es evidente que esto tiene implicaciones para los *coaches* y para cualquiera que haga preguntas intentando obtener respuestas honestas y precisas. El lenguaje tiene un gran poder para guiar y primar el pensamiento. Las suposiciones de un *coach* sobre el cliente o el problema pueden filtrarse en la forma en que formula las preguntas y prepara la respuesta.

Olvidar

Olvidar es normal y ocurre de forma natural, ya que los recuerdos se degradan con el tiempo. Algunas cosas hacen que el olvido sea más probable. Si un recuerdo no está bien codificado (por ejemplo, el alcohol interfiere en el proceso de codificación), es menos probable que se consolide y almacene.

Cuanto mejor se consolide y almacene la memoria, menos probable será que se olvide. La repetición ayuda a la consolidación. La primera investigación sobre el olvido fue realizada por Ebbinghaus en 1885 y demostró que las personas olvidaban la mitad de lo que aprendían en dos horas y el ochenta por ciento al cabo de dos días.[31] Su investigación utilizó sílabas sin sentido de tres letras, pero el principio general sigue siendo válido: cuanto más tiempo transcurre sin repetición y, por tanto, sin consolidación, más se olvida.

El cerebro no está hecho para almacenarlo todo. Olvidar es normal, así como una bendición. El control descendente que ejerce la corteza prefrontal en forma de objetivos y valores generales influye en aquello a lo que prestamos atención y en lo que recordamos. Desde el punto de vista emocional, los acontecimientos importantes se guardan y la repetición ayuda a consolidar la memoria. También vemos las conexiones entre los acontecimientos o establecemos conexiones que nos ayudan a recordar.

Incluso los recuerdos a largo plazo se degradan de forma natural con el tiempo. Aunque estén bien codificados y consolidados, puede que no sean fáciles de recuperar sin las señales de reconstrucción. A veces, queremos olvidar, normalmente porque el recuerdo es desagradable a nivel emocional, pero el olvido intencionado es difícil. Una vez consolidada la memoria, hay que recuperarla para saber qué olvidar, y cada recuperación refuerza la sinapsis y evita el olvido. Las sinapsis no vuelven a su forma original. Quizá algún día haya un fármaco que interfiera en la formación proteica de un recuerdo, y si se inyecta en el momento justo, como las ratas de LeDoux, olvidaremos. Sin duda, las empresas farmacéuticas están trabajando en ello mientras escribimos.

Aplicaciones para el *coaching*

Saber cómo funciona la memoria y cómo codificamos, consolidamos y recuperamos es muy valioso. A veces, un cliente quiere mejorar su memoria, normalmente como parte de otro proyecto (por ejemplo, un examen, una reunión o una tarea de escritura). Mejorar la memoria parece fácil, pero recordar implica muchos aspectos. En primer lugar, la codificación. El rastro de la memoria tiene que estar bien codificado por el hipocampo y el lóbulo temporal en ese momento.

Organizar el material, dividirlo en secciones claras y establecer asociaciones entre ellas ayuda a la codificación. Cuanto mejor organizado, mejor codificado. Si está bien codificado, es más probable que se consolide y se recupere. Los palacios de la memoria son una forma de fragmentar el material, ya que lo organizan. Otra forma de fragmentar es encontrar categorías compartidas y elementos comunes entre las cosas que necesitas recordar. La memoria a corto plazo está limitada a siete segmentos de información (más o menos dos), pero el tamaño del segmento no está limitado. Puedes utilizar el primado en tu beneficio leyendo sobre personas con buena memoria. En un estudio realizado en 1998 se primó a un grupo dándoles una charla sobre inteligencia y luego haciéndoles una prueba de conocimientos generales. A continuación, prepararon a un segundo grupo con una lectura sobre hinchas del fútbol. Este grupo obtuvo peores resultados en la misma prueba.[32] (Es posible que los hinchas del fútbol tengan una memoria excelente, pero no son conocidos por su inteligencia). Para resumir los principios de una buena memoria:

1. No beber alcohol.
2. Prestar atención.
3. Estar en un buen estado de ánimo.
4. Tener una amígdala tranquila.
5. Organizar y fragmentar el material.
6. Un buen primado.

La consolidación es necesaria para estabilizar la memoria. Sabemos que el sueño es esencial para ello. Además, la repetición ayuda a consolidar la memoria. La evolución ha enseñado al cerebro que la repetición de acontecimientos es importante para la supervivencia. La repetición da un patrón, y el cerebro siempre está buscando patrones. Cuando se toma la decisión de repetir algo a propósito, el cerebro presta atención.

¿Con qué frecuencia y durante cuánto tiempo hay que repetir? Esta es la pregunta crucial para todo candidato a un examen. Hay muchos sistemas y, en general, coinciden en que los intervalos entre las repeticiones deben alargarse gradualmente, tal vez duplicándose cada vez. Una repetición a las dos horas, otra a las cuatro horas, una tercera al día siguiente, otra al día siguiente y otra a los dos días. Los intervalos exactos y el método dependen del material, pero cinco repeticiones en poco tiempo no son tan buenas como cinco repeticiones repartidas en tres días. La distribución en días también ayuda a que el sueño haga su magia de consolidación.

No todo es igual de fácil de recordar, así que las partes difíciles necesitan más repetición. Las cosas que se olvidan continuamente son las que más tiempo hay que dedicar a consolidar. Esto significa que repetir desde el principio cada vez no es eficaz. Cuando Joseph empezó a tocar la guitarra, solía practicar las piezas desde el principio cada vez. Después de una semana, el principio era maravilloso. El final era razonable, y había muchos errores entre medias. Cambió su estrategia, dedicando más del cincuenta por ciento del tiempo a los pasajes difíciles. Recordaba mejor la pieza y la interpretación era mucho mejor.

Esto es lo que ayuda a la consolidación y el almacenamiento:

1. Dormir.
2. Repetir a intervalos crecientes.
3. Dormir.
4. Repetir estratégicamente: repetir las partes difíciles más a menudo.
5. Dormir.

Los *coaches* quieren que los clientes recuerden con precisión, y pueden ayudar preguntando por asociaciones y detalles adicionales, especialmente preguntas sobre el contexto. Esto evita el peligro de obtener un recuerdo de guión. Muy pocos clientes de *coaching* mienten deliberadamente, pero recordar es un proceso delicado; el recuerdo puede estar distorsionado. Puede que se añadan detalles (confabulación) o que se omitan (borrado); la memoria es falible y la confianza en el recuerdo no garantiza su exactitud (a menudo lo contrario). Por supuesto, los clientes se presentarán a sí mismos de la mejor manera posible y, a menudo, darán un pequeño giro a sus recuerdos.

La distracción y la interrupción pueden perturbar la memoria. Un *coach* no va a interrumpir deliberadamente al cliente ni a desviar su atención (con suerte). Sin embargo, puede distraer al cliente sin quererlo. Muchos clientes reconstruyen sus recuerdos visualmente, mirando hacia arriba o hacia un punto indeterminado. Cuando esto ocurre, el *coach* debe permanecer quieto y no dejar que sus movimientos interfieran con la imagen mental que el cliente está tratando de construir.

Sabemos que el primado puede sesgar la memoria, por lo que los *coaches* deben tener cuidado con sus preguntas. Las preguntas que haga el *coach* influirán en lo que el cliente recuerde; debe elegir sus palabras con cuidado y respetar el poder del primado.

Conocer el funcionamiento de la memoria también ayudará a los *coaches* a crear los mejores recordatorios y estructuras.

Por último, recuerda al intérprete: esa parte del cerebro que intenta dar sentido a toda la información, buscando patrones, causas y efectos, tratando de poner orden en el caos de la experiencia. Cuando algo no encaja, el intérprete lo suaviza a nuestro favor. Nos convierte en los héroes de nuestra propia historia. Todos los recuerdos tienen agujeros, y el intérprete los rellenará de manera que tengan sentido, y esto es normal.

Conocer la forma en que nuestro cerebro gestiona la memoria socava algunos modelos mentales muy extendidos. Nuestra memoria no es tan precisa, exacta y fiable como creemos. Cuando conocemos el funcionamiento de la memoria, el poder del primado y el atractivo de los guiones, podemos evitar las trampas y sacar lo mejor de estos.

Recordar es un proceso creativo, somos creativos incluso cuando recordamos acontecimientos pasados inmutables. Podemos cambiar los recuerdos, darles otro significado. Sin ese poder, el *coaching* no funcionaría. El *coach* es el escriba del yo recordado, lo registra fielmente y luego utiliza la magia de las preguntas para ayudar al cliente a reconstruir sus recuerdos y, por tanto, a sí mismo.

8

Aprendizaje y recompensa: el pasado en tu futuro

¿Por qué acude un cliente al *coaching*? Quiere cambiar. Quiere construir una vida diferente, una vida mejor. Un *coach* ayuda al cliente a aprender de su experiencia, para que pueda crear experiencias futuras diferentes y seguir aprendiendo. El aprendizaje está en el centro de todo crecimiento y cambio.

Aprender

Aprender consiste en cambiar nuestra forma de pensar y/o nuestro comportamiento en función de las consecuencias de nuestras acciones. Cuando nuestras acciones anteriores son gratificantes, seguimos haciéndolas. Cuando las acciones anteriores no son gratificantes, es decir, no consiguen lo que queremos, probamos algo diferente. Nuestro cerebro está especializado en el aprendizaje. El cerebro no tiene objetivos ni valores. Tú los tienes. El cerebro tiene neuronas y neurotransmisores. La forma en que el cerebro los utiliza para aprender es fascinante. Para el cerebro, el aprendizaje es la creación de nuevas vías neuronales y sinapsis que conducen a resultados más gratificantes. Estas se refuerzan, creando nuevos hábitos de pensamiento y acción.

Para saber cómo se crean estas nuevas vías, primero tenemos que visitar a Ivan Pavlov y sus famosos perros.

Ivan Pavlov ganó el Premio Nobel en 1904 por sus trabajos sobre el aprendizaje y el condicionamiento clásico. Por aquel entonces, estaba investigando la digestión, así que las ideas sobre el aprendizaje fueron un subproducto afortunado. Estudiaba cómo los perros salivan al ver y oler la comida. Se dio cuenta de que salivaban al oír una campana que indicaba la hora de comer. Salivaban al oír la campana, aunque no les diera de comer después. Los perros habían aprendido que la campana era una predicción fiable de que la comida estaba en camino.[1] Su reflejo de salivación había «retrocedido» ante el sonido de la campana. La campana no provocaba la comida, sino que la predecía.[2] Esto se denomina condicionamiento clásico, en el que un estímulo se asocia con una respuesta porque el estímulo se toma como una buena predicción.

El condicionamiento clásico es el tipo de aprendizaje más sencillo. Los perros intentaban predecir el futuro. Con el tiempo, aprendieron que la campana predecía de forma fiable la comida, por lo que babeaban. El aprendizaje consiste en actualizar nuestras predicciones a través de la experiencia, de modo que podamos reaccionar de forma correcta y predecir con mayor fiabilidad en futuro. En cada momento, basamos nuestras acciones en nuestras expectativas de lo que va a ocurrir. Por ejemplo, estoy escribiendo este párrafo y espero que, cuando pulse una tecla, la letra aparezca en la pantalla. Estoy tan seguro que no me molesto en mirar. Pero luego descubro que las teclas a, e y o no son fiables. Así que teclear una frs d st md s muy mlst. Tng qu prndr.

Cuando actuamos en función de nuestras expectativas puede ocurrir una de estas tres cosas.

En primer lugar, nuestras expectativas pueden ser correctas. No tenemos necesidad de cambiar, y no hay aprendizaje. Este es el caso siempre y cuando las teclas funcionen como preveía. En segundo lugar, puede que los acontecimientos no funcionen como esperamos y nos decepcionen. Esto se denomina error de predicción negativo; es una señal de que hay que actualizar la predicción, y aprendemos de ello. En este caso, cuando las teclas no han funcionado, pruebo diferentes formas de pulsarlas. Aprendo que, si golpeo las teclas con demasiada fuerza, no funcionan. Debo golpear las teclas muy suavemente y las letras salen. Así que mis dedos empiezan a acariciar las teclas en lugar de atacarlas. En tercer lugar, obtenemos una recompensa inesperada. Ocurre algo sorprendentemente bueno. Nos damos cuenta, nos gustaría que se repitiera y aprendemos de ello. Esto se conoce como un error de predicción positivo, porque el resultado es a nuestro favor. En este caso, me doy cuenta de que golpear las teclas con más suavidad también me ayuda a escribir más rápido.

He aquí un ejemplo profesional. Recibes un nuevo cliente y le haces una serie de preguntas estructuradas. El resultado es una gran cantidad de información. No te esperabas esto; normalmente, estas preguntas no son nada especial. Estás encantado: un error de predicción positivo. Analizas las preguntas y las pruebas con un segundo cliente. También generan una respuesta significativa. Afinas tu conjunto de preguntas y descubres que muy a menudo conducen a la comprensión del cliente. ¡Excelente! Has aprendido algo sobre las preguntas poderosas. Después de un tiempo, esperas que estas preguntas ayuden al cliente, y lo hacen. Las utilizas regularmente con buenos resultados. Un día, tienes un nuevo cliente que no responde en absoluto a estas preguntas. Ahora prestas atención, y esto es un error de predicción negativo. No estás obteniendo la recompensa que esperabas. Tienes que aprender a afinar más las preguntas. Para aprender, tenemos que hacer un seguimiento de nuestras predicciones y actualizarlas cuando no funcionan. Aprendemos actuando ante un error de predicción negativo o positivo. El cerebro lo hace a través del neurotransmisor dopamina.

Dopamina y aprendizaje

Te presentamos a la dopamina, uno de los principales neurotransmisores del cerebro. Es el neurotransmisor favorito de todo el mundo, ya que está relacionado con la acción, el aprendizaje, la motivación, la concentración y el placer. Es un neurotransmisor excitatorio; aumenta las posibilidades de que la señal salte a la siguiente neurona para que se active. La dopamina hace que las cosas sucedan. Casi toda la dopamina se produce en dos lugares del cerebro. El primero es la *subtantia nigra*[3] (SN), que forma parte de los ganglios basales y controla el movimiento. Las neuronas dopaminérgicas también se proyectan en otra parte de los ganglios basales llamada estriado dorsal.[4] La dopamina también es producida por una pequeña zona del cerebro medio, cercana a los ganglios basales, denominada área tegmental ventral (ATV).

Estas neuronas productoras de dopamina siguen dos vías, y ambas son importantes. La primera se denomina vía mesolímbica o vía de la recompensa.[5] La dopamina se libera cuando tenemos una experiencia gratificante, como escuchar buena música, ver la foto de un ser querido, comer buena comida, tener relaciones sexuales y ganar un partido de fútbol. Sin embargo, el placer que obtenemos de la experiencia se debe principalmente a unas sustancias químicas llamadas opioides que se liberan en el cerebro en ese momento. La vía de la recompensa viaja hasta el núcleo accumbens (NAc), que forma parte del estriado ventral[6], y de ahí a la amígdala, el hipocampo y la corteza cingulada anterior (CCA).

La segunda vía se denomina vía mesocortical y se dirige al lóbulo frontal de la neocorteza, incluida la corteza orbitofrontal (COF). La neocorteza necesita saber lo que está ocurriendo para poder planear cómo conseguir lo que quieres.

La dopamina es también el principal neurotransmisor utilizado en los ganglios basales, las pequeñas estructuras de la base del cerebro que controlan el movimiento. La dopamina es el combustible para la búsqueda de objetivos y la acción.

Te sientes cansado, quieres una taza de café y los ganglios basales te impulsan a la cocina y a la cafetera.[7] El pensamiento lleva a la acción, que afecta al mundo y a nosotros mismos. Sir Charles Sherrington, neurólogo y premio Nobel, escribió: «El objetivo de la vida es un acto, no un pensamiento».

Así, la dopamina está implicada en la mayoría de las vías cerebrales importantes: la amígdala que procesa las emociones, los ganglios basales que controlan el movimiento, la COF que integra el pensamiento y la emoción, la CCA que controla el comportamiento impulsivo y supervisa la toma de decisiones, y, por último, el hipocampo que es el principal componente de la memoria. El sistema de la dopamina conecta la memoria, la emoción y la toma de decisiones. La liberación de dopamina hace que nos sintamos con energía y motivados. No decide lo que ocurre, pero sí controla la rapidez y la intensidad con la que ocurre. Nos hace perseverar en situaciones difíciles. Un nivel bajo de dopamina puede provocar una falta de energía, como una depresión leve. Un exceso de dopamina puede provocar ansiedad y se ha relacionado con la esquizofrenia.

La dopamina está detrás de la sensación de querer (conocida como saliencia del incentivo en la literatura psicológica). Así lo demuestran los estudios con ratones criados para que tengan más dopamina de lo normal. Estos ratones muestran signos de deseo, se mueven hacia la comida más rápida y directamente que los ratones normales, pero no parecen disfrutar de la comida más que los normales (por lo que podemos juzgar de sus expresiones faciales).[8]

No podemos atribuir el comportamiento solamente a los neurotransmisores, pero la dopamina tiene profundos efectos en la personalidad. Los niveles de dopamina están fuertemente influenciados por la genética. Algunas personas tienen niveles naturalmente altos, otras tienen niveles más bajos. Las personas difieren en la facilidad con la que utilizan la dopamina. Hay al menos cuatro tipos de receptores de dopamina, y algunas personas pueden nacer con más receptores de dopamina que otras. También hay diferencias en la eficacia con la que descomponen la dopamina para volver a utilizar-la.[9] Algunas personas parecen tener más necesidad de experiencias novedosas; buscan la emoción y los deportes extremos, quizás porque utilizan la dopamina de forma menos eficiente, por lo que buscan aumentar el nivel con novedades y emociones. Otras personas son felices leyendo un libro en la playa con una cerveza fría; puede que tengan más dopamina de forma natural o que la utilicen de forma más eficiente. El autoconocimiento incluye conocer y respetar cómo funciona la dopamina para ti.[10]

Dopamina y expectativas

Las investigaciones más recientes muestran que el cerebro utiliza la dopamina para señalar las expectativas. La dopamina se libera cuando esperamos algo gratificante; te hace prestar atención. Te dice: «Esto va a ser bueno». Cuando la experiencia cumple nuestras expectativas, el nivel de dopamina se mantiene en el mismo nivel. Si la experiencia es mejor de lo esperado, se libera más dopamina, lo que significa un error de predicción positivo. Nos sentimos bien, los circuitos de recompensa se ven afectados, especialmente el núcleo accumbens. Si la experiencia no cumple nuestras expectativas, los niveles de dopamina descienden, lo que significa un error de predicción negativo. Nos sentimos decepcionados, aunque la experiencia haya sido agradable. Una experiencia nueva también produce un mayor nivel de dopamina. La novedad es imprevisible. Es emocionante. El cerebro no sabe dónde establecer el nivel de dopamina. En resumen, la señal de dopamina es la diferencia entre lo que se esperaba y lo que se obtuvo. El cerebro aprende, midiendo el error de predicción mediante la dopamina.[11]

He aquí un ejemplo de nuestra apasionante vida. Formamos y asesoramos en muchos países y nos hemos familiarizado con el interior de los aviones. Hace varios años, viajábamos en clase turista. Al no conocer las comodidades de la clase *business* (más allá de una rápida mirada a la izquierda al subir al avión), nuestra experiencia de los viajes en avión se basaba en las delicias de la clase turista. Esto no difiere mucho entre compañías aéreas, y nuestras expectativas se mantenían inamovibles. Volar era casi siempre incómodo (especialmente los vuelos de larga distancia). Nuestra señal de dopamina se redujo.

Luego, nuestro negocio mejoró y empezamos a volar en clase *business*. Más cómodo, mejor comida y menos estrés al facturar. Nuestro primer vuelo en clase *business* nos produjo una gran señal de dopamina (aunque no pensamos en ello en esos términos). Después del quinto vuelo, la clase *business* ya no era especial. Se había convertido en la norma. La dopamina se estabilizó.

Luego, hace unos años, nos subieron de clase *business* a primera para un viaje de larga distancia. Nunca habíamos volado en primera clase y nuestras expectativas eran altas. La cabina de primera clase de ese avión fue una gran decepción; apenas un poco mejor que la clase *business* que conocíamos. Nuestro nivel de dopamina cayó en picado, aunque seguía siendo cómoda. Después evitamos esa aerolínea durante mucho tiempo. (Es injusto, pero la dopamina no es razonable).

Más tarde, volamos en clase *business* en una aerolínea asiática (cuyo nombre se mantendrá en el anonimato, ya que no se nos paga por *product placement*). Era significativamente mejor que la clase *business* de cualquier otra aerolínea en la que hubiéramos volado. Los niveles de dopamina se dispararon al principio, pero, después de volar unas cuantas veces en esa aerolínea, su servicio se convirtió en la nueva normalidad. Entonces, Joseph tuvo la suerte de ser ascendido a primera clase en un vuelo en un Airbus 380. La dopamina alcanzó un nuevo nivel. Gran comodidad, espacio, comida, servicio e incluso la posibilidad de ducharse a treinta y cinco mil pies. La clase *business* normal quedó en el olvido. Cada nueva y mejor experiencia hacía que las otras se desvanecieran por comparación. El peligro es no apreciar lo que tienes, porque no está a la altura de lo que esperabas o a lo que estás acostumbrado. La emoción de una nueva experiencia placentera (es decir, el subidón de dopamina) nunca se puede recuperar de la misma manera repitiendo esa experiencia.

La forma en que la dopamina controla el delicado equilibrio entre la expectativa y la recompensa fue descubierta por primera vez por un investigador, Wolfram Schultz,[12,13] ahora profesor de Neurociencia en la Universidad de Cambridge. Estudió cómo las neuronas dopaminérgicas de los monos respondían a las recompensas en una serie de experimentos. A los monos se les mostraba una luz parpadeante y, unos segundos después, se les daba a beber un zumo de frutas. A los monos les gusta el zumo, y las células dopaminérgicas del ATV mostraron una gran actividad. Se trataba de un error de predicción positiva; los monos recibían una recompensa inesperada después de la luz. Tras muchas repeticiones, la respuesta de las células dopaminérgicas al zumo disminuyó. Schultz pensó que esto se debía a que los monos esperaban el zumo después de la luz, por lo que no había error de predicción ni dopamina adicional. El zumo era tan sabroso como siempre.

El resultado más interesante fue que las células dopaminérgicas se activaban cuando se encendía la luz. La respuesta dopaminérgica había retrocedido de la recompensa a la señal de la recompensa, al igual que la salivación de los perros de Pavlov había retrocedido al sonido de la campana. Si Pavlov hubiera podido comprobar los niveles de dopamina en los perros, probablemente habría encontrado que su respuesta dopaminérgica se desplazaba hacia la campana. La señal de la dopamina retrocede ante una señal consistente. Un ejemplo cotidiano sería llegar a casa del trabajo y ver una luz de bienvenida que brilla en la ventana. Todavía no estás en casa, pero la visión es una señal consistente de que vas a llegar pronto y eso te hace sentir bien.

Schultz hizo un segundo experimento. Los monos veían la luz (de forma manifiesta) pero no obtenían ningún zumo. Cuando los monos se dieron cuenta de lo que ocurría, la respuesta de la dopamina a la luz disminuyó. Este es el error de predicción negativa: la recompensa esperada no se materializó, por lo que hubo menos dopamina. Después de un tiempo, no hubo ningún cambio en las células de dopamina: todo volvió a la normalidad, sin luz, sin zumo, sin dopamina. El grado de actividad de la dopamina no tiene que ver con el tamaño de la recompensa, sino con el grado de cumplimiento de las expectativas. La actividad de las células productoras de dopamina es el error de predicción: la diferencia entre la recompensa obtenida y la esperada. Esto explica cómo una recompensa puede no ser apreciada. Imaginemos que un directivo recibe un bonus de fin de año. Está acostumbrado a ello, lo espera y cree que se lo merece; no hay nada especial en ello: no hay dopamina adicional. Sin embargo, si no lo recibe, los niveles de dopamina bajan y puede sentirse decepcionado y agraviado. La ingratitud supone una bajada de dopamina. Cuando uno espera una recompensa y cree que la merece, la dopamina no aumentará cuando la obtenga, sino que bajará si no lo hace. Lo que importa es la expectativa, no la recompensa.[14] El error de predicción explica por qué nunca estamos satisfechos. Cuando trabajamos para un objetivo, la dopamina nos mantiene motivados y con ganas. Una vez que tenemos el objetivo, los niveles de dopamina bajan. El nuevo objetivo emocionante se ha convertido en la nueva normalidad, y buscamos el siguiente reto. La ventaja es que seguimos aprendiendo y esforzándonos por conseguir algo mejor. La desventaja es que nunca podemos estar satisfechos, consigamos lo que consigamos.

Nuestra comida favorita, con la suficiente repetición, se convierte en algo normal y luego en algo aburrido. Una vez que conseguimos nuestro trabajo soñado, se convierte en nuestro trabajo normal y, finalmente, en nuestro trabajo aburrido. Empezamos a luchar por el siguiente ascenso. Ganar la lotería hace que la gente sea feliz a corto plazo, pero seis meses después ha vuelto a su nivel de felicidad inicial.[15] La emoción de una nueva pareja sexual no es duradera. Las relaciones duraderas deben basarse en mucho más que la dopamina. En resumen, la dopamina engrasa la rueda hedonista. Trabajamos para conseguir lo que queremos, y eso se convierte en el siguiente paso hacia una meta más alta. Los clientes pueden trabajar duro para conseguir un ascenso, una nueva casa, una nueva relación o un nuevo nivel de habilidad y luego empiezan a sentir que no es suficiente. Pueden pensar que deberían estar agradecidos por lo que tienen. Pero ni los logros ni la gratitud les impedirán buscar algo más (Figura 8.1). Esto tiene una implicación muy importante: el trabajo, la pareja, la casa o la vida ideales no existen fuera de ti. No puedes encontrarlo buscándolo ahí fuera. Existen en virtud de la pasión y el compromiso que tú pones en ellos. Los clientes acuden al *coaching* con objetivos que creen que les harán felices. A algunos de ellos los llamamos objetivos «Si sólo…», «Si tuviera… este trabajo, esta pareja, estas vacaciones, esta habilidad/coche/casa/, entonces sería feliz».

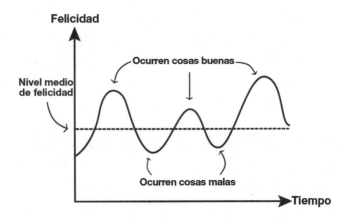

Figura 8.1 La felicidad en la rueda hedonista.

Puedes introducir cualquier cosa en medio de esa frase. No nos equivoquemos, no estamos diciendo que estas cosas son malas o que no harán la diferencia a corto plazo. Pero no funcionan a largo plazo. Los objetivos «Si… entonces…» hacen que nuestra felicidad dependa de algo sobre lo que no tenemos control. En lugar de cuestionar el modelo «Si… entonces…», los clientes se limitan a colocar el siguiente objetivo entre el «si» y el «entonces» y vuelven a empezar.

Estos objetivos suelen presentarse de forma ligeramente diferente: «Si mi pareja, mis hijos o mi jefe dejasen de regañar, de hacer ruido, de gritarme o de meterse el dedo en la nariz... entonces sería feliz». Este tipo de objetivos son aún más difíciles, ya que hacen que la felicidad dependa de lo que hagan o dejen de hacer los demás.

La manera de salir de la rueda hedonista es invertir en el viaje, no en el destino. Siempre estamos de viaje. Ahí es donde reside la felicidad. El éxito es una ventaja. Un objetivo es definitivo. Puedes tener éxito o no. Si fracasas, puedes sentirte miserable, si tienes éxito, serás feliz durante un tiempo y luego querrás más. En su lugar, deja que el objetivo marque la dirección y presta atención al viaje que estás haciendo mientras te esfuerzas por crearlo. Demasiados clientes son infelices mientras persiguen decididamente la felicidad (Figura 8.2).

Figura 8.2 La rueda hedonista.

En el tercer capítulo hablamos del alpinista del Everest. Los escaladores pasan meses preparándose y luego semanas en la montaña mientras se abren camino hacia la cima. Luego, treinta minutos en la cima antes de empezar a bajar. Anima a los clientes a fijarse objetivos que establezcan una dirección. Una vez fijada, pueden poner su energía en el viaje y disfrutar de la escalada.

En 2015, Andrea recorrió el Camino de Santiago en el norte de España. Recorrió casi mil kilómetros a lo largo de cinco semanas. Se quedó dos días en Santiago de Compostela antes de volver a casa. El destino es la razón de hacer el viaje, y la magia está en el viaje. El Camino fue una experiencia fantástica y valiosa, y fue un momento maravilloso ver las agujas de la Catedral de Santiago al final. El aprendizaje estaba en el viaje.

Como escribió Carlos Castaneda: «Todos los caminos son iguales: no llevan a ninguna parte. ... ¿Tiene este camino un corazón? Si lo tiene, el camino es bueno; si no lo tiene, no sirve de nada». [16] En nuestro *coaching*, siempre preguntamos a los clientes por el valor que hay detrás del objetivo. Todos los objetivos tienen un valor, es decir, algo importante sobre ese objetivo que lo convierte en una prioridad. El valor que hay detrás del objetivo no siempre es obvio, y puede que haya que hacer varias preguntas para conseguirlo. Un cliente de *coaching* habló de su deseo de progresar en su carrera y ascender a un puesto más alto en la empresa. Pasamos por varios valores cuando le hicimos preguntas como «¿Qué tiene eso de importante?», «¿Por qué lo quieres?» y «Cuando lo consigas, ¿qué lograrás?» Mencionó el dinero, la satisfacción y la seguridad. El valor en el que mostró más implicación y entusiasmo fue cuando habló de honrar a sus padres y trabajar para sus hijos: una conexión entre generaciones. No es lo que ninguno de nosotros pensaba al principio. Este es un valor que podría vivir en cada momento de su vida; no necesita conseguir el ascenso para sentir y vivir este valor. Esta es la pregunta clave que formulamos: «Independientemente de si consigues el ascenso o no, ¿cómo puedes vivir más este valor de conexión en tu vida ahora mismo?». Esta pregunta motivó al cliente sin provocar que el objetivo perdiera importancia.

Aplicaciones para el *coaching*

¿Cómo se puede utilizar esto en la práctica del *coaching*?

En primer lugar, al cerebro le encanta la novedad. Algo nuevo es emocionante y estimulante. Eso no lo hace mejor, pero sí aumenta los niveles de dopamina y, por tanto, la motivación. El *coaching* más favorable para el cerebro va a ser una mezcla de exploración de nuevas ideas y de abordaje de nuevos temas para luego consolarlos. El buen *coaching* es un equilibrio entre el reto y el apoyo. El reto aporta novedad, y el apoyo proporciona consolidación para ayudar a explorar las implicaciones.

Aprendemos rápido cuando empezamos algo nuevo, y luego se hace más lento por la ley de los rendimientos decrecientes. Estamos más motivados al principio porque el error de predicción positivo es mayor, por lo que los niveles de dopamina son más altos. La señal de dopamina disminuye con el tiempo a medida que nos acostumbramos a la situación. Estaría bien mantener la energía y la motivación originales durante más tiempo, pero el cerebro no funciona así. Mantener la misma motivación durante mucho tiempo bloquearía el aprendizaje de cualquier cosa nueva, ya que seguiríamos felizmente comprometidos con lo anterior.

Los *coaches* pueden utilizar esto trabajando con el cliente en tareas pequeñas y manejables. Cada una es nueva y cada una es un éxito. Todas estas tareas deben estar relacionadas con el objetivo principal. Siempre que ayudamos a nuestros clientes a elaborar planes de acción, incluimos celebraciones en el camino. El éxito en cada paso a corto plazo con una celebración traerá un resplandor de opioides y una experiencia de éxito para construir. La celebración es una recompensa y puede ser cualquier cosa: una comida fuera, un paseo por el parque, una fiesta o una escapada de fin de semana. Algunos clientes aprovechan la celebración para hacer algo por otra persona: un regalo para sus hijos o ayudar a alguien en el trabajo.

Manejar las expectativas es mucho más fácil cuando se sabe cómo funciona la dopamina. Las expectativas son naturales; las necesitamos para establecer un error de predicción y aprender. Sin embargo, a menudo culpamos al mundo por no cumplir nuestras expectativas. Creemos que la gente debería cumplir nuestras expectativas y nos sentimos decepcionados si no lo hacen. Olvidamos que las expectativas son totalmente nuestras, formadas a partir de nuestras experiencias, y que los demás no saben nada de ellas. No conocen nuestros niveles de dopamina. Por ejemplo, vas a una actuación de tu cómico favorito. Esperas con ansia una velada divertida. Lo escuchas y, poco a poco, aunque quieres que sea bueno, está por debajo del nivel habitual. Te sientes defraudado. Tu cerebro te envía una señal de dopamina inferior, un error de predicción negativo. Te sientes decepcionado. Es posible que lo proyectes hacia el intérprete; es su culpa. El artista no tiene ni idea de tus expectativas ni de tus niveles de dopamina, y no es responsable de ellos. Hace lo que hace, lo mejor que puede. Ciertamente, hay muchas situaciones que podemos y debemos medir con estándares objetivos. Los estándares objetivos no son personales. Pero los niveles de dopamina no responden a estándares objetivos, sino a tus expectativas, por lo que la decepción es personal.

La decepción es la forma en que experimentamos un error de predicción negativo. No es agradable; no se siente bien que los niveles de dopamina bajen. La decepción es menos dopamina en la vía mesolímbica, el circuito de recompensa. Pero sin la decepción no podríamos tener la felicidad y la energía que nos proporciona un error de predicción positivo. No aprenderíamos.

También existe la vía mesocortical hacia la corteza prefrontal (CPF). No tiene un nombre popular, así que lo llamaremos circuito de reencuadre. Este circuito ayuda a obtener otra perspectiva sobre las expectativas y la decepción, una con valor, equilibrio y un marco temporal. La CPF tiene una visión a largo plazo. La CPF te ayuda a considerar las consecuencias y a integrar la sensación de deseo y decepción en una visión más amplia de la vida.

Expectativas y acuerdos

La gestión por expectativas es muy común en el *coaching* ejecutivo. La gestión por expectativas espera que las personas trabajen, pero nunca explica exactamente lo que deben hacer ni les indica cómo hacerlo. Las expectativas sustituyen a la comunicación clara y al acuerdo. Las normas no son claras y los demás pueden no cumplir las expectativas. Los directivos se sienten decepcionados y los trabajadores son culpados. La gestión por expectativas conduce a la decepción, la culpa y la recriminación. Como la petición no es clara, la respuesta probablemente no será adecuada. Por tanto, es muy probable que se produzca un error de predicción negativo. Cuando un trabajador cumple las expectativas, no habrá un error de predicción positiva, ni dopamina adicional. Todo sigue igual. No habrá los correspondientes elogios o buenas sensaciones por muy bueno que sea el trabajo. La gestión por expectativas es la gestión por agotamiento de la dopamina.

La gestión por acuerdo es el antídoto y pondrá fin a la gestión por agotamiento de la dopamina. Esto significa que hay que llegar a acuerdos claros entre ambas partes y poner de manifiesto las expectativas. Un trabajador puede rendir cuentas por el cumplimiento de los acuerdos, pero no de las expectativas. Romper un acuerdo rompe la confianza, que es fundamental para la empresa. En caso de emergencia, el trabajador o el directivo siempre pueden renegociar el acuerdo. Ahora, la expectativa está donde debe estar, en el cumplimiento del acuerdo y no en la tarea.

Estos son los fundamentos de un acuerdo exitoso. Funcionan en los negocios y en la vida personal.

Un acuerdo comienza con una petición: hay que hacer algo.

- En primer lugar, las circunstancias son las adecuadas para llegar a un acuerdo, y ambas partes están dispuestas y son capaces de hacerlo. Por ejemplo, un ejecutivo puede pedir a su asistente personal que le reserve un vuelo. Se trata de una petición adecuada, teniendo en cuenta sus respectivas posiciones.
- En segundo lugar, la petición es tan detallada como sea necesario para que se realice correctamente. Puede incluir cuándo debe

hacerse y, a veces, cómo debe hacerse. El trabajo no se hará por sí solo. Así, por ejemplo, el vuelo es a una determinada ciudad en una determinada fecha, en clase *business* en un Airbus 380. Hay cosas que no importan, como la compañía aérea, por lo que no es necesario detallarlas.

• En tercer lugar, el cierre. La otra persona puede aceptar, rechazar o intentar negociar la petición. Si la solicitud es aceptada, se ha llegado a un acuerdo: se ha hecho una promesa. Si se rechaza, es el preludio de la negociación. La negociación puede ser limitada en el trabajo, pero en la vida personal ocurre todo el tiempo.

Un acuerdo es fácil si ambas partes lo quieren. Este suele ser el caso. Los acuerdos no hacen que nadie esté bien o mal; sólo garantizan que algo suceda. El principio obvio es cumplir las promesas. Una promesa incumplida provoca un sentimiento legítimo de decepción y hace que los demás te consideren poco fiable. Existe una expectativa legítima de que una promesa hecha se mantendrá, a menos que haya circunstancias excepcionales.

Adicción

Supongamos que tienes una subida de dopamina por cualquier cosa. Parece divertido, pero sería peligroso. No aprenderías de la experiencia; sólo querrías repetir lo mismo, y siempre te parecería más deseable, sea lo que sea. Anhelarías la experiencia porque siempre sería mejor de lo que esperabas… Esto es exactamente lo que ocurre con las adicciones. La adicción es el lado oscuro del circuito de recompensa de la dopamina. Las sustancias y las actividades adictivas se aprovechan de los circuitos de recompensa, liberan dopamina y desencadenan el ansia.

Entender la adicción es útil en el *coaching*. El sistema de la dopamina es muy general. Uno puede volverse adicto a cualquier cosa; no tiene por qué ser una droga, sólo tiene que dar un subidón de dopamina. Es poco probable que los *coaches* tengan clientes drogadictos (aunque el *coaching* se utiliza cada vez más con exadictos para ayudarles a mantener su vida estable), pero las adicciones comportamentales se comprenden ahora mejor y pueden ser parte del problema de un cliente.

El ser humano quiere cambiar su cerebro, ir más allá de sí mismo, acceder a un estado de conciencia diferente. Las drogas lo consiguen. La segunda mercancía más comercializada del mundo, el café, contiene una droga psicoactiva adictiva.[17] La cafeína es la droga psicoactiva del café (y del té y de algunas bebidas energéticas), y actúa directamente sobre el cerebro. Hace que te sientas alerta y contrarresta la sensación de cansancio y sueño. Es la droga elegida por la mayoría de las personas cuando tienen que trabajar hasta tarde. La cafeína es un antagonista del neurotransmisor adenosina; en otras palabras, puede sustituir a la adenosina en las sinapsis. Cuando lo hace, bloquea los receptores de adenosina. La adenosina se produce a lo largo del día, y, cuanto más se une a los receptores, más sueño se siente. Al final del día, mucha adenosina se ha unido a los receptores con el resultado de que estás listo para ir a la cama. La cafeína bloquea los receptores y, la adenosina no puede unirse a ellos, por lo que no hay sensación de cansancio. Pero hay consecuencias (por supuesto). La adenosina se sigue produciendo y se acumula. Cuando la cafeína desaparece del cuerpo, la marea de adenosina que ha estado esperando su oportunidad se adhiere a los receptores. Te sientes más somnoliento e incapaz de concentrarte… un choque de cafeína.

El alcohol, otra droga psicoactiva y adictiva, existe desde hace al menos cinco mil años. Reduce las enzimas que descomponen la dopamina, por lo que esta permanece en el cerebro durante más tiempo. El alcohol también reduce la actividad cerebral y produce una sensación de relajación.

La nicotina de los cigarrillos es altamente adictiva.[18] Se calcula que aproximadamente un tercio de los adultos del mundo fuma tabaco con regularidad. La nicotina no es un problema de salud; el problema son los venenos y carcinógenos que son los compañeros de viaje de los cigarrillos. La nicotina es un agonista de la acetilcolina, el neurotransmisor asociado a la excitación y la atención. Esto significa que la nicotina se une a los receptores de acetilcolina en las sinapsis y los activa considerablemente. Las neuronas son engañadas para que piensen que hay acetilcolina y, por tanto, su estado de alerta aumenta. La nicotina es muy adictiva porque las neuronas del ATV que producen dopamina también tienen receptores para la acetilcolina. La nicotina se une a ellos y las neuronas son estimuladas para producir dopamina en grandes cantidades, de ahí el deseo de consumir tabaco.

Nos parece fascinante que un capítulo que comenzó con el aprendizaje haya acabado desembocando en la adicción. Los mismos mecanismos cerebrales están activos en ambos casos. El aprendizaje trata de hacer mejores predicciones sobre el futuro, basándose en la experiencia presente. Es un mecanismo hermoso, tan bueno que lo utilizamos para enseñar inteligencia artificial. El aprendizaje también es agradable cuando la dopamina activa el núcleo accumbens. Las desventajas son la decepción, la insatisfacción y la adicción. La insatisfacción es inevitable porque siempre buscamos algo mejor, siempre intentamos aprender. Siempre queremos pasar a algo más nuevo, una rueda más reluciente, vanguardista y hedonista. La adicción es cuando vamos cada vez más rápido en la misma rueda creyendo que es la mejor del mundo y que realmente estamos avanzando.

El aprendizaje, el placer y la CPF

Tanto el aprendizaje como el placer están impulsados por las partes más primitivas de nuestro cerebro: los ganglios basales y el núcleo accumbens. Primitivo no significa estúpido; significa necesario para la vida, por lo que hay mucha menos elección incorporada. Las partes primitivas del cerebro funcionan automáticamente. El circuito de recompensa es miope e impulsivo. Presta atención al momento; es el líder del descuento por demora. También tenemos una CPF que se activa a través de la vía mesocortical. Las partes más importantes de la CPF para dirigir el aprendizaje son la corteza prefrontal dorsolateral (CPFdl), la COF y la CCA. La CPFdl es importante para la planificación, el razonamiento y el autocontrol, encajando el aprendizaje y las recompensas en un marco temporal más amplio y teniendo en cuenta los valores. La CPF regula el circuito de recompensa y lo inhibe cuando es necesario.

Este es un poderoso aprendizaje para los clientes. Pueden entender los circuitos de dopamina (que están fuera de su conciencia y control) y cómo funcionan. Esto conducirá a expectativas más adecuadas, más acuerdos, menos decepciones y más aceptación. Puede llevar a agradecer los placeres pasados y a planificar mejor los futuros. Puede llevar a dar un paso fuera de la rueda hedonista. Cuando prestamos atención a las indicaciones de la CPFdl, esos circuitos se fortalecen gracias a la neuroplasticidad y se vuelven más fáciles de usar. Si se ignoran los mensajes de la CPFdl, las conexiones se debilitan y comienza un círculo vicioso. Cuanto más se ignora la CFdl, más se debilita la conexión y más se debilita la voz. Las investigaciones demuestran que las adicciones y los trastornos alimentarios se manifiestan primero con un aumento de la actividad en la CPFdl, ya que esta envía señales que se ignoran cada vez más. Después, la actividad es cada vez menor. La materia gris que une los circuitos de recompensa con la CPF se reduce en los adictos. La memoria y la toma de decisiones también se ven afectadas. El aprendizaje y su lado oscuro, la adicción, se consolidan a través de la neuroplasticidad; el cerebro se modifica a sí mismo en respuesta a nuestros pensamientos y acciones repetidas.

Adicciones comportamentales

No sólo las drogas pueden potenciar el sistema de dopamina, sino también la conducta. Las ocho principales adicciones según *Google* en

2016 fueron las drogas, el sexo, el porno, el alcohol, el azúcar, el amor, el juego y Facebook. No estamos seguros de lo que hace el amor aquí, pero los otros están claros. Las drogas y el alcohol afectan directamente al sistema dopaminérgico. Todos los demás parecen ser una especie de estímulo de «talla gigante», algo nuevo (al menos en términos evolutivos) que nuestro cerebro no puede manejar.

Para entender la idea de «talla gigante», tenemos que viajar en el tiempo. Imaginemos que un *coach* dispone de una máquina del tiempo y es capaz de hacer *coaching* a través del tiempo. Su cliente en la prehistoria sería un jefe de grupo de Cromañón. ¿Cuáles serían sus valores y objetivos? Probablemente un suministro interminable de sal, grasa, alcohol y azúcar. Estos eran escasos y valiosos. Los querría, los aprovecharía y los consumiría en la medida de lo posible. No serían comida basura para él. Ahora no son escasos; las estanterías de los supermercados locales rebosan de alimentos dulces y sabrosos repletos de calorías fáciles de comprar. Nuestro circuito de recompensa se ve desbordado, como un niño acostumbrado a una dieta de gachas y pan seco, que de repente se deja perder en la tienda de tartas de queso. La comida basura sobrepasa los circuitos de recompensa que no han cambiado desde los tiempos de Cromañón.

Lo mismo ocurre con el porno. El sexo es una de las grandes recompensas de la vida, pero las imágenes sexualmente provocadoras solían ser escasas. Ahora hay una oferta infinita a golpe de ratón. El juego puede ser adictivo; el entorno, las apuestas y el glamour lo convierten en un estímulo sobredimensionado, y nuestros circuitos de recompensa quedan atrapados. Las investigaciones demuestran que los jugadores crónicos tienen una menor respuesta de placer en el núcleo accumbens.[19] Todos los placeres normales de la comida, el sexo, los juegos y el contacto social pueden generar el efecto talla gigante sobre el circuito de recompensa y aumentar la dopamina si se da el caso. Esto puede llevar a un antojo, a un adormecimiento de la respuesta de recompensa y placer, y a querer esa experiencia cada vez más sólo para proporcionar el mismo nivel de placer: todos ellos síntomas de adicción.

Muchas partes de Internet están construidas descaradamente sobre el modelo de la addicción. Muchas redes sociales están construidass para consumir a los usuarios, y no al revés.[20] Las recompensas inesperadas e incontroladas de las redes sociales son un ejemplo.[21]

La mayoría de las empresas digitales utilizan lo que se denomina prueba A/B[22] cuando quieren saber qué características funcionan mejor para los clientes. Puede aplicarse a las fuentes de letra, los esquemas de color, el diseño de la página y el contenido. Funciona así. Una empresa crea dos sitios web. Idénticos, excepto por la única diferencia que quieren probar. A continuación, se comparan las tasas de clics y el tiempo de uso de cada sitio. El sitio ganador será entonces sometido a una prueba A/B para alguna otra cosa. Estas pruebas son baratas, fáciles y nadie tiene por qué saber sobre ellas. *Facebook* solía realizar más de mil pruebas A/B al día. Las pruebas A/B son una forma de generar el efecto talla gigante respecto a la web sobre tu núcleo accumbens, para hacerlo lo más atractivo posible. Cientos de personas inteligentes están detrás de muchas páginas web maquinando cómo erosionar mejor tu autocontrol.

Ser adicto significa depender de algo para sentirse bien y anhelarlo. Al mismo tiempo, causa problemas. Hemos conocido a ejecutivos que muestran signos de adicción al aumento de los beneficios. Otros pueden estar enganchados a sentirse poderosos y a menospreciar a la gente. Estos problemas pueden ser complejos. El primer paso es conseguir que el ejecutivo reconozca el problema. Necesitan comprenderlo. Necesitan percibir las perspectivas de los demás, ver las consecuencias de su comportamiento y comprenderlo. Explicar lo que ocurre desde un punto de vista neurocientífico puede ayudar. Necesitarán un sistema de *feedback* sobre el comportamiento por parte del *coach* y de otras partes interesadas de la empresa.[23]

La exploración del aprendizaje, la dopamina y las adicciones nos ha llevado a ver cómo intentamos predecir el futuro y crear expectativas. Estas expectativas son modelos mentales o creencias o hábitos de pensamiento y serán el tema del próximo capítulo.

9

Modelos mentales

Comenzamos este libro con tres preguntas:

¿Dónde estás ahora? ¿A dónde quieres ir? ¿Qué te detiene?

Las dos primeras preguntas se refieren a los objetivos y los valores. La dopamina, el circuito de recompensa, las expectativas, las emociones y el sistema límbico nos han dado algunas respuestas.

Ahora la tercera pregunta: ¿Qué te impide conseguir lo que quieres?

La principal dificultad no suele ser el objetivo, sino la forma de pensar en él.

El modo en que pensamos en el objetivo se basa en nuestros modelos mentales, es decir, en las ideas que rigen nuestra forma de pensar sobre nosotros mismos, los demás y el funcionamiento del mundo. Un modelo mental es una idea sobre cómo funcionan las cosas; predice lo que va a ocurrir y crea expectativas sobre la situación, sobre nosotros mismos o sobre otras personas. Actuamos según nuestros modelos mentales. Pueden basarse en la experiencia o ser aprendidos de otros (especialmente cuando somos jóvenes y tenemos poca experiencia sobre cómo funciona el mundo).

Los modelos mentales son construcciones que nos ayudan a reaccionar ante los acontecimientos. Son la cristalización cognitiva de lo que se aprende del sistema de aprendizaje de la dopamina. Probablemente son construidos y organizados por un sistema denominado el intérprete[1] en la neurociencia. Lo veremos con más detalle en un capítulo posterior. El intérprete es el nombre que recibe el sistema que une las piezas en una historia coherente. Esto ocurre en el hemisferio izquierdo de la corteza prefrontal (CPF). Toma toda la información caótica y le da sentido relacionando causas y efectos y construyendo nuestros modelos mentales. A continuación, nos comportamos de acuerdo con estos modelos mentales y nos liberamos de la conducta simple de estímulo-respuesta.

Los modelos mentales son hábitos de pensamiento que se aprenden, se repiten y se ponen en práctica sin reflexión. A veces se conocen como creencias, pero creencia tiene una connotación religiosa, y el *coaching* no va por ahí. La palabra creencia también implica un hecho sobre el mundo y no una idea que tenemos sobre el mundo. El *coaching* no se ocupa de si las creencias son verdaderas, sino de su efecto en el cliente. No nos ocupamos de modelos mentales sobre las leyes de la física (por ejemplo, todos creemos en la gravedad, en el sentido de que actuamos como si fuera verdad[2]). En el *coaching*, nos ocupamos de modelos mentales que afectan a la felicidad y los logros del cliente, no son demostrables en ningún caso y no han sido debidamente probados.

Hay dos tipos de modelos mentales: los que nos potencian y los que nos limitan.

Los que nos potencian son inspiradores y abren posibilidades. Dan espacio para la reflexión. Por ejemplo, «El universo es un lugar acogedor» o «Pase lo que pase, puedo aprender de ello». Los modelos mentales que nos limitan nos impiden alcanzar logros, crear y ser felices. Por ejemplo, «No puedo ganar sin que los demás pierdan» o «El éxito sólo llega con un gran esfuerzo». El sesgo de la afirmación contribuye en gran medida a mantener los modelos mentales existentes. Los modelos mentales pueden ser difíciles de identificar; normalmente los representamos. Sólo desafiaremos los modelos que nos limitan cuando seamos conscientes de ellos y nos impidan ser felices o conseguir algo que deseamos. El trabajo de un *coach* consiste principalmente en ayudar al cliente a identificar y cuestionar los modelos mentales que le limitan.

Cómo adquirimos los modelos mentales

Nos gusta pensar que elegimos nuestros modelos mentales, pero los adquirimos a medida que vivimos. Los modelos mentales que nos limitan provienen sobre todo de malentendidos basados en información parcial. Sin una información completa, es como tratar de entender las reglas del tenis observando sólo un lado de la pista. No ves la situación completa, sacas conclusiones erróneas y piensas que el tenis es un juego raro.

Un malentendido común es confundir correlación con causalidad. Un cliente contó que sus padres parecían estar siempre peleando cuando él crecía. Pensaba que él era de alguna manera responsable, pero las peleas de sus padres eran por algo totalmente distinto. Los niños no saben cómo funciona el mundo y es fácil que saquen conclusiones erróneas. Un ejemplo divertido fue cuando la hija de cinco años de una amiga le preguntó por qué todo el mundo tenía que romperse un hueso cuando era niño. La amiga le dijo: «¡No es así!», y le preguntó por qué creía eso. Resultó que todos los adultos que la niña conocía habían sufrido un accidente en su infancia y se habían roto un hueso. Podía ser un brazo, una pierna, una muñeca, un dedo del pie o de la mano, pero todos lo habían hecho. Ella creía que era un rito inevitable de paso a la edad adulta. Nuestra amiga no tardó en explicarle la verdadera situación, pues de lo contrario la niña seguramente habría encontrado la manera de romperse un hueso para alcanzar la edad adulta. Las roturas de huesos en la infancia son habituales, pero no necesarias.

Otra forma de adquirir modelos mentales es la imitación. Los niños aprenden de sus padres y de los adultos más importantes de su vida los gestos físicos y mentales sobre cómo se debe tratar a las personas, cuándo mentir y cómo para actuar socialmente. Los niños extraen los principios que alimentan el comportamiento de sus padres observando a los adultos, al igual que extraen las reglas gramaticales de su lengua materna escuchando a los adultos hablar. Si nuestras acciones son un lenguaje, nuestras creencias son la gramática, la estructura invisible que determina por qué hacemos lo que hacemos. Los niños captan estos patrones con facilidad.

Una tercera forma es la repetición. Una vez es un acontecimiento, dos veces es una coincidencia, pero tres veces es un patrón. Nuestro cerebro busca patrones todo el tiempo. Prestar dinero a tres personas que no lo devuelven podría crear un modelo mental de que la gente no es de fiar. Podría crear un modelo mental de que soy un mal juez de carácter. Ninguna de las dos es una buena conclusión basada en tan pocos casos. Fíjate en el sistema 1: el principio de disponibilidad. La amnesia de origen amplía este patrón. La amnesia de origen significa que tendemos a recordar un hecho, pero olvidamos de dónde procede. Las diferentes fuentes se mezclan en una sola, aunque las circunstancias sean muy diferentes. Todas se generalizan en un patrón, que podría ser un modelo mental que nos limita.

Un acontecimiento significativo también puede construir un modelo mental. Un ejemplo podría ser prestar dinero a un amigo. Este se da a la fuga (lo que demuestra que no era un amigo de verdad). Como se trata de un amigo de confianza, cuenta más que varios casos con desconocidos. De nuevo, se puede construir un modelo mental: que la gente no es de fiar o que yo no sé juzgar el carácter. Ninguna de las dos cosas es justa basándose en una sola ocasión. Otro ejemplo sería invertir mucho dinero en un negocio que fracasa. El tamaño de la inversión hace que ese ejemplo sea significativo. Si las consecuencias son dolorosas, la amígdala se activará y asociará una respuesta de miedo a prestar dinero en el futuro. Esto será formalizado por la CPF en un modelo mental de que las personas no son dignas de confianza.

Por último, la idea puede no estar basada en la experiencia en absoluto. Podría llegar a nosotros a través de la presión de los compañeros, como un chicle pegado en la suela de tus zapatos.

Nuestro cerebro expectante - el corrector ortográfico

No sólo reaccionamos ante el mundo, sino que interactuamos con él. Nuestros modelos mentales dirigen nuestra atención y nuestras acciones.

¿Cómo damos sentido al mundo? ¿Cómo sabemos qué hacer? Utilizamos modelos mentales.

Los modelos mentales generan expectativas.

El cerebro modifica estas expectativas con la información del mundo exterior a través de los sentidos.

Esto es lo contrario de lo que nos parece. Creemos ingenuamente que asimilamos la información y le damos sentido, pero no es así. El cerebro parte de unas expectativas creadas a partir de la experiencia previa, las utiliza para dar sentido a datos sensoriales entrantes y sirve el resultado. El cerebro funciona como un corrector ortográfico muy sofisticado con ortografía predictiva: hace su mejor conjetura sobre lo que está ocurriendo basándose en el contexto y la información que tiene. Los correctores ortográficos inteligentes toman nota del uso que haces de las palabras, de cómo te expresas, incluidas las abreviaturas.[3] Aprende de lo que haces y predice lo que probablemente vendrá después. Esto es exactamente lo que hace tu cerebro. Sin esta predicción inicial, el proceso sería mucho más lento. Ya hemos visto este sistema en funcionamiento con el error de predicción de la dopamina. Empezamos con lo que ya sabemos. Corregir las expectativas con datos es la forma más fácil de aprender, y el cerebro siempre busca atajos. La mayoría de las veces, habrá pocas modificaciones.

Predecir y luego modificar

El cerebro funciona según el principio de predecir primero y luego modificar (si es necesario). El sistema visual ofrece los ejemplos más claros. Cuando miramos, la corteza occipital envía sus predicciones al tálamo. El tálamo es la estación de transmisión que envía las señales a donde deben ir. El tálamo compara lo que viene de los ojos y lo que espera la corteza visual y envía la diferencia a la corteza para que la procese. Así es como aprendemos sobre el mundo: notando la diferencia entre lo que esperamos y lo que percibimos.[4] A veces, casi podemos captar este proceso sobre la marcha. Por ejemplo, Joseph entró en el cuarto de baño y, durante una fracción de segundo, «vio» a un gato durmiendo sobre la pila de toallas. Es el lugar favorito del gato; las toallas tenían una vaga forma de gato. Esperaba ver al gato allí. La impresión fue inmediatamente corregida por la respuesta de sus ojos: no había gato, sólo toallas.

Las ilusiones ópticas son grandes ejemplos en los que la expectativa del cerebro choca con el mundo exterior. El resultado es que vemos lo que el cerebro espera, no lo que hay (véase la figura 9.1).

Figura 9.1 ¿Te crees lo que ves?

¿Cuál es más oscuro, el cuadrado A o el B? Obviamente, el cuadrado A es más oscuro. Ver para creer.

Solo que no lo es. Ambos cuadrados son del mismo color (véase el diagrama de la derecha).

Nuestra corteza visual tiene algunas reglas de interpretación de la luz, la sombra y la dirección. Vemos lo que estas reglas predicen, no lo que está ahí. En este caso, no podemos anular las reglas incorporadas en nuestra corteza visual. No podemos ver los cuadrados del mismo color, aunque sepamos que lo son.[5]

La corteza visual no sólo genera expectativas, sino que suaviza nuestra percepción para que se ajuste a ellas. Podemos pasar los ojos por la habitación y experimentar un movimiento suave y continuo, no una sensación de sacudida loca en la que todo gira. Parpadeamos con frecuencia, pero nunca experimentamos que el mundo se quede en negro varias veces por minuto. Nuestros ojos tienen un punto ciego en el centro, donde el nervio óptico entra en la retina, pero no vemos un agujero negro ahí fuera. La experiencia de la lectura es un flujo suave de palabras con sentido, inclusa cuando los ojos saltan de un lado a otro en movimientos cortos y espasmódicos conocidos como sacadas. (Y leemos lo que esperamos leer, así que probablemente leas la última frase como si tuviera sentido, cuando no lo tiene).

Nuestras predicciones influyen en todos nuestros sentidos. ¿Te has preguntado alguna vez cómo puedes mover el brazo con facilidad y naturalidad y, sin embargo, cuando otra persona lo mueve, lo percibes de forma diferente? Es porque el cerebro no ha predicho el movimiento y por eso genera una sensación extraña. ¿Te has preguntado por qué no puedes hacerte cosquillas a ti mismo? Es porque nuestro cerebro puede predecir lo que vamos a sentir porque está enviando órdenes a los dedos para que hagan las cosquillas. Las cosquillas deben ser imprevisibles, de lo contrario no funcionan. Cuando te hacen cosquillas, los receptores de la piel envían un mensaje a la corteza somatosensorial que decodifica las sensaciones táctiles. Si te haces cosquillas a ti mismo, la señal se amortigua.[6] Nos preguntamos si esto se aplica al *autocoaching*. Cuando uno se entrena a sí mismo, sabe qué preguntas se le plantean. No son tan estimulantes como las preguntas imprevisibles de un *coach*.[7] Nuestra imaginación puede ser muy creativa, pero para aprender necesitamos una realidad ahí fuera para recibir *feedback*.[8] Sin *feedback*, no hay aprendizaje. El *autocoaching*, al igual que el ensayo mental, sólo llega hasta cierto punto. Contar con un *coach* externo es más divertido y más eficaz.

Podemos equivocarnos fácilmente si nos basamos en una sola fuente de información, así que el cerebro utiliza todos los sentidos para construir sus predicciones. Toma más información de la que necesita. Nos basamos principalmente en el sentido visual, pero el cerebro también presta atención a los demás sentidos. Por ejemplo, prestamos atención a la lectura de los labios cuando escuchamos.[9] Cuando lo auditivo no coincide con lo visual, suena (o parece) raro. Ver a un cantante que sincroniza mal los labios hace que la canción suene mal. El cerebro hace un trabajo increíble, pues recibe enormes cantidades de información a través de los sentidos, la compara con sus reglas incorporadas y sus expectativas aprendidas y genera significado y acciones a partir del desorden. Hace esto todo el tiempo sin problemas, haciendo que el mundo parezca sensato y predecible. Producir un mundo sensato y predecible es el mayor milagro del cerebro.

Implicaciones para *coaches*

No somos observadores objetivos. Partimos de expectativas y predicciones generadas por nuestros modelos mentales. La famosa cita lo resume: «No es lo que no sabes lo que te mete en problemas, sino lo que sabes con certeza y resulta que no es así».

Nuestros modelos mentales se sostienen a través de la CPF izquierda, que reúne e integra información de muchas partes del cerebro. Las emociones provienen de la amígdala, los recuerdos del hipocampo y los valores del sistema de recompensa. Para aprender, necesitamos actualizar los modelos mentales con *feedback* del exterior, pero a menudo esto no ocurre. El *feedback* sobre nuestros sentidos físicos es imposible de ignorar. Si creyeras que la gravedad no se aplica a ti, recibirías inmediatamente un *feedback* que te haría bajar a la tierra. Los modelos mentales son diferentes, y hay muchas maneras de ignorar, distorsionar o reinterpretar el *feedback*.

En primer lugar, estamos apegados a nuestros modelos mentales. Son nuestros. Nos dan seguridad en un mundo confuso. Nos aferramos a ellos hasta el último momento.

En segundo lugar, utilizamos el sesgo de confirmación, seleccionando las pruebas e ignorando la información que va en contra del modelo mental.

En tercer lugar, los modelos mentales que nos limitan limitarán nuestras acciones, y esto limita el posible *feedback*. Los modelos mentales se convierten en profecías autocumplidas porque no nos ponemos en una situación en la que puedan ser cuestionados seriamente. Por ejemplo, supongamos que un cliente piensa que su equipo es incompetente. Por eso, obviamente (para él), nunca delega y nunca pide ideas. Por lo tanto, nunca se pone en situación de recibir comentarios que puedan cuestionar ese modelo mental. Así es como se mantienen los modelos mentales que nos limitan: limitando la experiencia, nos permitimos a nosotros mismos. He aquí una ilustración perfecta: cómo evitar que un elefante se escape utilizando sólo un fino trozo de cuerda. Cuando los elefantes son jóvenes, sus cuidadores les atan la pata a una estaca en el suelo, para que no puedan alejarse. El elefante bebé no es lo suficientemente fuerte como para arrancar la estaca. No vuelven a intentar probar su fuerza, ni siquiera cuando han crecido y son lo suficientemente fuertes como para arrancar la estaca con facilidad, porque «saben» que no pueden. Su modelo mental les dice lo que pueden y lo que no pueden hacer, así que no lo intentan. La mejor intervención de *coaching* para los modelos mentales que nos limitan es involucrar el pensamiento del sistema 2 del cliente y acordar una acción para el cliente que consiga buen *feedback*.

He aquí un ejemplo. Joseph hizo de *coach* a un gerente que se quejaba de estrés y exceso de trabajo. Estaba claro que hacía más trabajo del que necesitaba o se le pedía. Hablamos de la multitarea y del trabajo eficiente y dijo algo bastante revelador: «Podría pedirle a mi asistente que hiciera más, pero, si quieres que algo se haga bien, tienes que hacerlo tú mismo». Este es un modelo mental que nos limita. Continuó diciendo: «Me lleva más tiempo corregir algo que hacerlo en primer lugar». (Lo cual sólo es relevante si el modelo mental es cierto). Sabía cómo delegar, pero casi nunca lo hacía. Tuvo una serie de ayudantes incompetentes en el pasado, lo que reforzó su modelo mental. Mientras no ponga a prueba su modelo mental en el momento presente, no aprenderá que este ayudante, este trabajo y este momento pueden ser diferentes de aquel ayudante, aquel trabajo y aquel momento en el pasado. Lo enmarcamos como una oportunidad de aprendizaje. Iba a descubrir si este asistente era bueno. Aceptó delegar algunas pequeñas tareas. Cuando estas fueron bien, hizo más y, en un mes, su carga de trabajo se redujo y estaba mucho más contento y menos estresado. Pero seguía manteniendo las cosas realmente importantes para sí mismo. Este modelo mental de «Si quieres que algo se haga bien, debes hacerlo tú mismo» tiene tres cualidades importantes que comparten casi todos los modelos mentales que nos limitan.

En primer lugar, se expresa como si fuera sobre el mundo, sobre otras personas y sus capacidades. No es así. Se trata del cliente. Toda idea es expresada por alguien. Para ser pedante, la afirmación completa sería: «Creo que, si quieres que algo se haga bien, tienes que hacerlo tú mismo». Ahora la idea es propiedad del cliente. No se trata de la naturaleza del mundo. El cliente estuvo de acuerdo con esta reformulación, estipulando que era cierta en su experiencia. Hasta aquí todo bien.

En segundo lugar, se expresa como una regla general e intemporal. He aquí el pensamiento completamente desarrollado: «En el pasado, he delegado en ciertas personas de una manera determinada, en ciertas circunstancias, y los resultados no fueron buenos. Basándome en ello, ahora no me atrevo a delegar por miedo a que esa experiencia se repita». Lógicamente, no podía reprochar esto, aunque emocionalmente comenzó a sentirse ansioso. Joseph le aseguró que no pretendía que delegara, sólo que considerara la posibilidad de probar la idea.

En tercer lugar, el modelo mental tiene dos conexiones emocionales. Una se aleja de la idea: la amígdala había almacenado algunos recuerdos desagradables del hecho de delegar. La memoria se vincula al presente y el pensamiento de delegar activa los recuerdos. Nuestro cerebro es muy bueno haciendo asociaciones. La hipótesis del marcador somático de Damasio predeciría que su cerebro está tomando los efectos emocionales de sus experiencias de delegación, junto con otras ideas y estímulos, y los procesa en la corteza orbitofrontal (COF). El veredicto es favorable a evitar el riesgo ahora (sesgo de *statu quo*). En su lugar, decidió trabajar más duro, más rápido y durante más tiempo para intentar ponerse al día. Esta solución a corto plazo no era sostenible. El *coach* debe ocuparse del aspecto emocional. Una forma es hacer que el cliente sea consciente de los riesgos de no cambiar haciéndole preguntas como:

¿Qué pasaría si no lo hicieras?
¿Cuánto tiempo estás dispuesto a tolerar esta situación?

Esto no cambiará el modelo mental, pero hará que el *statu quo* sea menos cómodo.

La segunda conexión emocional es positiva y hacia la idea. El buen trabajo es importante, y el cliente de Joseph se enorgullecía de sus resultados. Para él, el hecho de delegar daba lugar a un trabajo de segunda categoría. Se preocupaba por la calidad de su trabajo. Los modelos mentales pueden limitarnos, pero siempre hay un valor positivo detrás de ellos.

Para cambiar, el cliente debe ver que el modelo mental le está limitando y estar dispuesto a recibir *feedback*. Tiene que salirse del modelo. El *coach* no trata de refutar los modelos mentales; no tiene ningún interés en ellos de una manera u otra. Ayuda al cliente a emprender una acción para obtener *feedback* sobre el modelo. Con un paso de acción bien diseñado, obtendrá un *feedback* equilibrado y actualizará el modelo mental de forma natural. La actualización seguirá exprimiendo el valor positivo (en este caso, el valor del buen trabajo).

La neurociencia de los «debería»

Los modelos mentales suelen expresarse en el lenguaje del «debería» o del «no debería». El lenguaje tiene muchos conceptos de este tipo: *tengo que, debo, debería, no debo.* Todos implican una regla. Las reglas morales y éticas están bien. Sin embargo, normalmente el «debería» implica una regla limitante autoimpuesta. Por ejemplo, un cliente puede decir: «Debería conciliar mejor la vida laboral y familiar y llegar antes a casa». No es lo mismo que decir «Quiero llegar antes a casa». El deseo está impulsado por la dopamina; es un sentimiento auténtico. Los «debería» no están respaldados por la dopamina. Son ideas imaginarias que nos imponemos a nosotros mismos. «Debería» suele ser la abreviatura de «Siento la presión de hacer esto, pero no lo hago».

Nos encontramos con este patrón muchas veces en nuestra práctica de *coaching.* Los ejecutivos piensan que deberían hacer más ejercicio, tratar mejor a su equipo y conseguir un mejor equilibrio entre el trabajo y la vida privada. Mientras piensen que deberían, no lo están haciendo realmente. Tienen un conflicto interno. Quieren hacerlo, pero no lo hacen. En términos sencillos, la CPF, y especialmente la parte dorsal que genera las reglas, propone la idea, pero los circuitos de recompensa no están implicados. No hay acción de los ganglios basales.

Un objetivo «debería» no es un objetivo auténtico. Los valores y las emociones no son lo suficientemente fuertes, y el circuito de recompensa no está activado. No se producirá a menos que el cliente lo convierta en un objetivo auténtico, algo que desee. Entonces, el sistema de recompensa participará y se verá estimulado a actuar. Hasta que esto ocurra, el cliente tiene lo peor de ambos mundos: sentir que debería hacer algo, no hacerlo y sentirse mal por ello. Si un cliente dice que debería conseguir un mejor equilibrio entre su vida laboral y personal, no es un objetivo. No está ocurriendo nada; es una débil expresión de esperanza. Un *coach* nunca debe alinearse con un objetivo «debería».

En su lugar, formula algunas de las siguientes preguntas:

¿Por qué quieres trabajar en esto ahora?
(¿Ha ocurrido algo significativo que haga que el cliente quiera abordar este tema? Si no hay nada nuevo, entonces no hay razón para cambiar).

¿Realmente quieres esto?
(La CPF dirá «sí», pero las otras partes del cerebro enviarán su propio mensaje no verbal y la respuesta no será congruente).

¿Qué te detiene, sinceramente?
(Esto da permiso a las otras partes del cerebro para obtener el control del área de Wernicke y Broca y expresarse verbalmente).

¿Qué tendría que ser cierto para que realmente lo quisieras?
Aquí puede comenzar una verdadera discusión. Habrá valores, emociones y repreguntas en ambas partes, y, sólo si se discuten, el cliente entenderá el problema.

A veces, el cliente acuerda una pequeña acción destinada a probar el cambio y ver cómo va. No hay compromiso de seguimiento. La conciliación de la vida laboral y familiar suele ser así.

El cliente se comprometerá con el objetivo sólo cuando pueda decir honestamente, con las partes importantes de su cerebro implicadas, que quiere el objetivo. De lo contrario, es mejor olvidarlo por el momento.

Duda y certeza

Los modelos mentales son imposibles de probar o refutar. ¿Hasta qué punto está seguro el cliente de su idea?

Tendemos a tratar los modelos mentales de forma lineal: verdadero o falso, sí o no. Como resultado, no nos molestamos en probar, o tenemos miedo de probar (secuestro de la amígdala). Un buen *coach* puede ir desgranando las creencias del cliente, pero, aun así, las ideas fuertemente arraigadas (las que el cliente da como más probables), necesitan un *feedback* que las sacuda.

Averigua, en una escala del uno al diez, con qué firmeza cree el cliente la idea. El diez representa la certeza, el 100 % de probabilidad de que tenga razón. La mayoría de los modelos mentales tendrán una puntuación de entre un ocho y un seis.[10] Cuanto más seguro sea el modelo mental, más *feedback* será necesario para cambiarlo. Cuando trabajamos con un cliente para limitar sus modelos mentales, le hacemos esta pregunta en cada sesión y registramos cómo disminuye su certeza.

Este es un proceso de *coaching* para poner a prueba los modelos mentales que nos limitan, pero hay que asegurarse de que el cliente se apropia de ellos primero, como algo que piensa y no como algo que existe como verdad ahí fuera en el mundo.

- Credibilidad

    Pregunta por los acontecimientos que llevaron al cliente a creer la idea. Si los hay, entonces la idea es razonable en base a esa experiencia. Si no los hay, puedes preguntar qué lleva al cliente a pensar que es cierta. ¿Hasta qué punto puede confiar en la fuente de la idea? Es posible que tenga amnesia de origen.

- Factores que influyen

    ¿Cuáles fueron los factores que influyeron en la experiencia? ¿Qué factores había en ese momento que contribuyeron al resultado?

¿Cuál de esos factores de influencia ha cambiado o puede cambiarse para obtener un resultado diferente y mejor ahora?

- Consecuencias positivas

  ¿Hay alguna ventaja en mantener la idea?

  Siempre la hay, al menos da cierta seguridad. El cliente tiene que saberlo.

- Valor

  ¿Qué es lo importante de esto? ¿Qué valor representa?

  ¿Por qué adoptó esta idea en lugar de dejar la experiencia como un evento transitorio?

- Idea preferida

  ¿Qué modelo mental prefiere?

  (No puede ser directamente opuesta al existente).

  Tiene que llevar el pronombre en primera persona «yo» y tiene que honrar el valor.

  Así, por ejemplo, si la idea que le limita es «No puedo confiar en que la gente haga un buen trabajo si delego», entonces la idea preferida podría ser «estoy dispuesto a delegar el trabajo para averiguar hasta qué punto la gente es digna de confianza para crear un trabajo suficientemente bueno y puedo controlar las consecuencias».

- Acción

  ¿Qué pequeño paso de acción puedes tomar que sea seguro y que ponga a prueba este factor, para que puedas obtener mejor *feedback* sobre la idea?

  Estas preguntas ayudarán al cliente a crear una acción para obtener *feedback*. En el ejemplo de la delegación, un cliente podría variar la forma de delegar. Podría delegar un pequeño trabajo a dos personas diferentes y darse tiempo para corregirlo si es necesario. Si eso no funciona, prueba otra cosa. Mantén el objetivo y el valor y sé tan flexible como sea necesario con los medios.

Tus modelos mentales no son tú. El emprendedor de Internet Marc Andreessen tiene un bonito refrán: «Ten creencias fuertes, pero sostenlas con ligereza». En otras palabras, mantén tus ideas con fuerza y lucha por ellas. Pero no dejes de probarlas para tener las mejores en cada momento. Busca siempre las mejores ideas y prepárate para abandonarlas cuando aparezca una mejor.

10

Nuestro cerebro social

Ningún hombre es una isla entera por sí mismo.
Cada hombre es una pieza del continente, una parte del todo.
Si el mar se lleva una porción de tierra, toda Europa queda
disminuida, como si fuera un promontorio, o la casa de uno de tus
amigos, o la tuya propia.
Ninguna persona es una isla; la muerte de cualquiera me
afecta, porque me encuentro unido a toda la humanidad; por eso,
nunca preguntes por quién doblan las campanas; doblan por ti.

JOHN DONNE, 1916

Nuestro cerebro social

Hemos estado escribiendo sobre el cerebro como si fuera una isla, entera por sí misma, pero la realidad está mucho más cerca de los versos poéticos de John Donne. Todos tenemos un cerebro individual y único; sin embargo, su individualidad y singularidad se hacen a través de los demás. Somos seres sociales, incapaces de vivir plenamente sin los demás, y nuestro cerebro lo refleja. Nuestro cerebro necesita el cuidado, el amor y la atención de los demás para desarrollarse. Son nutrientes esenciales para el cerebro. Nuestro cerebro se forma a través de nuestra interacción con los demás y nos conecta con otros. Este capítulo explorará algunas de esas formas.

Nuestro cerebro es como un río. El río parece separado, y puede estudiarse como un sistema separado, pero, cuanto más se estudia, más se comprende que es un flujo de agua que se conecta con otros flujos, en constante cambio. Se estanca y se seca sin un suministro de agua. Parece separado sólo a causa de nuestra perspectiva limitada.

La conexión social impregna muchos temas empresariales. El liderazgo fue estudiado durante muchos años como un conjunto de cualidades individuales: carisma, visión y habilidades de comunicación, pero el liderazgo es un fenómeno social: los líderes no pueden existir sin seguidores. Deben ser buenos para conectar con los demás a nivel individual. Pero los líderes también forman parte de un grupo y representan a su grupo frente a otros grupos. El liderazgo es una experiencia neurológica, psicológica, cultural y sociológica. La dimensión social es una parte integral de nosotros. Los terapeutas, los mentores, los formadores y los *coaches* deben comprender cómo conectamos con los demás.

Empecemos por la felicidad. Nuestra felicidad depende de los demás. Estar con los amigos y relacionarse con los demás da placer, y el placer es la forma que tiene la evolución de decirnos que estamos haciendo algo bien. Tener muchas y buenas relaciones sociales se correlaciona bien con un mayor nivel de felicidad. La soledad nos hace infelices. Hay una diferencia entre estar solo y estar aislado. Estar solo no es negativo. Significa que no estás con nadie más en ese momento. A la mayoría de las personas les gusta estar solas si es en sus propios términos y tienen una red de buenas relaciones a las que pueden recurrir. Estar aislado es estar solo demasiado a menudo sin quererlo. Estar aislado es sentir que no tienes una buena red de apoyo. Estar aislado es doloroso y se puede estar solo en medio de una multitud. La soledad parece hacernos estar más alerta a las amenazas, activa la amígdala y aumenta los niveles de las hormonas del estrés.[1] Cientos de estudios[2] han demostrado que el aislamiento percibido está asociado a una vida más corta y a un mayor riesgo de enfermedades cardíacas. Las personas aisladas también son más propensas al deterioro cognitivo. Un estudio social de gran envergadura realizado en 1979 informó de que las personas con pocos contactos sociales tenían entre dos y tres veces más probabilidades de morir por cualquier causa que otras con una vida social normal.

El aislamiento social es doloroso. En un astuto experimento, se invitaba a los voluntarios a participar en una investigación y luego se les ignoraba. (Ser ignorados era la investigación a la que se les invitaba a participar, pero ellos no lo sabían). Estas personas manifestaron niveles muy altos de ira y tristeza.[3] Esto no es sorprendente, ya que el ostracismo de su grupo significó la muerte durante la mayor parte de la historia evolutiva humana. La amistad es muy importante. Queremos y buscamos amigos, por lo que es importante que mostremos que somos valiosos para a los demás con tal de atraer amigos. Lo hacemos a través de la buena apariencia, la buena salud, el aspecto poderoso y la ayuda a los demás. Hacemos el bien y queremos que los demás vean que lo hacemos. Queremos encajar socialmente. (¿Recuerdas las presiones sociales de Cialdini?). Con frecuencia, nos comparamos con los demás, en lo que respecta a nuestra valía y reputación social. Queremos formar parte de un grupo como un miembro valioso e importante. Por mucho que animemos a los clientes a medir su propio progreso comparándose ahora con ellos mismos en el pasado, siguen comparándose con los demás. Es algo natural. Es la base de las redes sociales.

Los niveles del neurotransmisor serotonina están relacionados con el estatus social. Un alto nivel de serotonina parece ir acompañado de una alta autoestima y un alto rango social, lo que puede ser en parte la forma en que la serotonina modula el estado de ánimo. Es imposible afirmar que exista una relación causa-efecto en cualquier caso. No sabemos si un nivel alto de serotonina te llevará a la cima de la escala social, o si subir a la escala social te llevará a niveles más altos de serotonina. Sin embargo, es otro ejemplo de cómo los factores sociales influyen en la neuroquímica individual. También sabemos que los niveles de serotonina se relacionan con una mayor confianza en uno mismo y una mejor salud. Los niveles bajos de serotonina se relacionan con una menor confianza en sí mismo, una mayor respuesta al estrés, la depresión y una mayor probabilidad de mala salud.

¿Cómo conectamos con los demás?

El cerebro ha desarrollado una forma muy inteligente.

Neuronas espejo

Las neuronas espejo son uno de los descubrimientos recientes más importantes de la neurociencia. Las neuronas espejo son neuronas que se disparan cuando actuamos y cuando vemos la misma acción realizada por otros. Funcionan como un espejo de la acción. (Se llaman neuronas espejo, pero las neuronas individuales no controlan las acciones, sino que forman parte de un circuito).

Las neuronas espejo son la forma que tiene el cerebro de conectar con los demás por imitación. Aprendemos de los demás y dependemos de ellos desde que nacemos. La imitación es la forma en que aprendemos. Al no saber, copiamos a otra persona que parece saber. Los recién nacidos pueden imitar la expresión facial a los pocos minutos de nacer, aunque no puedan controlar el resto de su cuerpo.

Puede que las neuronas espejo se descubrieran por accidente. A finales de la década de 1990, un grupo de científicos dirigido por Giacomo Rizzolatti, de la Universidad de Parma (Italia), estudiaba los circuitos de las neuronas motoras de los monos en la corteza premotora, la parte de la corteza que se encarga de planificar y ejecutar las acciones. Según la historia, uno de los científicos cogió algo en el laboratorio e inmediatamente se produjo un estallido de actividad eléctrica en el cerebro de un mono que estaba sentado de forma pasiva. (El mono tenía electrodos implantados en el cerebro). El mono no se había movido. Los investigadores hicieron un seguimiento y descubrieron las neuronas espejo, la primera vez que se observaban directamente. [4] Las neuronas de la corteza motora del mono que controlan el movimiento se habían activado en respuesta al movimiento del investigador.

Esto provocó un gran interés por las neuronas espejo, especialmente para establecer su presencia en los seres humanos. En efecto, las investigaciones posteriores de Fadiga con estimulación magnética transcraneal demostraron que las neuronas espejo también estaban presentes en el cerebro humano. [5] Otros experimentos realizaron grabaciones directas de las neuronas espejo en humanos. [6] Las neuronas espejo se han estudiado intensamente desde entonces y nos están ayudando a entender muchos enigmas neurocientíficos. Algunas neuronas espejo se activan ante la misma acción, tanto si se realiza como si se observa. Otras se activan ante acciones que consiguen un objetivo similar. Es notable que las células del cerebro parecen ser capaces de responder a las intenciones. Se activan cuando alguien coge una taza de café, pero no cuando hace un movimiento idéntico sin ningún objetivo. Las neuronas espejo reflejan tanto los objetivos como las acciones. Para nosotros, lo importante son las intenciones, no las acciones. El movimiento puede tener muchas posibles intenciones, y es importante cuál es. ¿Es un saludo? ¿Es una amenaza? ¿O es algo aleatorio? No sabemos cómo las neuronas espejo distinguen las intenciones, pero estas dan una respuesta parcial a cómo leemos la mente de otras personas. Las acciones son visibles, pero los objetivos y las intenciones son invisibles. En efecto, el sistema de neuronas espejo nos permite adoptar el punto de vista de otra persona: es el paralelo neurocientífico de poder «ponerse en el lugar del otro».

En el lugar del otro

¿Cómo podemos ponernos metafóricamente en el lugar del otro? Es un movimiento de empatía, una habilidad que damos por sentada.

La explicación dominante durante mucho tiempo fue que observamos el comportamiento de los demás y teorizamos sobre el estado mental que podría dar lugar a él, como los científicos que observan la naturaleza y tratan de explicarla formulando hipótesis. Esto es largo, complicado y demasiado cognitivo. Confía demasiado en la corteza prefrontal (CPF) y convierte al cerebro en un pequeño científico, cuando es más bien un creativo oportunista.

Parece que simulamos automáticamente, mediante las neuronas espejo, lo que hacen y pretenden otras personas, para entender lo que sienten y piensan. Las neuronas espejo generan una especie de recreación virtual de la realidad. Nos ponen en contacto con las acciones e intenciones de los demás y nos dan la posibilidad de «leerles la mente». Proporcionan una especie de simulación personificada.

¿Cómo sabe el cerebro quién se está moviendo: tú u otra persona? La respuesta parece estar en una zona llamada opérculo parietal del hemisferio derecho. Esta zona está implicada en la representación de nuestra imagen corporal, hasta el punto de que los daños en esa área conducen a errores extraños acerca del cuerpo, dónde está y cómo funciona.[7] Esta área no forma parte de la red de neuronas espejo y se activa sólo cuando realizamos la acción, no cuando la observamos. La actividad marca que nosotros somos el actor, no otro. Además, las neuronas espejo se descargan con mucha más fuerza para las acciones propias que para las ajenas. Así que, incluso con la simulación de la actividad de las neuronas espejo, nuestro cerebro mantiene la pista de quién está actuando realmente.

Otra zona importante es el giro supramarginal derecho (GSD), que controla la percepción de uno mismo frente a los demás.[8] Se encuentra en la corteza somatosensorial y forma parte del sistema de neuronas espejo. La alteración de esta zona perturba la capacidad de distinguir nuestros juicios de los de los demás. Cuando esta área no funciona bien, las personas proyectan sus ideas en los demás.

Es probable que tengamos «superneuronas espejo» que modulan a las demás neuronas espejo, pues de lo contrario estaríamos demasiado influenciados por las acciones de los demás.[9] Se han descubierto algunas neuronas espejo[10] (en la corteza orbitofrontal [COF] y la corteza cingulada anterior [CCA]) que se activan cuando la persona realiza una acción, pero se apagan por completo cuando sólo observan la acción. Parece que estas células inhiben a otras, indicando a las neuronas motoras que la acción observada no debe ser imitada.

Las neuronas espejo también pueden responder al lenguaje, ayudándonos a entenderlo al simular internamente lo que leemos. Tenemos muchas metáforas lingüísticas que utilizan el cuerpo. Hablamos de «tener el culo pelado», «dar una mano», «estirar la pata», «tocarse las narices», «perder la cabeza», etc. Es posible que las neuronas espejo se activen en estas acciones para darnos una comprensión personificada.[11] Si esto es así, los *coaches* deberían utilizar el lenguaje corporal y las metáforas concretas, ya que se entenderán más fácilmente que los conceptos abstractos. Las neuronas espejo no se activan con los conceptos abstractos.

Empatía

La empatía es nuestra conexión emocional con los demás. No es un rasgo a todo o nada, que unos poseen y otros no. Algunas personas son más empáticas por naturaleza, otras menos. Sin duda, la genética juega un papel importante. Diferentes partes del cerebro tienen que trabajar juntas para la empatía, y esta varía de una persona a otra.[12]

La empatía es una combinación de tres habilidades:

- La capacidad de comprender los sentimientos de los demás.
- La capacidad de compartir los sentimientos de otro.
- La capacidad de responder con una emoción o acción adecuada a los sentimientos de otra persona.

Estas tres partes (comprender, compartir y responder) no siempre van juntas.

Comprender los sentimientos de los demás es la empatía cognitiva. La mayoría de las personas tienen empatía cognitiva; pueden entender intelectualmente lo que siente otra persona. La empatía cognitiva es nuestra capacidad de leer la mente. Somos tan buenos como necesitamos serlo, pero no tanto como para considerar que los intereses de los demás son más importantes que los nuestros. Un estudio de William Ickes[13] llegó a la conclusión de que somos un veinte por ciento precisos con los desconocidos, un treinta por ciento con los amigos íntimos y un treinta y cinco por ciento entre cónyuges. No son cifras muy impresionantes. Sin embargo, cualquier lectura de la mente es un milagro, ya que no tenemos acceso a la mente del otro.

Sólo podemos entender lo que piensa otra persona si suponemos que los demás tienen mentes como la nuestra. Entonces, les atribuimos deseos, objetivos y pensamientos y predecimos sus acciones. Esto se conoce como «teoría de la mente» y se desarrolla en los niños entre los tres y los cinco años. La unión temporoparietal derecha (RTPJ)[14] parece ser una parte clave de nuestra capacidad para entender a los demás.[15] Esto debe implicar que de alguna manera nos pongamos en su lugar, ya que la RTPJ también está implicada en las experiencias extracorporales. Otra zona del cerebro implicada en la teoría de la mente es el surco temporal superior posterior (STSP).[16] Se activa cuando se sigue la dirección de la mirada de otra persona.[17] Somos sensibles a dónde mira la gente, no sólo a dónde apunta. Miramos a los ojos de otra persona cuando queremos saber qué le interesa y qué siente. Necesitamos y esperamos cierto contacto visual. Para averiguar la intención de una persona y su estado interno debe haber cierta planificación, por lo que no es de extrañar que la CPF también esté implicada, en particular la CPF medial dorsal.[18] Esta parte del cerebro también se activa cuando pensamos en nuestras propias acciones, lo que tiene sentido si la teoría de las neuronas espejo es correcta;

entendemos a los demás simulándolos mentalmente como si fuéramos nosotros (Figura 10.1).

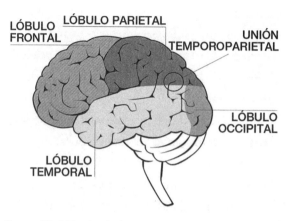

Figura 10.1 Teoría de la mente: unión temporoparietal.

La empatía cognitiva es el primer paso: entiendes lo que siente el otro, pero no lo sientes; no hay conexión emocional. Los psicópatas sólo tienen empatía cognitiva. Para establecer una conexión con los demás, para que nos conmuevan, necesitamos la capacidad de compartir sentimientos.

El segundo tipo de empatía es la empatía emocional. Esto significa sentir con la otra persona, no sólo entenderla. La empatía emocional implica muchos más sistemas en el cerebro que la empatía cognitiva.[19] La amígdala, como parte clave del sistema emocional, está implicada. Los daños en la amígdala dificultan el contacto visual y, por tanto, el reconocimiento de las emociones en los demás.

El giro frontal inferior (un pliegue en la parte inferior de la CPF) es una región implicada en la empatía emocional. Se activa cuando vemos imágenes de emociones básicas y probablemente es necesaria para reconocerlas.[20] La CCA se activa cuando uno mismo experimenta dolor y cuando observa a otros sufriendo.[21] Esto hace que también forme parte de nuestro sistema emocional. La actividad de la CCA aumenta cuando recordamos experiencias emocionales o vemos una película emotiva. Esto ocurre porque te imaginas a ti mismo como esa otra persona, y los circuitos de neuronas espejo simulan en ti lo que la otra persona está sintiendo. Si alguna vez has visto a alguien pillarse los dedos con una puerta y te has encogido, tus neuronas espejo están activas. (Incluso imaginándolo, es difícil no estremecerse). Nuestros objetivos influyen en nuestro grado de empatía emocional. En un experimento,[22] los investigadores observaron la actividad cerebral de acupuntores profesionales.

Estos profesionales necesitan desprenderse de la idea de administrar dolor para centrarse en el aspecto de la salud. El estudio descubrió que las regiones asociadas con el dolor (la ínsula y la CCA) no se activaban significativamente cuando los profesionales practicaban acupuntura, sino que las regiones que se activaban eran las de planificación ejecutiva (CPFdl). Cuando no profesionales practicaban acupuntura, se activaban sus regiones del dolor (y probablemente también las regiones del dolor de sus pacientes voluntarios). El mismo mecanismo debe actuar también en la profesión médica, aunque no conocemos ninguna investigación al respecto. Los médicos tienen que ser capaces de controlar la empatía emocional y, por ende, su sistema de neuronas espejo, ya que de lo contrario su trabajo sería insoportable. Si esto es cierto, entonces debe ser posible aumentar la empatía emocional también.

Las neuronas espejo nos ayudan a entender las emociones de los demás mediante la imitación interna.[23] Para que esto funcione, el sistema debe comunicarse con las partes emocionales del cerebro (el sistema límbico) para que podamos conectar emocionalmente con los demás y sentir sus emociones. El enlace parece ser la ínsula. La ínsula (que en latín significa isla) es todo menos una isla: es una de las partes más conectadas del cerebro. Está estrechamente relacionada con la autoconciencia, incluida la conciencia de nuestro cuerpo, y se conecta con el sistema de neuronas espejo y el sistema límbico. Se llevó a cabo una investigación con voluntarios que observaron caras que mostraban algunas emociones básicas: asco, miedo, tristeza, ira y felicidad. Un grupo imitó las expresiones y el otro sólo las observó. Las imágenes de resonancia magnética funcional (RMNf) mostraron una activación en la red de neuronas espejo, la ínsula anterior y el sistema límbico para ambos grupos. Otros estudios mostraron que la CCA y la ínsula se activaban al observar a alguien cogiéndose la mano con una puerta.[24] Los daños en la CCA y la ínsula interfieren en nuestra capacidad para reconocer las emociones en los demás. Por último, la COF, la región responsable de integrar las emociones y la cognición en la toma de decisiones (hipótesis del marcador somático), también está activa. Los daños en la COF siempre dan lugar a una falta de conciencia social, es decir, a no conocer ni preocuparse por las normas sociales.

La última etapa es la empatía compasiva.

En este nivel, no sólo entiendes el sufrimiento cognitiva y emocionalmente, sino que también quieres hacer algo al respecto. La empatía compasiva vincula el pensamiento y el sentimiento con la voluntad de ayudar. La empatía compasiva se basa en un equilibrio entre la empatía cognitiva y la empatía emocional y aporta la voluntad de ayudar, pero la ayuda debe ser apropiada y aceptada por el otro.

Barreras a la empatía

¿Qué se interpone en el camino de la empatía?

Amenaza. Esto secuestra la amígdala y apaga las partes empáticas del cerebro. Las amenazas a la autoridad, al poder, a los valores y a la imagen de uno mismo pueden frenar la empatía. No empatizamos con alguien que nos amenaza. Otras emociones fuertes interfieren con la empatía, especialmente la ira, el asco y el desprecio. Y es difícil ser empático si se está cansado, hambriento o borracho. Los factores culturales pueden frenar la empatía. Las normas culturales pueden permitir que ciertas clases de personas sean tratadas injustamente. Otros pueden verlas como diferentes o incluso amenazantes.

La identificación con un grupo impedirá la empatía hacia las personas de un grupo opuesto. El grupo interno puede ser la familia, los parientes lejanos, el trabajo, el departamento, el sector industrial, el equipo de fútbol, la raza o la religión. Como las personas se identifican con muchos grupos diferentes que se solapan, esto puede llevar a una gran confusión. Este es el lado oscuro de la conexión social: conectar con algunas personas a expensas de otras.

Implicaciones para *coaches*

Los *coaches* tienen que seguir el razonamiento del cliente y conectar con él emocionalmente. Necesitan un equilibrio entre la empatía cognitiva y la emocional. Demasiada empatía cognitiva puede parecer distante. Demasiada empatía emocional puede resultar asfixiante. La empatía cognitiva nos acerca al razonamiento del cliente, pero el cliente es el experto y el *coach* no puede sacar conclusiones precipitadas. Podemos tener una buena idea de cómo piensa el cliente, pero ¿por qué leer la mente cuando se puede hacer una pregunta directa?

Los *coaches* pueden sentir la emoción del cliente con bastante intensidad. Prestan mucha atención a su cliente, especialmente a sus expresiones faciales. La hipótesis de las neuronas espejo predice que el *coach* reflejará esas expresiones con pequeños e inconscientes movimientos musculares propios. La cara y el sistema límbico están conectados: las emociones desencadenan expresiones faciales y las expresiones faciales desencadenan emociones. Por lo tanto, un *coach* puede sentir la emoción del cliente. El *coach* debe tener claros sus propios sentimientos o se confundirá. Por ejemplo, un cliente puede estar describiendo a su jefe y, de repente, el *coach* se siente enfadado sin motivo. Esto podría deberse a que el cliente está enfadado con el jefe y el *coach* está captando este enfado. En este caso, el *coach* puede hacer una pregunta basada en su intuición, como «Tengo la sensación de que puede que estés enfadado con tu jefe... ¿Qué opinas?». Esto deja al cliente la posibilidad de hablar de su enfado, si así lo desea.

Por último, la cuestión ética. Existe un dilema ético para el *coach* si un cliente tiene un problema con el que el *coach* está lidiando en este momento. Es mucho más difícil para el *coach* seguir siendo un socio imparcial, porque el problema del cliente desencadena y amplifica los sentimientos y las dudas que el *coach* ya tiene. Es aconsejable no hacer de *coach* a un cliente en esta situación.

El cara a cara es lo mejor para la empatía. Es una conexión real. Las neuronas espejo funcionan cuando se está frente a un vídeo del otro, pero con menos fuerza. Somos físicos e, independientemente del auge de la realidad virtual, tenemos millones de años de práctica y adaptación a una realidad física. Ahí es donde hemos crecido. La investigación lo corrobora. Voluntarios jugando un juego cara a cara cooperan mucho más que cuando juegan al mismo juego mediante mensajes de ordenador.[25] Todas las investigaciones sugieren que el entrenamiento cara a cara será el más eficaz para producir cooperación, confianza y compromiso. Hay dificultades, pero vale la pena superarlas. Siempre pedimos un pequeño número de sesiones presenciales con nuestros clientes, y la mayoría puede seguir haciéndose por videoconferencia.

Todos los *coaches* empatizan y necesitan mantener su equilibrio emocional. Un exceso de empatía puede dejar al *coach* a merced de las emociones del cliente. Un exceso de empatía emocional puede provocar el agotamiento. Todos los *coaches* necesitan un ritual después de cada sesión para limpiar y restablecer sus neuronas espejo y sacudirse cualquier sentimiento residual. Nadie quiere que la huella emocional del último cliente se traslade a la siguiente sesión. Una breve relajación, *mindfulness* o meditación después de cada sesión con un cliente ayudará a restablecer nuestras neuronas espejo. La empatía compasiva es la mejor manera de evitar los peligros de ser absorbido por la empatía emocional. Las tradiciones espirituales, especialmente el budismo,[26] son las mejores fuentes para entender y practicar la empatía compasiva.

Hay algunos buenos resúmenes en Internet.[27] La empatía compasiva puede aprenderse a través del *mindfulness* y la meditación de bondad amorosa; la práctica construye los circuitos por neuroplasticidad.

Cuando tienes empatía, te sientes cerca de la otra persona, como si caminaras a su lado, sin forzar el paso y sin retrasarte. Entiendes lo que siente, te parece razonable. Puede que sientas lo que siente con fuerza. La empatía se suma a la presencia del *coach*. Se ha escrito mucho sobre la presencia, y la neurociencia de la presencia está aún por descubrir. No es fácil de investigar, ya que la presencia es valorada por la otra persona: si siente que estás presente. La presencia es algo que el *coach* en cierta manera realiza: presta atención, está totalmente presente y su parloteo mental es silencioso. Vuelve a hablar con regularidad para asegurarse de que ha entendido, rara vez interrumpe y no saca conclusiones precipitadas. Habla durante menos del veinte por ciento de la sesión, y el otro ochenta es para el cliente. Es posible que se relacione con algunos marcadores neurocientíficos. Nuestra mejor conjetura en este momento sería la activación de las partes del cerebro implicadas en la empatía y la atención focalizada y una reducción de la red por defecto del *coach*.

La conversación de *coaching* se basa en la aceptación de la realidad del cliente: sus circunstancias, emociones y pensamientos. Esto no significa que todo esté bien y que nada vaya a cambiar. A menudo el cliente no acepta su estado actual, por lo que es imprescindible que el *coach* lo haga. La comprensión sólo se consigue con la aceptación. Ni el *coach* ni el cliente entenderán la situación si no la aceptan. Sin comprenderla, no podrán cambiarla. Prohíbe la palabra «debería» en la conversación de *coaching*, ya que siempre muestra el rechazo al estado actual.

Desde fuera, se puede ver a dos personas que están conectadas, porque parecen estar sincronizadas, como bailarines, no imitando, sino reflejando al otro. Esto ocurre de forma natural. La sincronización con el cuerpo y la voz es una consecuencia de la conexión, no un medio para conseguirla. (Si intentas imitar e igualar la voz y el cuerpo, acaba pareciendo falso, como una mala sincronización de labios). Tus neuronas espejo lo harán por ti sin esfuerzo si se lo permites. La empatía genera conexión. La conexión da confianza.

Confianza

La confianza es uno de los vínculos sociales más fuertes. La palabra viene de una raíz que significa apoyo. Apóyate en la pared más cercana: si confías en ella, dale todo tu peso y, si es digna de confianza, no te dejará caer. No te apoyarías en una cortina de encaje: no te sostendría y te caerías. No es digna de confianza. Las personas no son dignas de confianza de manera absoluta: o bien muro de ladrillos o bien cortinas de encaje; ese sería un error de atribución fundamental. Las personas son dignas de confianza en función del contexto. Son dignas de confianza en algunas situaciones, pero no en otras. Confiar y verificar es una buena regla, especialmente en los negocios.

Decidir sobre la confianza requiere una cognición fría: la CPFdl. Se sopesa la persona y la situación. ¿Qué sabes de la persona? ¿Cuál es el problema? El dinero, los negocios y el amor son muy diferentes, y ser confiado en un área no se traslada necesariamente a otra. La confianza es también una cuestión emocional. Se ha investigado mucho sobre la oxitocina, que se ha promocionado como la hormona de la confianza después de que las investigaciones demostraran que unos niveles más altos hacían que las personas fueran más generosas y estuvieran más dispuestas a prestar dinero a extraños.[28] La oxitocina es una hormona producida por el hipotálamo y liberada por la hipófisis. Se libera durante las relaciones sexuales y la lactancia, y desempeña un importante papel en el establecimiento del vínculo materno entre la madre y el bebé. También puede actuar como neurotransmisor.

La oxitocina parece tener una influencia calmante en el eje hipotálamo-hipófisis-suprarrenal (HHS), el eje que libera la hormona del estrés, el cortisol. El eje HHS entra en acción cuando nos sentimos amenazados por cualquier cosa, desde un peligro físico hasta los plazos de entrega del trabajo o una mala posición en redes sociales. La oxitocina reduce el nivel de cortisol y disminuye la presión arterial. Es posible que promueva la confianza al reducir el miedo y la ansiedad, quizás al interactuar con la amígdala, que tiene receptores de oxitocina.

La cara oculta de la cooperación en grupo es el rechazo a los que se consideran ajenos a nuestro grupo. Las investigaciones sugieren que la oxitocina fomenta la confianza y la cooperación, pero sólo dentro de un grupo. (Por ejemplo, la oxitocina aumenta la probabilidad de que una persona mienta si eso sirve al grupo del que forma parte). Es posible que la oxitocina contribuya al etnocentrismo y al favoritismo de grupo, y que limite una cooperación más amplia. Los seres humanos se desarrollan por etapas. La fuerte identificación con el grupo forma parte de las primeras etapas del desarrollo humano; no sería sorprendente que la oxitocina reforzara esto a expensas de otros grupos.[29]

La oxitocina interviene en la empatía. Puede actuar como señal para buscar apoyo social. Se ha comprobado que las personas que viven con parejas que no les apoyan tienen niveles más altos de oxitocina, que se normalizan cuando reciben más apoyo.[30] La oxitocina también puede actuar reduciendo la tolerancia cerebral a las sustancias químicas que nos hacen sentir bien, los opioides, haciendo que las sensaciones placenteras duren más tiempo.

El poder del nosotros

Nosotros es el pronombre de la conexión. Esta pequeña palabra es muy poderosa. Sin ella, estás solo. Sin ella, no hay liderazgo: los líderes necesitan seguidores.

La mayoría de los líderes utilizan demasiado poco la palabra «nosotros», creyendo que el liderazgo solo tiene que ver con ellos mismos. Por otro lado, utilizan demasiado la primera persona del singular: yo, así como segunda persona del singular: tú. Yo y tú están separados. Nosotros significa juntos. Escuchar cómo un líder ejecutivo habla de su equipo puede ser revelador. (Más revelador aún es que el *coach* siga al líder y lo haga en tiempo real). El nosotros sólo es poderoso para los líderes si se utiliza en el sentido de persona: tú y yo juntos. Hay al menos otras tres formas de utilizar el pronombre nosotros que no tienen nada que ver con la cooperación.[31]

El pronombre en primera persona es el más utilizado en la lengua inglesa.[32]

La gente da por sentado que las mujeres utilizan la primera persona del plural más que los hombres (nosotras, nuestra), pero las investigaciones demuestran que no hay ninguna diferencia entre géneros en este aspecto. (Las mujeres sí usan más palabras sociales que los hombres, como ellos, amigo, padre).

Los líderes que hablan de cooperación y cocreación y, lo que es más importante, demuestran esos valores en su comportamiento, tendrán más éxito y serán más persuasivos que los que intentan rezumar carisma y atraer a sus seguidores. Los modelos de liderazgo individualistas y carismáticos han quedado atrás. El liderazgo no consiste en una sola persona. Se trata de un grupo de personas, una de las cuales es un representante inspirador del grupo, que crea algo para todos a partir de unos valores y una visión compartidos.

Por último, ¿puede un *coach* hablar de nosotros en lugar de tú y yo en una sesión?

Hay muchos argumentos para ambas partes. Un buen argumento a favor de utilizar tú y yo es que el uso de nosotros podría fomentar una especie de simbiosis cómoda, en lugar de la responsabilidad de cliente. Por otro lado, se quiere establecer una relación, se quiere estar con el cliente y fomentar la conexión, así que tiene sentido utilizar nosotros.

Ambos son correctos. Utiliza el yo y el tú cuando quieras hacer hincapié en la responsabilidad y en las acciones que realizará el cliente. Sus objetivos, sus valores y sus modelos mentale les pertenecen, así que eso debe quedar claro. Cuando hables del contenido de la sesión, utiliza el yo y el tú. Al hablar del proceso, usa nosotros. Tú y el cliente creáis juntos la sesión, pero el cliente se lleva los resultados.

Equidad

Tenemos un sentido de la justicia incorporado. Cuando una oferta no es justa, muchos la rechazan aunque eso signifique que también pierdan. Los investigadores utilizan el ominosamente llamado Juego del Ultimátum para explorar el sentido de la justicia.[33] En este juego, un jugador debe repartir una cantidad de dinero (por ejemplo, cien euros) con otro jugador. Pueden repartirlo como quieran, pero si el segundo jugador rechaza la oferta, ninguno de los dos recibe dinero. Desde un punto de vista puramente racional, el segundo jugador debería aceptar lo que se le ofrece (¡dinero gratis!). Pero eso no es lo que ocurre. El segundo jugador suele rechazar ofertas injustas (por ejemplo, diez o veinte euros). Cuando lo hacen, muestran la activación de la CPFdl y la ínsula. La CPFdl suele participar en los cálculos racionales. La ínsula se ocupa de las emociones, como el asco o la ira. Cuanto mayor sea la actividad de la ínsula, más probable será que el segundo jugador rechace la oferta. Rechazar una oferta injusta puede tener que ver con el enfado por haberse aprovechado de ella, ya que esto puede rebajar la posición social de la persona. El rechazo también castiga al primer jugador por ser injusto.

Otro experimento amplió la idea.[34] Aquí, el bote era de diez dólares. Un jugador podía elegir entre dos opciones. La primera opción consistía en cinco dólares para uno mismo y cinco dólares para el otro jugador. La segunda opción eran seis dólares para uno mismo y un dólar para el otro jugador. En el primer estudio, aproximadamente dos tercios de los jugadores eligieron la opción justa, la primera. La siguiente ronda fue una variación inteligente. El primer jugador podía seguir eligiendo quedarse con cinco o seis dólares, pero no sabía lo que iba a recibir el segundo jugador. El segundo jugador podía recibir un dólar o cinco dólares, y ya no dependía de la elección del primer jugador. Aquí está el truco. El primer jugador tenía la opción de ver lo que recibiría el otro jugador antes de hacer su elección. Aproximadamente la mitad de los participantes decidieron no descubrir la recompensa del segundo jugador y la mayoría optó por quedarse con seis dólares. Podían afirmar honestamente que no conocían las consecuencias de su elección, por lo que tenían la conciencia tranquila. Parece que la justicia es importante, pero la conciencia tranquila puede ser más importante. Una parte de nosotros quiere ser justa. Otra parte de nosotros quiere más recompensa. Lo que marca la diferencia —haciendo un promedio, por supuesto— son las circunstancias externas. Te quedas con el dólar extra porque puedes alegar que no sabes con certeza que fue injusto porque no sabes lo que obtuvo el otro jugador. «Cuando la ignorancia es una bendición, saber es una locura». Esta conclusión concuerda con todas las investigaciones que demuestran que la gente no suele engañar o actuar de forma injusta si todo está a la vista. Sin embargo, si pueden salirse con la suya (los demás no saben lo que han hecho), es mucho más probable que hagan trampas.

Otras investigaciones sobre la cooperación en el juego del dilema del prisionero[35] sugieren firmemente que los actos sociales que ayudan a otros son intrínsecamente gratificantes, activando el núcleo accumbens y la COF. Las mismas áreas cerebrales que se activan cuando tenemos una recompensa tangible como la comida. Ver a otras personas recompensadas nos hace sentir bien.[36]

Nuestro cerebro forma parte de una red, y conectar con otros es esencial para nuestra salud y supervivencia. La neurociencia social no ha hecho más que empezar, y seguro que habrá más descubrimientos importantes.

11

Identidad: ¿quiénes somos?

Nuestro cerebro: el mago

Ahora el último milagro. De alguna manera, nuestra conciencia, nuestra personalidad y nuestro sentido del yo surgen del cerebro. Si nuestro cerebro está dañado, nuestra personalidad y nuestro sentido del yo cambian. Un ejemplo extraño es el Síndrome del *gourmand*. Una lesión en una parte específica del lóbulo frontal derecho provoca una preocupación desmesurada por la buena mesa. Un periodista político suizo que sufrió una apoplejía que dañó esa zona del cerebro se convirtió en columnista gastronómico. [1]

Por lo tanto, no hay ningún *espíritu de la máquina*, ninguna conciencia separada sentada arriba de todo. Una conciencia que dirigiera el espectáculo desde arriba necesitaría un espíritu en su máquina para dirigirlo y así *ad infinitum*. [2] Hemos hablado de procesamiento de arriba a abajo y de abajo a arriba, pero esto es una simplificación. No hay ningún procesamiento que sea completamente descendente, porque no hay ninguna parte del cerebro que no reciba *feedback* de otras partes del cerebro. Ninguna parte del cerebro es independiente y dirige el espectáculo. Todo el procesamiento es mixto, y va desde los extremos de abajo hacia arriba (reaccionar al dolor) hasta los de arriba hacia abajo (sentarse cómodamente, revisar el plan del día).

El cerebro es un mago fabuloso; crea el espectáculo y luego se hace invisible y centra tu atención en el mismo. Es un entretenimiento maravilloso; cada parte del cerebro contribuye, y el espectáculo surge de la interacción, pero no hay guión ni director. El cerebro es el reparto, el equipo, el director, el espectáculo y el público, todo a la vez. El reparto y el equipo trabajan juntos para producir la obra, pero también tienen sus propias agendas. Discuten en el escenario sobre el argumento, que se incorpora al drama. No estamos diciendo que la conciencia sea sólo material y no tenga otras dimensiones. Nada en este libro descarta una base espiritual del ser de la que todo depende, algo tan cercano e íntimo que parece inalcanzable. Lo único que decimos es que, por lo que sabemos, un cerebro material es necesario para manifestar la conciencia en este mundo.

He aquí otra metáfora: el cerebro es como una tableta que ejecuta muchas aplicaciones diferentes, pequeños programas especializados. La tableta se basa en que el usuario puede ver, seleccionar y ejecutar la aplicación que desee, pero algunas de las aplicaciones pueden tener una mente propia. Cuando te pierdes, quieres ejecutar los mapas de Google, pero puede que la aplicación de YouTube interfiera y quiera ponerte vídeos de supervivencia. Veamos las aplicaciones con más detalle: sus conflictos y su cooperación.

El equipo en la sala cerrada parte dos

Recuerda que, en el capítulo uno, tú tenías el trabajo de hacer de *coach* del misterioso equipo de gestión. Peter, Mary, Jan y los demás eran personificaciones de lo que ocurre en el cerebro.

¿Qué ocurre detrás de la puerta cerrada? ¿Hasta qué punto trabajan en equipo?
Como todos los equipos, no siempre están de acuerdo.

El caso más evidente es la división en dos hemisferios. La ciencia popular ha atribuido al hemisferio izquierdo el papel de intelectual y al derecho el de artista extravagante. En realidad, ambos hemisferios pueden hacer de todo, aunque cada uno está especializado en algunas áreas. El hemisferio izquierdo busca patrones, causas y efectos. El hemisferio derecho es más directo y mira el panorama general. Hay mucha redundancia.[3] Los dos hemisferios están conectados por una gruesa banda de fibras de materia blanca conocida como cuerpo calloso, por lo que cada hemisferio puede acceder a la información del otro. Cuando se corta el cuerpo calloso, cada hemisferio está solo y no puede compartir sus conocimientos con el otro. Los estados emocionales parecen transferirse subcorticalmente, por lo que cortar el cuerpo calloso no impide que las emociones se transfieran entre los hemisferios. (Sin embargo, las percepciones que desencadenaron las emociones siguen aisladas). La cirugía de cerebro dividido (cortar el cuerpo calloso) se realiza desde la década de 1940, generalmente para ayudar a la epilepsia severa, y después los pacientes sienten lo mismo. Los estudios sobre pacientes con cerebro dividido muestran que cada hemisferio tiene vida propia. El izquierdo puede hablar,[4] y el derecho es mudo, sólo puede utilizar la mano izquierda para señalar o indicar lo que quiere. Los pacientes con cerebro dividido no pueden nombrar o describir las cosas sin la conciencia del hemisferio izquierdo, pero eso no significa que no sean conscientes de ellas.[5]

Joseph LeDoux y Michael Gazzaniga llevaron a cabo uno de los experimentos más conocidos con un paciente de cerebro dividido en 1978.[6] Mostraron una imagen de una garra de pollo en el campo visual del hemisferio izquierdo y una imagen de un paisaje nevado en el campo visual del hemisferio derecho. Se le preguntó al paciente qué acababa de ver. Él (su hemisferio izquierdo) respondió «pollo». A continuación, se le mostraron dos tarjetas, una con una imagen de un pollo y otra con una imagen de una pala de nieve, y se le pidió que señalara la que había visto. Su mano izquierda (bajo el control del hemisferio derecho) señaló la pala de nieve. Su mano derecha (bajo el control del hemisferio izquierdo) señaló la gallina.

Pero... no pueden tener razón los dos. Cuando le preguntaron por qué señalaba la pala de nieve, dijo que era para limpiar el gallinero. El hemisferio izquierdo había creado una historia para dar sentido a la contradicción. Diferentes partes de nuestro cerebro son conscientes de diferentes cosas, pero no todas tienen acceso al lenguaje. La parte que tiene acceso al lenguaje tiene ventaja. Puede elaborar una historia plausible.

El intérprete

Gazzaniga llamó a la parte del cerebro que inventó la historia para dar sentido a la situación «el intérprete». El intérprete suaviza los conflictos y presenta una historia coherente a ti y a los demás. El intérprete utiliza la información que recibe para elaborar una narración que mantenga la coherencia de nuestra realidad. Es como un jefe de prensa, va moldeando la mejor historia. El intérprete parece ser una parte importante del ego: la parte de nosotros que quiere aparecer de la mejor manera, ser bien considerado por los demás y tener razón siempre que sea posible (y, si nos equivocamos, inventar una buena razón para explicarlo).

El intérprete no se puede fijar en un lugar del cerebro, pero es probable que sea una función del hemisferio izquierdo, ya que depende de hacer deducciones causa-efecto y encontrar patrones.[7] Los patrones dan información. Los patrones significan que las cosas no son aleatorias. El intérprete es uno de los principales responsables de que nuestra experiencia sea coherente y tenga sentido. Todo lo que no encaja es racionalizado por el intérprete. («Soy un líder muy bueno. Estas personas no me siguen porque han sido corrompidas por los mensajes de mi competidor»).

Sobrestimamos nuestra propia percepción sobre nuestra lógica. Racionalizamos los conflictos y racionalizamos los efectos del primado.

Un buen ejemplo es la investigación realizada por Nisbett y Wilson.[8] Se mostraron cuatro vestidos de noche idénticos dispuestos de izquierda a derecha a los participantes y se les preguntó cuál preferían. Había trescientos setenta y ocho compradores, y su elección fue abrumadora: el del extremo derecho. Los motivos de su elección fueron muy variados (por ejemplo, el color o la textura). La ubicación no fue una de las explicaciones, porque elegir por posición no tiene sentido. Tal vez, la gente tiene un sesgo para los artículos de la derecha. Tal vez, miraron de izquierda a derecha buscando el mejor, y como todos eran iguales, eligieron el de la derecha por ser el último lugar donde miraron. No lo sabemos. Lo que sí sabemos es que no entendemos muy bien nuestras razones, pero somos muy buenos inventando explicaciones que tienen sentido.

Dar sentido al conflicto

Hay muchos ejemplos fascinantes que demuestran que las diferentes partes del cerebro van por caminos distintos, y el intérprete siempre está ahí para explicar. La anosognosia ya se mencionó en un capítulo anterior: cuando una persona niega estar discapacitada cuando es evidente para los demás. Un ictus daña el cerebro y puede causar parálisis en un lado del cuerpo. Un número importante de personas niegan estar paralizadas e insisten en que pueden moverse con normalidad. No está claro por qué ocurre esto; puede ser un daño en parte del hemisferio derecho. El hemisferio derecho se ocupa más de los patrones holísticos y del panorama general. Puede haber una parte que equilibre y mantenga controlado al intérprete del hemisferio izquierdo. Un intérprete sin control sería un tirano pomposo, inventando historias ridículas para explicar sus dificultades. Así que, si esta parte que equilibra está dañada, el intérprete del hemisferio izquierdo tiene vía libre para inventarse cualquier historia que le guste, por ridícula que sea. A todos nos gusta suavizar la realidad a nuestro favor en la vida normal, pero la anosognosia lo lleva al extremo. El intérprete debe explicar de alguna manera la parálisis. La persona puede negarlo (no estoy paralizado), racionalizarlo (estoy demasiado cansado para mover la pierna) o simplemente poner excusas (la moveré más tarde cuando me apetezca). No están mintiendo. Está expresando una parte de su experiencia como si fuera toda.

La negligencia es otro ejemplo. Esto ocurre cuando una lesión o un accidente cerebrovascular en un hemisferio daña la capacidad de prestar atención a un lado del cuerpo. Por ejemplo, un paciente con daños en el hemisferio derecho puede ignorar por completo el lado izquierdo de su cuerpo y no ver nada en su campo visual izquierdo. Estos pacientes pueden lavarse sólo el lado derecho de la cara y la mano derecha. Pueden comer sólo lo que está en el lado derecho de su plato y sólo prestar atención al lado derecho de la esfera del reloj. No lo suprimen ni lo niegan; simplemente no lo ven.

La ceguera es otro ejemplo. Una persona puede no ser capaz de ver los objetos, pero puede señalar correctamente dónde están y cómo se mueven a un ritmo mucho mayor que el azar. Esto se debe a que la información visual recorre dos vías en el cerebro. Una parte del cerebro es consciente de la ubicación del objeto y puede señalarlo, pero la persona no es consciente de haberlo visto porque la información de la otra vía está bloqueada. No sabemos lo que no sabemos, incluso cuando una parte del cerebro es consciente de ello.

Por último, el síndrome de la mano ajena que se hizo famoso en la película de Stanley Kubrick *Doctor Strangelove*. [9] El síndrome de la mano ajena se produce cuando la mano de un paciente parece tener vida propia. Agarra objetos, personas y comida, mientras el paciente protesta que no los quiere. La otra mano agarra a la que se ha portado mal y ambas luchan por el control. El paciente no puede controlar su mano y no se siente responsable de lo que hace. El síndrome de la mano ajena está causado por un daño en la corteza cingulada anterior.

El síndrome de la mano ajena es la versión extrema, personificada, del conflicto interno que todos experimentamos, «estar entre dos aguas», cuando una parte de nosotros tira hacia un lado y otra tira hacia el lado contrario. Lo resolvemos de una forma u otra o con algún compromiso. Tenemos módulos y rutinas en nuestro cerebro que no controlamos, pero se mantienen entre bambalinas y normalmente todo funciona bien. Todo el trabajo duro se nos oculta. Nuestra mente consciente, nuestro sentido del yo, flota en feliz ignorancia sobre esta bulliciosa actividad.

Sesgo inconsciente

Tenemos muchos módulos en el cerebro que hacen cosas diferentes, y los resultados pueden ser confusos. Existe una prueba llamada test de asociación implícita (IAT) [10]. Creado en 1995, se ha utilizado para medir las actitudes hacia muchos temas controvertidos, como la raza y el género. En una prueba típica, los participantes ven una categoría de personas (por ejemplo, abogados) pero al mismo tiempo evalúan una serie de palabras como buenas o malas (por ejemplo, excelente, terrible, fantástico). Cuando la categoría del grupo interfiere en el juicio, el tiempo de reacción es mayor y demuestra que existe una asociación implícita entre el grupo y el juicio. En teoría, esto puede medir el juicio implícito de una persona sobre cualquier cosa, y puede entrar en conflicto con lo que la persona dice creer. Por ejemplo, tú podrías protestar enérgicamente afirmando que respetas enormemente a los abogados, pero la prueba podría mostrar que los asocias con palabras negativas. La mayoría de las personas muestran prejuicios al realizar el IAT, pero esto no significa que tengan prejuicios o que actúen de forma prejuiciosa. No predice el comportamiento. Además, tu puntuación puede ser diferente si haces el test por segunda vez. Lo que ocurre es que partes de tu cerebro están notando patrones y asimilando información mientras haces el test, y esto interfiere en la velocidad de tus reacciones. Esta prueba se ha presentado como una prueba de prejuicio, pero eso no es correcto. La atención, la emoción y las asociaciones pueden interferir en los tiempos de reacción, y uno o varios módulos pueden realizar un «voto particular» sobre la pregunta. Por lo tanto, no es de extrañar que se pueda decir una cosa y que el tiempo de reacción cuente una historia ligeramente diferente. La prueba no te dice lo que realmente piensas y, desde luego, no te dice cómo actuarías. Hace visible el argumento interno. Suceden más cosas de las que somos conscientes.

Aplicaciones para *coaches*

El *coach* ayuda al cliente a crear una historia más rica, con nuevas percepciones, nuevas perspectivas y nuevas distinciones. Es como dar al cliente un lenguaje mejor para construir una buena historia. Esta historia no es más correcta que la anterior; simplemente tiene un vocabulario más amplio y una trama mejor. Es más liberadora, una historia más feliz en la que vivir; hace que el cliente sea más consciente. Cuando el cliente consigue una historia mejor, la sigue.

El intérprete del cliente cuenta una historia, y será coherente y hará que el cliente se vea de forma positiva. Esto no significa que mienta, pero todo el mundo es selectivo con lo que dice. El intérprete emite el mejor mensaje y el más defendible sobre una persona, y el *coach* trabaja con esto. No se equivoca, y a la vez, detrás se esconde una historia «real».

La historia depende también de otras personas. Imagina un cliente que tiene un amigo de confianza. Lo conoce desde la infancia, confía plenamente en él. Imagina que este amigo le traiciona. Como resultado, ocurren varias cosas. En primer lugar, el amigo deja de ser una persona conocida y se convierte en un extraño siniestro.

Eso es malo. Pero, lo que es peor, el cliente se cuestionará a sí mismo. Su historia sobre sí mismo se desintegra. ¿Conoció realmente al amigo? ¿Es un inocentón? Se cuestiona a sí mismo. ¿Qué le pasa, que puede estar tan equivocado? Se convierte en un extraño para sí mismo. Esto es lo que hace que la traición sea tan devastadora. Hay que reescribir la historia.

Al intérprete no se le da bien convivir con la ambigüedad y las perspectivas múltiples. Existe una gran tentación de lanzarse, resolver la ambigüedad y dar una explicación como el detective en el último acto de un asesinato misterioso. Por eso, el *coach* debe tener cuidado. Suele ser mejor esperar, evaluar y hacer más preguntas. Esta es una de las razones por las que las preguntas que comienzan con «¿Por qué?» no funcionan bien en el *coaching*. Incitan a la justificación, y el intérprete salta con una explicación factible.

El intérprete es un pensador lineal. Tiende a atribuir los grandes efectos a las grandes causas, confunde la correlación con la causa y no relaciona los acontecimientos si hay un gran desfase entre ellos. También explicará las cosas en términos del mundo mental interno de la persona (error fundamental de atribución). Así, por ejemplo, los gritos a un compañero de trabajo se explicarán por el estrés, los plazos de entrega del trabajo o el hecho de que el compañero no tenga ni idea. Buscamos justificaciones plausibles para lo que hacemos. Somos ciegos, sobre todo, al entorno y a los efectos del primado. Los gritos pueden deberse a una mala noche de sueño o a un exceso de café. Tenemos poca idea de las razones por las que hacemos las cosas, pero se nos da bien inventar una buena razón a posteriori.

Saber cómo funciona el cerebro también nos da una nueva visión de la intuición. A la intuición se la ha llamado de muchas maneras. Puede ser una parte del cerebro que tiene información, pero no tiene acceso al lenguaje. Por lo tanto, acaba realizando un «voto particular» que se traduce en una sensación sobre la situación. Una intuición puede no estar respaldada por el lenguaje y la lógica, pero puede tener buena información. No estamos diciendo que se sigan todas las intuiciones. Es otro punto de vista del equipo. Lo mismo ocurre con la intuición del cliente. Puede ser rara o inútil, pero a veces puede ser valiosa. Nuestro punto de vista del cerebro evita que el *coach* haga preguntas tontas como «¿Qué piensas realmente sobre esto?» o «¿Cuál es la verdadera respuesta a esto?». Todos los pensamientos y todas las perspectivas son reales. Pueden ser diferentes; el trabajo del *coach* y del cliente consiste en crear juntos una historia integrada que de alguna manera lo tenga todo en cuenta.

Todo resultado en la vida real, positivo o negativo, es una mezcla de azar, esfuerzo y otras personas. Sin embargo, todo el mundo sobrestima su propio talento, incluso cuando las pruebas están en su contra.[11] Cuando la gente obtiene un buen resultado, es más probable que lo atribuya a sus esfuerzos. En cambio, es más probable que atribuyan un mal resultado al azar o a la interferencia de otras personas. Merece la pena recordarlo al escuchar las historias de los clientes.

Hay muchas investigaciones sobre este tema. En un experimento, se pidió a los sujetos que realizaran un supuesto test de inteligencia. Podrías sospechar si esto era realmente lo que decía ser… tus sospechas estarían justificadas. A los sujetos se les dieron puntuaciones falsas al azar y luego se les preguntó por qué creen que obtuvieron esa puntuación. Si su puntuación era buena, los sujetos lo achacaban a sus esfuerzos, si era mala, había varias excusas.[12] Esto sucedía incluso cuando los sujetos estaban conectados a una máquina que creían que era un detector de mentiras (no lo era). Seguían atribuyendo su (falsa) alta puntuación a su inteligencia y su (falsa) baja puntuación a la mala suerte u otros factores.[13] Hay diferencias transculturales,[14] y algunas personas adoptan sistemáticamente el punto de vista opuesto (un buen resultado fue fruto de la casualidad y asumen la responsabilidad de un mal resultado). Hay pruebas sólidas de que la atribución optimista es mejor para la salud que la atribución pesimista.[15]

A estas alturas, no te sorprenderá que los clientes expresen ideas incongruentes entre sí. La incongruencia es normal. El *coach* recoge todos los puntos de vista diferentes y ayuda al cliente a integrarlos en una historia mejor.

Autocontrol

Ahora, la pregunta filosófica oculta en la discusión hasta ahora. Si somos agentes libres y tenemos autocontrol, entonces ¿qué yo controla a quién? Hay muchas veces en las que estamos en conflicto con nosotros mismos; algunos miembros del equipo quieren una cosa, mientras que otros miembros quieren otra. El circuito de recompensa tira hacia un lado, y la CPF hacia otro.

Todos tenemos cosas que nos encantaría hacer pero que sabemos que nos arrepentiríamos a la mañana siguiente (la comida, el sexo, el alcohol, las compras y las fiestas ocupan un lugar destacado). Luego están las cosas que necesitamos hacer pero que no nos resultan atractivas, así que las posponemos. (Aquí nos viene a la mente la declaración de la renta, los deberes, la visita a los suegros).

En la práctica, el autocontrol significa resolver la discusión del equipo del cerebro de la mejor manera posible, normalmente renunciando a la recompensa rápida para obtener un beneficio más largo. Cuando estamos en conflicto y hay dos o más caminos posibles, entonces el autocontrol puede ser necesario para elegir el camino menos atractivo inmediatamente, pero mejor a largo plazo. La CPF aboga por el beneficio a largo plazo y por hacer lo correcto, pero no siempre se sale con la suya.

Como resumió San Agustín hace mil seiscientos años, «Señor, dame la cordura, pero no me la des todavía». Homer Simpson, bebiendo una mezcla de vodka y mayonesa, lo expresó más gráficamente: «Ese es un problema para el futuro Homer. Tío, no envidio a ese tipo».[16]

Fatiga del ego

Esta lucha por el autocontrol da lugar a lo que se denomina fatiga del ego. La fuerza de voluntad parece ser como un músculo; cuanto más la usas, más te cansa y más necesitas un respiro. La fatiga del ego es como la fatiga de decisión. Lo que ocurre en el cerebro no está claro.[17] Algunos investigadores dicen que resistir la tentación supone un esfuerzo porque el cerebro utiliza más glucosa. Pero esto no tiene sentido. El cerebro utiliza menos de media caloría por minuto y el ejercicio no erosiona el autocontrol, sino todo lo contrario. Tampoco una tableta de chocolate ayuda al autocontrol, así que no se trata de la glucosa.

Probablemente, diferentes partes del cerebro discuten sobre qué hacer y calculan el coste frente a la recompensa. El contexto también es importante. Es difícil rechazar una copa con un grupo de amigos en un buen bar. Es mucho más fácil cuando se está solo. La hora del día, el estado emocional y otras personas afectan a la decisión. También influye la predisposición. En una discusión equilibrada, el contexto suele ser el factor decisivo. (No vayas a comprar al supermercado cuando tengas hambre).

El psicólogo Roy Baumeister realizó una investigación clásica sobre el autocontrol y la fatiga del ego.[18] En un experimento, un grupo de sujetos se sentó ante una mesa repleta de galletas de chocolate recién hechas. Los investigadores les pidieron entonces que comieran rábanos en lugar de las tentadoras galletas expuestas. A otro grupo de sujetos más afortunados se les permitió comer las galletas. Se dejó a cada sujeto por su cuenta para que comiera lo que se le había pedido, mientras el investigador salía de la habitación durante cinco minutos. Por supuesto, otro investigador observaba y registraba meticulosamente lo que comían. Después, les dieron a todos los sujetos rompecabezas para que los resolvieran. Los sujetos no sabían que estos rompecabezas eran imposibles de responder.

Los sujetos que tuvieron que ejercer el autocontrol (comiendo los rábanos) abandonaron los rompecabezas antes y dijeron sentirse más cansados después del experimento. Nadie hizo trampas y se comió las galletas.[19]

Baumeister siguió con otro experimento. Pidió a algunos estudiantes que pronunciaran un discurso a favor de la subida de las tasas académicas. Otros hicieron un discurso en contra de estas. Luego, todos tuvieron que hacer los rompecabezas imposibles. Los estudiantes que estaban a favor de la subida de las tasas académicas se rindieron antes. Suponiendo que los estudiantes no apoyen la subida de las tasas académicas, parece que hablar públicamente en contra de tus valores o creencias también induce a la fatiga del ego.

En un tercer experimento, se invitó a los estudiantes a ver una película triste. A algunos se les dijo que reaccionaran como lo harían normalmente, y a otros que reprimieran sus emociones. Los que reprimieron sus emociones resolvieron menos rompecabezas que los que no lo hicieron. Por lo tanto, reprimir las emociones provoca fatiga en el ego, pero reformularlas no.

Estos son experimentos interesantes. En todos los experimentos, los sujetos obedecían instrucciones externas. ¿Sería el resultado el mismo si el autocontrol fuera elegido libremente?

Implicaciones para *coaches*

Todo el mundo lucha con problemas de autocontrol y conflictos internos. Los clientes luchan con problemas de salud, dietas y ejercicio. Luchan con problemas de temperamento, con tratar mal a los compañeros y con celos mezquinos.

Esforzarse más no funciona, porque ambas partes son tú. Estás luchando contra ti mismo, y sólo puede haber un ganador. Una cosa útil que puede hacer el *coach* es replantear el problema. En lugar de pensar en subordinados definitivos de la lucha contra uno mismo, piensa en ello como un equipo, donde todas las voces deben ser escuchadas, y la acción viene de la discusión.

El *coach* también puede ayudar al cliente a aprovechar el contexto. Prestamos atención a la comodidad de nuestra oficina, el mobiliario, la iluminación, la calefacción, etc., porque sabemos que son importantes y afectan a nuestro estado. El cliente puede evitar las señales, los entornos y las personas asociadas a su problema. Puede utilizar una variación del contrato de Ulises para evitar situaciones difíciles. El problema es gestionar las diversas distracciones posibles de su atención.

La fatiga del ego es como la fatiga de decisión. No dejes que el cliente se enfrente a demasiadas cuestiones a la vez. De una en una. Finalmente, ayuda al cliente a replantear los desafíos. No está resistiendo la tentación, sino que está probando su fuerza con un reto o intentando una nueva alternativa. Por último, las pequeñas recompensas ayudan a frenar la fatiga del ego. Las palabras amables y las felicitaciones cuentan como recompensas.

El efecto golosina

No podemos dejar el autocontrol sin mencionar el efecto golosina. La investigación original fue llevada a cabo en la década de 1960 por Walter Mischel y le han seguido numerosos artículos [20] y un libro. [21] En 1960, Walter Mischel trabajaba con niños de cuatro años en la guardería de la Universidad de Stanford. Cada niño se sentaba en una habitación con un sabroso malvavisco en la mesa frente a ellos. Se les dijo que Mischel saldría de la habitación durante unos quince minutos. En ese tiempo, podían comer el malvavisco si lo deseaban, pero si esperaban a que Mischel volviera, recibirían un segundo malvavisco.

Aproximadamente un tercio de los niños se comió el malvavisco inmediatamente. Otro tercio esperó, pero se lo comió antes de que Mischel regresara. Un tercio fue capaz de esperar hasta que regresó y fue recompensado con un segundo malvavisco, como había prometido. Mischel tenía dos hijas en la escuela, y mientras seguía el progreso de los niños, notó algunos patrones. ¿El tiempo que un niño espera por una golosina a los cuatro años predice algo sobre su vida futura?

Sí, es cierto. A lo largo de los años, el test de la golosina ha demostrado ser un notable indicador del éxito futuro de estos niños. Cuanto más esperaban los niños, más altos eran sus resultados en la prueba SAT (una prueba estandarizada de rendimiento académico utilizada para la admisión en la universidad). Cuanto más esperaban, más probable era que tuvieran un índice de masa corporal más bajo. A medida que la investigación avanzaba y era reproducida por otros investigadores, se comprobó que los niños que más esperaban tenían más probabilidades de tener éxito en la vida, definiendo el éxito como salud, riqueza y felicidad.

Mischel resumió el estudio de la siguiente manera: «los niños que fueron capaces de esperar más tiempo a los cuatro o cinco años se convirtieron en adolescentes cuyos padres los consideraron más competentes desde el punto de vista académico y social, con fluidez verbal, racionales, atentos, planificadores y capaces de afrontar bien la frustración y el estrés».[22] Mischel llamó a esta capacidad autorregulación. Se trata de un resultado notable, que muestra un efecto de gran alcance. Puede ser un constructo psicológico más importante que muchos de los que se utilizan habitualmente.[23] También merece mucha más investigación y exploración de sus efectos en los equipos, el liderazgo y el *coaching*.

Estos niños fueron capaces de tolerar la espera incluso a una edad temprana. La CPF izquierda parece ser la región que más se activa con las recompensas atrasadas.[24] La CPF tiene dos tareas muy importantes, una es inhibir las acciones por una buena razón, y la otra es situar a la persona en el tiempo, mirando hacia delante y hacia atrás. Sabemos que el cerebro tarda muchos años en madurar, y la CPF es una de las últimas partes en madurar; de ahí la legendaria impulsividad de los adolescentes. No es de extrañar que la mayoría de los niños de cuatro años se llevaran el malvavisco. Lo sorprendente es que muchos aguantaran con éxito.

Los niños viven en el aquí y ahora, el mañana está muy lejos. Una espera de quince minutos parece interminable. Los niños emplearon varias estrategias para tratar de esperar. Algunos se taparon los ojos para no ver el tentador caramelo. Algunos intentaron ocultar el propio caramelo. Algunos intentaron pensar en la forma en lugar de en el sabor y distraerse. Sabemos que el reenfoque es eficaz para gestionar las emociones, pero un niño de cuatro años no tiene la madurez cognitiva para hacerlo. El género también fue un factor, las niñas fueron capaces de esperar más tiempo que los niños en promedio, un hallazgo que continuó a lo largo de sus años de educación.

En el experimento se dieron por sentadas un par de cosas. En primer lugar, se asumió que los niños querían la recompensa. Un malvavisco era tentador, pero dos era aún mejor. La recompensa extra por esperar debe ser valorada. La recompensa extra por esperar puede ser más de lo mismo (por ejemplo, ahorrar dinero para una fiesta mayor más adelante en lugar de agotar la tarjeta de crédito ahora). También puede ser algo diferente pero valioso (por ejemplo, ahorrar para unas vacaciones familiares más adelante).

En segundo lugar, los niños confiaban en el investigador —creían que obtendrían el segundo malvavisco si esperaban— y eso es fundamental. Un estudio realizado en 2012 cambió ligeramente el experimento.[25] El experimentador hizo una promesa a dos grupos antes de la prueba. Rompió la promesa con un grupo pero la mantuvo con el segundo. El segundo grupo esperó hasta cuatro veces más por el segundo malvavisco. Aquí hay algo más que autocontrol. Los niños sopesaban la probabilidad de que el experimentador cumpliera su promesa del segundo malvavisco. Incluso a los cuatro años, la confianza es importante. ¿Qué sentido tiene negarse a sí mismo ahora si no puede obtener la recompensa en el futuro? Es posible que los niños que se han criado en un entorno de confianza, en el que se cumplen las promesas, sean más propensos a retrasar la gratificación. La confianza puede ser la clave de la autorregulación.[26] Un entorno de confianza en la infancia probablemente también influye en la salud, la riqueza y la felicidad en la vida posterior.

¿Libre albedrío o no?

¿Hasta qué punto somos agentes libres en el control de nuestras acciones? ¿Gana la voz más chillona del cerebro?

De todas formas, ¿quién lo decide?

Benjamin Libet realizó una serie de experimentos en la década de 1980 para explorar estas cuestiones. En uno de los experimentos,[27] se conectó a sujetos a una máquina de electroencefalograma (EEG) y se les dijo que movieran un dedo cuando quisieran. Anotaban el momento exacto en que eran conscientes de la decisión de mover un dedo. El electroencefalograma registró lo que ocurría en su cerebro en ese momento. Los resultados fueron claros y controvertidos. La señal de potencial de preparación se mostraba en el cerebro unos doscientos milisegundos antes de que tomaran la decisión consciente de mover el dedo y medio segundo antes de que lo movieran. La secuencia fue actividad cerebral, un quinto de segundo después vino la decisión consciente y tres quintos de segundo después el movimiento propiamente dicho. No sucede como pensamos que lo hace: decisión consciente, seguida de actividad cerebral, seguida de movimiento. Con una tecnología de escaneo más sofisticada (RMNf), otros investigadores pudieron predecir si el sujeto utilizaría la mano izquierda o la derecha para pulsar un timbre hasta diez segundos antes de que informara de que había tomado la decisión. Parece que el tú consciente no sabe lo que va a hacer hasta que el cerebro lo decide y se lo hace saber. Este tema sigue siendo objeto de gran debate entre neurocientíficos, filósofos y juristas desde el punto de vista de la intención y la responsabilidad penal.

¿Qué puede significar esto? No es sorprendente, dada la naturaleza modular del cerebro, con todas las partes que deben coordinarse. El cerebro nos oculta muchas cosas en la habitación cerrada, ¿por qué no esto? No es un problema que nuestra mente consciente sea una de las últimas en enterarse de la acción; no puede ocurrir todo al mismo tiempo. Cuando nuestra mente consciente se da cuenta de la acción, tiene poco tiempo para anular la intención. El poder definitivo es que la mente consciente puede detener la acción; la mente consciente tiene el poder de veto. Nuestro poder consciente proviene de decidir qué no hacer. El equipo cerebral puede hacer una propuesta que puede asegurar el éxito. Pero la CPF tiene el poder de veto, no el poder de obligar al equipo a decidir de la manera que ellos quieren. Detener un acto es tan poderoso como cometerlo. Nuestra experiencia del libre albedrío es más bien un «no querer». Podemos elegir conscientemente permitir o detener una acción, aunque la preparación de la misma permanezca siempre inaccesible a la conciencia. La mayoría de los Diez Mandamientos están redactados como «No harás…» y cinco de los principios morales básicos del budismo son restricciones a las acciones más que principios de acción. «No hagas daño» es también la regla básica de la más antigua de las profesiones curativas: la medicina.

12

¿Y ahora qué?

Escribir este libro ha sido un viaje absorbente para nosotros y esperamos que sea una lectura absorbente para ti. Lo único que queda es recoger los pasos de acción más importantes que han surgido, para que puedas ser un «facilitador de la neuroplasticidad autodirigida del cliente».

Estos son los temas que destacamos.

Personificación

El cerebro forma parte de nuestro cuerpo y no puede sobrevivir sin él. (Al menos no en el momento de escribir este libro en 2018). Los *coaches* se centran en la mente y hablan con el cliente, confiando sobre todo en lo que este les contesta. Conociendo el cerebro como lo conocemos, tenemos que ampliar nuestra perspectiva y pensar que hacemos de *coaches* a la persona en su totalidad, en lugar de restringir nuestra atención a la parte por encima del cuello que tiene acceso al área de Broca. Algunos miembros del equipo cerebral no consiguen controlar las facultades del lenguaje, pero, no obstante, tienen influencia.

Dormir

El sueño es esencial para el alto rendimiento. Hemos leído muchos libros sobre alto rendimiento, pero ninguno parece mencionar el sueño. Muchos ejecutivos creen que pueden llegar a niveles más altos mientras descuidan los aspectos básicos del cerebro. El sueño ha aparecido varias veces en el libro. Es, sin duda, la acción más eficaz que se puede llevar a cabo para refrescar el cerebro y el cuerpo cada día. Sabemos que dormir constantemente menos de seis horas afecta al sistema inmunitario y está relacionado con muchas enfermedades a largo plazo.

El sueño consolida la memoria muscular y permite la neuroplasticidad. El sueño actualiza los recuerdos del día anterior y aumenta la retención de la memoria hasta en un cuarenta por ciento. El sueño profundo parece tomar los recuerdos a corto plazo del hipocampo y almacenarlos en la corteza cerebral. El sueño REM toma los recuerdos consolidados y los integra, a través del particular teatro mágico y autobiográfico de los sueños. Esto crea redes de asociaciones en el cerebro, fundamentales no sólo para la memoria, sino también para la creatividad. Lo que es más, no podrás llevar tus recuerdos al día. Si los recuerdos no se consolidan esa misma noche, serán más débiles y no se reforzarán ni siquiera con un buen descanso la noche siguiente.[1]

Una investigación realizada con adultos que durmieron seis horas o menos por noche durante diez días demostró que esto perjudicó su rendimiento en tareas cognitivas en la misma medida que estar sin dormir durante veinticuatro horas. (Todos hemos hecho eso y no sienta nada bien).

Sabemos por experiencia diaria que somos más propensos a reaccionar de forma exagerada cuando nos falta el sueño. Los escáneres cerebrales realizados a sujetos a los que se les mostraron imágenes conmovedoras mostraron que las señales de la amígdala se amplifican en un sesenta por ciento cuando se carece de sueño, con claras consecuencias para la regulación emocional.[2] El sueño es algo muy importante para el cerebro, y sería bueno que su importancia también se extendiera al *coaching*. Siempre pedimos a los clientes que presten atención a sus patrones de sueño, y especialmente cuando están involucrados en el alto rendimiento, el liderazgo y la creatividad.

Ejercicio físico

El ejercicio físico es otro aspecto importante del alto rendimiento, oculto a plena vista. Muchas personas no encuentran tiempo para ello porque están ocupadas persiguiendo el alto rendimiento. El cuerpo se beneficia del ejercicio y también el cerebro. El cuerpo apoya al cerebro, y, cuanto más sano esté el cuerpo, mejor podrá apoyar al cerebro.[3] Una vez más, pedimos a los ejecutivos que incluyan el ejercicio físico en cualquier plan de alto rendimiento.

Mindfulness

El *mindfulness* completa este triunvirato de prácticas de personificación.

Las prácticas de *mindfulness* y meditación han aparecido muchas veces en estas páginas. Los beneficios de la práctica del *mindfulness* han sido investigados a fondo. El *mindfulness* practica la atención. En cada momento de nuestra vida elegimos dónde poner nuestra atención. Esto determina nuestro aprendizaje, nuestro estado emocional y nuestros resultados.

Hay dos tipos de atención. La primera es la atención abierta; estás alerta y consciente y dejas que el mundo venga a ti. Vives el presente, no juzgas y te das cuenta de todos los estímulos sin dejarte arrastrar por ninguno de ellos. Puedes hacer esto ahora mismo. Simplemente siéntate y sé consciente de aquello que viene a tu mente. Simplemente obsérvalo y trátalo todo por igual. No lo califiques como bueno o malo y no te sientas atraído por ello. Esto es *mindfulness*: convertirte en testigo de tu experiencia. Estarás más tranquilo, serás más objetivo y estarás menos estresado por lo que ocurre. Te das cuenta de los pensamientos y las emociones que pasan, pero no te dejas llevar por ellas automáticamente. La práctica del *mindfulness* cultiva la atención abierta. La práctica del *mindfulness* refuerza el vínculo entre la corteza prefrontal medial (CPF) y la amígdala, de modo que somos menos reactivos y estamos menos perturbados emocionalmente por lo que ocurre.[4] Ayuda a las personas a ser más conscientes de sí mismas a través de amplificar las señales del cuerpo. Al mismo tiempo, paradójicamente, reduce la incómoda autoconciencia.

La atención se ve afectada por el fenómeno denominado parpadeo atencional. Cuando buscamos algo y la información cambia rápidamente (por ejemplo, al escuchar a un cliente en busca de información importante, lenguaje corporal o expresión facial), nos perdemos una información si se produce muy cerca de otra importante. Cuando registramos la información, hay un pequeño periodo, un parpadeo, en el que nos perdemos lo que viene a continuación (dura entre dos quintos y medio segundo). Se ha demostrado que el entrenamiento en meditación reduce este parpadeo atencional en un treinta y tres por ciento. El *mindfulness* puede ayudarnos a ser *coaches* más observadores.

El segundo tipo de atención es la atención focalizada: tú eliges en qué centrarte. La hemos llamado atención descendente, ya que está controlada por nuestros objetivos y valores. Nuestra atención focalizada salta de una cosa a otra, no es fácil mantener la atención en una sola cosa. La concentración es esencial para poder estudiar, recordar y comprender. Una industria farmacéutica multimillonaria se centra en ayudar a las personas a concentrarse mejor. La práctica del *mindfulness* ayuda a concentrarse. Aumenta el bloqueo de fase[5] —el grado en que las ondas cerebrales se sincronizan con un estímulo externo—, que es un signo de concentración. Cuanto más dispersa sea nuestra atención, menos bloqueo de fase. Cuanto más bloqueo de fase, más capacidad de atención selectiva habrá; es decir, más capacidad de concentración.

La práctica del *mindfulness* también ayuda a relajarse y revitalizarse entre clientes. Da una pausa para dejar que la actividad de las neuronas espejo se apague, para no llevarse las emociones y los problemas del último cliente a la siguiente sesión.

La práctica del *mindfulness* afecta a la red por defecto.[6] La red por defecto está formada por partes del cerebro que están activas cuando no hacemos nada, cuando nos relajamos y soñamos despiertos. No hay atención focalizada. Incluye la corteza prefrontal medial (CPFm), partes de la corteza parietal y la corteza cingulada posterior (CCP). La red por defecto también se conecta con el sistema de memoria (hipocampo). No hay partes motoras del cerebro implicadas, por lo que no hay acción. Cuando pensamos en nada, en realidad estamos pensando en nosotros mismos. Triunfos y fracasos pasados, ambiciones futuras, desaires reales e imaginados, sueños y pesadillas; todo gira en torno a nosotros. Cuando la red por defecto se impone, somos el héroe de la historia. La acción dirigida a un objetivo nos saca de la red por defecto, al igual que pensar en los demás. Debe haber alguna conexión con el intérprete, pero es difícil de demostrar, ya que tanto la red por defecto como las funciones del intérprete están dispersas en el cerebro. Las investigaciones sobre meditadores experimentados que utilizan imágenes de resonancia magnética funcional (RMNf)[7] descubrieron que su red por defecto estaba mucho menos activa. La empatía es la conexión con los demás y la red por defecto tiene que ver con el yo. Parece muy probable, según las investigaciones, que el *mindfulness* fomente la compasión y la empatía, silenciando la red por defecto.

Otros estudios con meditadores experimentados muestran que la actividad de su red por defecto está más sincronizada con las redes asociadas a la atención y al control ejecutivo en la CPF. Parece que hay una mayor capacidad de mantener la atención y menos tiempo de divagación mental.

Por último, sabemos que el *mindfulness* ayuda a la autorregulación emocional, reforzando el bucle de *feedback* entre la CPF y la amígdala, lo que conduce a calmarse más rápidamente del malestar emocional.

Suficientes horas de sueño de calidad, hacer ejercicio físico con regularidad y practicar el *mindfulness* son las mejores prácticas para ti y tu cerebro. Creemos que el *coaching* debe prestar mucha más atención a estas áreas, independientemente del objetivo del cliente.

Inhibición

El equipo del cerebro tiene muchos miembros, pero no un director general. El equipo no obedece a ningún miembro; siempre hay un debate, y los diferentes miembros (por ejemplo, la amígdala, la red por defecto, el sistema de recompensa) tienen funciones y agendas diferentes. Todos discuten sobre el tema en cuestión, y la respuesta surge para que tú la lleves a cabo. La CPF es lo más parecido a un director general porque tiene poder de veto. Puede que le cueste imponerlo, pero el poder del libre albedrío es crucial. A veces, la CPF puede estar borracha, abrumada por la situación, medio dormida o comprometida de otra manera y no ejerce el veto. Más tarde, posiblemente desearás haberlo hecho.

La CPF es la maestra de la inhibición. Sin ella, el centro de recompensa se desbocaría, la amígdala sería secuestrada con regularidad y el intérprete hilaría historias cada vez más fantásticas e interesadas. Muchas de las conexiones entre la CPF y el centro de recompensa son inhibitorias. La concentración no es algo que surja de forma natural, sino que se produce cuando se detienen diversos impulsos, distracciones y pensamientos irrelevantes. La capacidad de inhibir los impulsos, las distracciones y los pensamientos irrelevantes es crucial para la concentración.

La CPF también detiene las respuestas habituales y permite la creatividad. Deja espacio para que surja un nuevo pensamiento. Necesitamos la CPF para detener esa respuesta obvia, pero errónea, que viene rápidamente del sistema 1, para dar paso a la respuesta más reflexiva del sistema 2. Los daños en la CPF hacen que las personas reaccionen ante el entorno, y que no se guíen por los objetivos ni sean creativas. La CPF inhibe las distracciones de la memoria de trabajo, para que uno pueda seguir con el trabajo que quiere hacer. El cerebro es un campo de juego de infinitas posibilidades, y este campo de juego sería un caos sin que la CPF impusiera algo de orden seleccionando lo que es importante, a lo que hay que prestar atención y manteniendo la concentración al detener las distracciones.

La CPF decide si sigues adelante y actúas. Es el árbitro del libre albedrío. Cuando la CPF funciona bien, hace oír su voz por encima del equipo que discute. Tiene otro poder que no posee ningún otro miembro del comité: el poder de la perspectiva, especialmente el poder de elegir diferentes horizontes temporales.

Viaje en el tiempo

Los miembros del equipo cerebral tienen sobre todo un horizonte temporal corto: los riesgos, las amenazas y las recompensas inmediatas. La CPF puede adoptar una perspectiva más amplia que crece a medida que maduramos. No se puede razonar con un bebé hambriento diciéndole que tendrá doble ración de leche más tarde. A medida que crecemos, también madura la CPF y ganamos gradualmente la capacidad de retrasar la gratificación, de vetar al resto del equipo. Nadie sabe con certeza cuándo madura por completo la CPF. Los investigadores dicen que alrededor de los veinticinco años en los hombres y unos años antes en las mujeres, pero algunos circuitos pueden no estar completos hasta años después. La sabiduría es un viaje, no un destino.

La CPF puede imaginar diferentes futuros. Podemos probar diferentes escenarios futuros y ponerlos a prueba. Este poder parece exclusivamente humano. No necesitamos actuar para saber cómo resultará. La CPF recorre el pasado, el presente y construye posibles futuros. Esto nos da un enorme poder sobre nuestras vidas. Puede que sea la única característica importante que define al cerebro humano. Escribir este libro nos ha hecho incorporar un par de preguntas a nuestra práctica de *coaching* y formularlas cuando el cliente se plantea actuar.

Por ejemplo, el cliente está pensando en rechazar una oferta de trabajo.

Preguntamos: «Imagina que ha pasado una semana. Has rechazado la oferta de trabajo. ¿Cómo te sientes?».

La segunda pregunta es: «Imagina que ha pasado una semana. Has rechazado la oferta de trabajo. ¿Qué opinas de esa decisión y cómo ha resultado?». Asegúrate de que el cliente se traslada al tiempo futuro. Tiene que imaginarse a sí mismo allí y luego hablar en tiempo presente. «Siento esto… pienso esto…». Se pueden variar los marcos temporales en función de la decisión o la acción. Para algunas acciones, puede ser un día, para otras una semana y para otras un mes o incluso un año.

Si el cliente no está contento, o tiene recelos en el futuro imaginario, hacemos otra pregunta:

«¿Qué tendría que ser cierto para ti (en este tiempo futuro) para sentirte bien con lo que has hecho?».

Esta pregunta se refiere a algo que el cliente necesita hacer en el presente, para sentirse bien con la decisión en el futuro ahora.

La planificación en el tiempo necesita la idea de un yo continuo. Nos sentimos más o menos la misma persona que ayer y no cambiaremos mucho mañana. ¿Qué significa tener un yo continuo? Aceptar y tener compasión por nuestro yo anterior. La empatía compasiva no sólo se otorga a otras personas. Mirando al pasado, vemos acciones que ahora calificamos de errores, pero el yo de entonces lo hacía por buenas razones en ese momento. Todo el mundo lo hace lo mejor que puede, incluido uno mismo en el pasado. No somos un yo monolítico e inmutable, sino un proceso de equipo siempre cambiante. Tenemos un sentido del yo, de una persona, de una continuidad significativa y única, no con bordes nítidos sino más bien difusos, que se mueven en el tiempo. Reconocemos a quien vemos en el espejo. Abrazamos a nuestro yo del pasado, para que nuestro yo del futuro pueda abrazarnos tal y como somos ahora.

Neuroplasticidad

Empezamos este libro con la neuroplasticidad porque es la base de todo lo demás. Sin ella, no aprenderíamos, ni nos adaptaríamos, ni maduraríamos. Crea nuevos pensamientos y nuevos hábitos y destruye los antiguos. Significa crear hábitos de pensamiento y acción que nos funcionen, de modo que no tengamos que revisarlos todo el tiempo. Podemos cambiar nuestro cerebro. Creamos nuestro cerebro a través de nuestros pensamientos y acciones, y nuestro cerebro cambiado puede ver horizontes más amplios. Y, como todos los grandes dones, viene con una contrapartida importante. Lo que repetimos se vuelve más fuerte. El cerebro no juzga lo que es bueno o malo. Los hábitos de pensamiento que nos limitan se forman tan fácilmente como los que nos potencian. La repetición y la atención construyen nuevas redes cerebrales. La repetición sin atención seguirá construyendo la red, pero lo hará más lentamente. Es mucho más difícil cambiar una red de conexiones creando un hábito que construirla. Los hábitos deben tratarse con gran respeto. Son nuestros mayores aliados cuando estamos contentos con nuestra vida, y nuestros mayores enemigos cuando queremos cambiar.

Contexto

A lo largo de este libro hemos visto muchas veces el poder del contexto: dónde actúas, cuándo actúas, con quién estás y qué más está pasando. La CPF permite tomar el contexto y ajustar sus acciones en consecuencia. A veces no queremos que nos influya el contexto. No quieres estar preparado, anclado e influenciado fuera de tu conciencia. El sistema 1 tiene problemas con el contexto. O bien se lo toma demasiado en serio, como en el caso del primado, o lo ignora, como en el error de atribución fundamental. El sistema 2 da al contexto el lugar que le corresponde. El sistema 2 utiliza el pensamiento descontextualizado, el pensamiento abstracto. Puede reflexionar sobre las ideas y separar los principios de acción del contexto. Cuanto más despertemos el poder del contexto, más podremos ayudarnos a nosotros mismos y a nuestros clientes. El contexto puede ayudarnos. Tenemos que utilizar el poder del entorno. Por ejemplo, estoy sentado en mi despacho escribiendo este capítulo. El sol de la tarde brilla a través de las ventanas y los pájaros cantan. Hay silencio y no me molestan. La gata está durmiendo sobre mi mesa y probablemente intentará captar mi atención dentro de un minuto paseando lánguidamente por los papeles y sentándose en mi ordenador para obligarme a prestarle atención a ella y no a la escritura, pero eso es un problema para más adelante. El teclado del ordenador funciona bien. Todas estas cosas me ayudan a escribir. Si tuviera una silla incómoda, un escritorio estrecho y un ordenador que no para de fallar, podría ser el mejor escritor del mundo, pero sería difícil concentrarse. Con el contexto adecuado, no tengo que ser el mejor escritor del mundo (gracias a Dios). Sin embargo, a menudo esperamos que la gente se adapte a la situación, en lugar de conseguir que la situación se adapte a ellos. Los clientes pueden pensar que el entorno es fijo y que deben cambiar. Ayuda a los clientes a facilitarles al máximo las cosas. Esto también significa asociarse regularmente con personas que son útiles y amables, y apoyarlas.

El entorno está lleno de desencadenantes y señales —el timbre del teléfono móvil, el olor del café, la distribución de la oficina— que tiran de la punta de tu mente para llamar la atención. Es difícil resistirse a ellos. Cuanto más controles tu entorno, más podrás controlar tu atención. El contrato de Ulises es un ejemplo extremo: tomas medidas para controlar el entorno futuro sabiendo el peligro que habrá en él. Ayuda a tu futuro yo. Sé un buen amigo de tu futuro yo. No seas Homer Simpson y deja que tu futuro yo se encargue del desorden. Tu futuro yo sigues siendo tú.

El poder de la expectativa

Aprendemos prediciendo el futuro, actuando sobre la predicción y ajustando luego nuestros modelos mentales a través del *feedback* que obtenemos. No podemos funcionar sin expectativas, pero podemos hacerlas nuestras y no esperar que el mundo las cumpla. Cuando las expectativas se confunden, es la oportunidad de aprender. En cambio, mucha gente se lo toma como una oportunidad para decepcionarse. La decepción es esa mezcla de tristeza y enfado cuando no se cumplen tus expectativas.

¿Qué es lo contrario a la decepción? La gratitud.

La gratitud es un sentimiento de aprecio mezclado con placer por lo que tienes ahora. Es completa. La gratitud da valor a lo que ha sucedido. No significa que sea perfecto y que no pueda ser mejor. No significa renunciar a luchar por más. La gratitud no es una emoción en el sentido de felicidad o tristeza, es más bien un acto de voluntad. Se han realizado varios estudios sobre la gratitud; se asocia a más sentimientos de bienestar[8] y a mejores relaciones sociales[9] y a la capacidad de manejar la impaciencia y retrasar el descuento por demora.[10]

La gratitud activa muchas zonas del cerebro, como el centro de recompensa, la corteza cingulada anterior y las partes de la CPF y la COF asociadas a la comprensión moral y la autorreferencia (CPF ventromedial y la ínsula).[11] Parece ser una de las emociones morales más importantes. La gratitud y la felicidad son sentimientos con beneficios para la salud y el bienestar. Recomendamos a todos nuestros clientes que lleven un diario de gratitud, y esta práctica es muy útil especialmente para los clientes que son muy exigentes consigo mismos y con los demás. (Es probable que tengan grandes expectativas y se decepcionen con más frecuencia).

El futuro

¿Qué aportará la neurociencia al estudio y a la práctica del *coaching*? Es difícil de predecir, porque el *coaching* no es una sola práctica; hay muchos modelos diferentes de *coaching*, aunque todas las corrientes principales comparten la misma filosofía y práctica básicas.[12]

Creemos que la neurociencia seguirá enriqueciendo nuestra comprensión del *coaching*. Los temas explorados en este libro se incorporarán al *coaching* en los próximos años. El pensamiento, la memoria, la emoción y el aprendizaje son fundamentales para el *coaching*.

Un escenario futuro es aquel en el que muy poco cambia. La neurociencia se utiliza para reforzar la práctica existente. Esto probablemente ocurrirá a corto plazo. A largo plazo, vemos varias tendencias conectadas.

En primer lugar, se prestará más atención al cuerpo. Sean cuales sean los objetivos —salud, felicidad, mejores relaciones, capacidad de liderazgo—, dependen de la mente y el cuerpo. Entenderemos mejor cómo nuestra mente surge de nuestro cerebro y cómo nuestro cerebro está personificado. Cuidar el cuerpo será más importante. Es ridículo esperar que un líder funcione bien durmiendo poco, haciendo poco ejercicio, con una relajación inadecuada, con un entorno mal diseñado y con poco conocimiento de cómo funciona su cerebro.

En las empresas internacionales ya hay gimnasios, sesiones de *mindfulness* y un enfoque en la alimentación más saludable. Todas ellas son tendencias de apoyo a la mente a través del cerebro y del cuerpo. El sueño será probablemente el próximo objetivo del alto rendimiento.

Podemos volar hasta las estrellas, literal y artísticamente, pero no podemos dejar atrás nuestro cuerpo.

El sueño, el ejercicio y el *mindfulness* ayudan a la concentración y la motivación. ¿Qué otras posibilidades existen? Las drogas inteligentes —o nootrópicos, para darles su nombre correcto— son una tendencia creciente. Un artículo [13] de junio de 2018 informa de que uno de cada doce adultos admite haber tomado drogas inteligentes. [14] Es probable que la cifra real sea mayor. La mayoría de las personas las usan en el trabajo para hacer frente a las presiones de la carga de trabajo, según el informe. Es probable que muchas personas dejen de dormir bien, de hacer ejercicio y de practicar la relajación y recurran a las drogas inteligentes para compensarlo. Se trata de una cuestión moral, ética y jurídica más compleja que la de las drogas para mejorar el rendimiento en el deporte. En los próximos cinco años habrá que estudiarlo seriamente.

En cierto sentido, todos estamos drogados: la dopamina, la serotonina, la oxitocina y la acetilcolina son compuestos químicos que pueden complementarse directa o indirectamente. Los necesitamos para funcionar. Estas sustancias químicas naturales no son adictivas ni peligrosas para la salud en su estado natural. Las necesitamos para que funcionen los procesos físicos del cerebro que dan lugar a la experiencia de la concentración, el estado de ánimo y la memoria. Todo el mundo empieza con niveles diferentes. Por ejemplo, la sensación de motivación necesita dopamina (al igual que muchas otras cosas). Para obtener suficiente dopamina, hay que tomar una cantidad suficiente de precursores de la dopamina, ya que esta no se puede suplementar directamente; no pasa la barrera hematoencefálica. La fenilalanina es un compuesto presente en muchos alimentos: huevos, carne y leche (y refrescos dietéticos) que se convierte en nuestro cerebro en el aminoácido tirosina y luego, a través de otras etapas, en dopamina. La dopamina se utiliza para producir noradrenalina y adrenalina, otros dos importantes neurotransmisores. La dopamina depende de la dieta para sus componentes. La genética también influye en la eficacia de la dopamina.

Los nootrópicos, o potenciadores cognitivos, son suplementos que pueden tomarse para ayudar a potenciar los neurotransmisores naturales y mejorar la función cerebral. El resultado puede ser una mejora de la memoria, la atención y la concentración. Los nootrópicos son los equivalentes cognitivos de los suplementos vitamínicos y minerales. Muchas personas los utilizan. Algunos se producen de forma natural en el organismo, como la Alfa glicerilfosforilcolina(Alfa-GPC), el Ginkgo biloba y los omega 3 y 6. Las pruebas de lo que hacen las drogas inteligentes y los nootrópicos en el cerebro no están claras, pero muchas personas afirman tener mejor concentración y memoria. Los *coaches* ayudan a las personas que funcionan bien a funcionar mejor. Los nootrópicos hacen lo mismo a nivel físico. ¿Funcionan y, si es así, merece la pena utilizarlos? El *coach* del futuro tendrá que participar en este debate.[15]

No creemos que los escáneres cerebrales se utilicen en el *coaching* en un futuro próximo. Los escáneres son muy limitados en cuanto a lo que pueden decirnos sobre el cerebro a efectos de *coaching;* pueden decirnos lo que funciona y lo que no, pero ahora es difícil ver cómo podría aplicarse en el *coaching.*

Abrimos este libro hablando de nuestros escáneres cerebrales en Nueva York. ¿Qué hay de eso?

Nos aportaron una nueva comprensión de nosotros mismos. Abrieron una puerta a nuestra experiencia que ha sido fascinante y gratificante. Ha profundizado y ampliado nuestra práctica del *coaching* y nos ha llevado por un camino que nos ha ayudado personal y profesionalmente. El *coaching* basado en el cerebro no trata de poner patas arriba los conocimientos existentes. Todo lo que contiene este libro pretende reforzar, aumentar y ampliar lo que los *coaches* ya hacen. Cuando respalda la práctica existente, da credibilidad al *coaching.* Cuando apunta en otras direcciones, nos da la oportunidad de aprender, revalorizar y cambiar.

Los clientes tienen muy poca idea de cómo funciona el cerebro y el conocimiento da poder. Cuanto más sepamos sobre nosotros mismos, más lejos podremos llegar. Al observar el intrincado e increíble funcionamiento de nuestro cerebro, nos sentimos humildes. Todos somos seres de gran profundidad, más de la que podemos imaginar, tal vez de la que nunca podremos comprender. Podemos generar preguntas sobre nosotros mismos que son imposibles de responder. La mente no es un lugar; es un proceso mantenido por neuronas y neurotransmisores. El cerebro vive de las proteínas y la glucosa, pero también de la experiencia. La experiencia es el alimento del cerebro. El cerebro convierte la experiencia en aprendizaje y luego en más (y, con suerte, mejor) experiencia. Produce lo que llamamos realidad como un borrador final de todas las entradas. De alguna manera, nuestra conciencia flota por encima del turbulento equipo y lo expresa lo mejor que puede a través de la atención y la acción. Podemos elegir dónde poner nuestra atención y si actuar o no. El resultado nos cambiará a nosotros mismos y al mundo.

Comenzamos este libro con una cita del psicólogo estadounidense William James, así que es conveniente que lo cerremos con otra. En 1890, escribió:

> La gran cuestión entonces en la educación es hacer de nuestro sistema nervioso nuestro aliado en lugar de nuestro enemigo, pues debemos desarrollar de manera automática y habitual, lo más pronto posible, tantas acciones útiles como podamos y protegernos de alimentar otras que probablemente sean desventajosas para nosotros, del mismo modo que nos protegemos de la peste.

Cuando los *coaches* ayudan a sus clientes a entender su equipo de yoes en evolución, con aceptación del pasado y entusiasmo por el futuro, entonces sirven bien a sus clientes.

Este libro te ha cambiado, porque lo recuerdas. Tu cerebro ya no es el mismo que cuando empezaste. Esperamos que tu equipo lo haya disfrutado y lo convierta en gran felicidad y aprendizaje.

Anexo 1
Bibliografía

Lecturas recomendadas (2018)

He aquí una lista personal de libros que nos han parecido útiles e interesantes.

Seguro que hay algunos que se nos han escapado. La neurociencia es un campo en rápido crecimiento; hemos reseñado los libros más recientes y, sin duda, habrá muchos más.

Sobre neurociencia

Austin J. H. (1998). *Zen and the brain: Toward an understanding of meditation and consciousness*. MIT Press.

Baron-Cohen, S. (2011). *The Science of Evil*. Basic Books.

Damasio, Antonio (2018). *La sensación de lo que ocurre*. Booket, Barcelona.

Davidson, R. J., y Begley, S. (2012). *El perfil emocional de tu cerebro*. Destino, Barcelona.

Doidge, N. (2007). *The brain that changes itself: Stories of personal triumph from the frontiers of brain science*. Penguin.

Eagleman, D. (2013). *Incógnito*. Anagrama, Barcelona.

Eagleman, D. (2017). *El cerebro.* Anagrama, Barcelona.

Fallon, J. (2013). *The psychopath inside: A neuroscientist's personal journey into the dark side of the brain.* Penguin.

Frith, C. (2013). *Making up the mind: How the brain creates our mental world.* John Wiley & Sons.

Gazzaniga, M. S. (Ed.). (2014). *Handbook of cognitive neuroscience.* Springer.

Iacoboni, M. (2008). *Mirroring people.* Farrar, Straus & Giroux.

Johnson, S. (2004). *Mind wide open: Your brain and the neuroscience of everyday life.* Simon and Schuster.

Kurzban, R. (2012). *Why everyone (else) is a hypocrite: Evolution and the modular mind.* Princeton University Press.

LeDoux, J. (1999). *El cerebro emocional.* Planeta, Barcelona.

Levitin, D. J. (2006). *This is your brain on music.* Penguin.

Lewis, M. (2015). *The biology of desire: Why addiction is not a disease.* Hachette, Londres.

Macknik, S., Martinez-Conde, S., y Blakeslee, S. (2010). *Sleights of mind.* Henry Holt and Company.

Mischel, W. (2015). *El test de la golosina.* Debate, Barcelona.

Quartz, S. R., y Sejnowski, T. J. (2003). *Liars, lovers, and heroes: What the new brain science reveals about how we become who we are.* Harper Collins.

Ramachandran, V. S., Blakeslee, S., & Shah, N. (1998). *Phantoms in the brain: Probing the mysteries of the human mind* (pp. 224-225). William Morrow, Nueva York.

Sahakian, B., y LaBuzetta, J. N. (2013). *Bad Moves.* OUP, Oxford.

Schwartz, J. M., y Begley, S. (2009). *The mind and the brain.* Springer Science & Business Media.

Walker, M. (2017). *Why we sleep.* Allen Lane.

Coaching

O'Connor, J., y Lages, A. (2009). *How coaching works: The essential guide to the history and practice of effective coaching.* A&C Black.

Stober, D. R., y Grant, A. M. (Eds.). (2010). *Evidence based coaching handbook: Putting best practices to work for your clients.* John Wiley & Sons.

Otras lecturas sobre neurociencia y coaching

Azmatullah, S. (2013). *The coach's mind manual: Enhancing coaching practice with neuroscience, psychology and mindfulness.* Routledge.

Bossons, P., Riddell, P., y Sartain, D. (2015). *The neuroscience of leadership coaching: Why the tools and techniques of Leadership Coaching Work.* Bloomsbury Publishing.

Brann, A. (2017). *Neuroscience for coaches: How to use the latest insights for the benefit of your clients.* Kogan Page Publishers.

Dehaene, S. (2014). *Consciousness and the brain: Deciphering how the brain codes our thoughts.* Penguin.

Damasio, A. R. (2000). *The feeling of what happens: Body and emotion in the making of consciousness.* Vintage Books.

Glaser, J. (2014). *Conversational Intelligence.* Bibliomotion.

Copyright Material – Provided by Taylor & Francis Bibliography 197 Greenfield, S. (2017). *A day in the life of the brain.* Penguin.

Higbee, K. L. (2001). *Your memory: How it works and how to improve it.* Da Capo Press.

Kandel, E. R. (2007). *In search of memory: The emergence of a new science of mind.* WW Norton & Company.

Lehrer, J. (2008). *Proust was a neuroscientist.* Houghton Mifflin Harcourt.

Pillay, S. S. (2011). *Your brain and business.* Pearson Education India.

Rock, D., y Page, L. J. (2009). *Coaching with the brain in mind: Foundations for practice.* John Wiley & Sons.

Sacks, O. (2009). *The man who mistook his wife for a hat.* Picador.

Swart, T., Chisholm, K., y Brown, P. (2015). *Neuroscience for leadership: Harnessing the brain gain advantage.* Springer.

Páginas web

Hay muchas páginas web que tratan sobre la neurociencia. Una que nos resultó especialmente útil fue www.neuroscientificallychallenged.com
Guía del equipo encerrado en la habitación:
CEO:
Peter Bach - Corteza prefrontal
Traductores:
Vera Score - área de Wernicke
John Broker - área de Broca
OFC:
Victor Strickland - Área tegmental ventral
Evaluación de riesgos:
Della - Amígdala
Jefe de seguridad:
Andrew Solo - Corteza cingulada anterior
Organizador:
Jan Sanctum - Tálamo
Mary Island - Insula
Director global de RRHH:
Richard Border - giro supramarginal
Procesamiento de datos
Mary Steed - Hipocampo

Anexo 2
Glosario

Acetilcolina Un neurotransmisor esencial para el movimiento, que también interviene en la atención y la memoria.

Ácido gamma-aminobutírico (GABA) Un importante neurotransmisor inhibidor.

Afasia Dificultad del lenguaje debida a un daño cerebral.

Agonista Sustancia que se une a un receptor de una neurona y la activa, sustituyendo al neurotransmisor habitual.

Amígdala Parte especializada del cerebro, situada en el lóbulo temporal medial, relacionada con el procesamiento emocional y la memoria, especialmente con el miedo.

Amnesia Dificultades o pérdidas de memoria, a menudo resultado de un daño cerebral.

– Amnesia anterógrada: incapacidad de formar nuevos recuerdos.

– Amnesia retrógrada: pérdida de la memoria de los acontecimientos pasados.

Antagonista Sustancia que se une a un receptor y lo bloquea, por lo que el neurotransmisor habitual no puede unirse a él.

Aprendizaje Ganar más conocimiento y habilidad en el mundo actualizando las predicciones y expectativas a través del *feedback*.

Aprendizaje inverso Capacidad de inhibir acciones previamente aprendidas cuando ya no son gratificantes.

Área de Broca Región generalmente situada en el lóbulo frontal izquierdo que controla la producción del habla.

Área de Wernicke Región del cerebro, normalmente en el lóbulo temporal izquierdo, que es responsable de la comprensión del lenguaje y de la producción de lenguaje con sentido.

Área tegmental ventral Área subcortical, con muchas neuronas dopaminérgicas. Forma parte de la vía mesolímbica de la dopamina y del sistema de recompensa.

Atención Proceso por el que tomamos conciencia de un estímulo. Hay muchos tipos de atención y muchas áreas cerebrales implicadas. Los principales tipos son la atención pura y la atención selectiva. Nuestra atención se dirige de arriba abajo (orientada a un objetivo) o de abajo arriba (reactiva a un estímulo como el dolor).

Axón Extensión del cuerpo celular de una neurona que envía información a través del potencial de acción a otras células.

Caudado Parte de los ganglios basales, que forman el estriado.

Célula glial Células de apoyo en el cerebro. Todas las células del cerebro que no son neuronas. Hay muchas variedades con muchas funciones. Hay tantas células gliales en el cerebro como neuronas (unos noventa mil millones).

Cerebelo Una gran zona del cerebro que controla el movimiento, coordina el equilibrio y tiene un papel en la memoria y la cognición.

Cerebro medio Parte superior del tronco cerebral.

Cognición Proceso por el que tomamos conciencia de los acontecimientos y pensamientos y utilizamos el conocimiento para la resolución de problemas.

Condicionamiento Mecanismo de aprendizaje en el que se empareja un estímulo con una respuesta.

Consolidación Proceso de memoria que transfiere el recuerdo de la memoria a corto plazo a la memoria a largo plazo.

Corteza cerebral Capa externa de los hemisferios cerebrales, responsable del pensamiento abstracto y la planificación.

Corteza cingulada Zona interior de la corteza cerebral que rodea el cuerpo calloso.

Corteza cingulada anterior (CCA) Porción frontal de la corteza cingulada situada debajo de los lóbulos frontales. Se asocia con la detección de errores, el control de la atención y la sensación de dolor.

Corteza motora Área de la corteza que controla el movimiento.

Corteza motora primaria Parte del cerebro que controla el movimiento voluntario, situada en la parte posterior del lóbulo frontal.

Corteza orbitofrontal (COF) Parte de la CPF situada directamente sobre las órbitas de los ojos.

Corteza prefrontal (CPF) Área frontal de los lóbulos frontales. Es responsable de la planificación ejecutiva.

Corteza premotora Área motora situada delante de la corteza motora primaria, que participa en la planificación de los movimientos.

Corteza somatosensorial Área del cerebro que procesa las sensaciones del tacto. Situada en el lóbulo parietal.

Cortisol Hormona del estrés producida por las glándulas suprarrenales a través del eje hipotálamo-hipófisis-suprarrenal (HHS).

Cuerpo calloso Estructura que conecta los hemisferios izquierdo y derecho y permite el paso de señales entre ellos.

Dendritas Extensiones de la neurona que reciben información de otras neuronas.

Dopamina Un importante neurotransmisor que interviene en el movimiento, la motivación, la atención y el deseo.

Eje HHS Interacción entre el hipotálamo, la hipófisis y las glándulas suprarrenales, importante en la respuesta al estrés.

Electroencefalografía (EEG) Medición de la actividad eléctrica del cerebro mediante la colocación de electrodos en el cuero cabelludo.

Emoción Sentimiento o respuesta a los acontecimientos o a nuestra interpretación de los mismos. Son respuestas profundas e importantes desde el punto de vista evolutivo, cambian nuestra fisiología y nos orientan hacia los acontecimientos importantes. Las emociones básicas son la alegría, la ira, la tristeza, el miedo y el asco.

Empatía La capacidad de identificar lo que otra persona está pensando y/o sintiendo y dar una respuesta adecuada.

– La empatía cognitiva es la capacidad de identificar lo que otra persona está pensando.

– La empatía compasiva es la capacidad de dar una respuesta adecuada a lo que otra persona piensa y siente.

– La empatía emocional es la capacidad de identificar lo que siente otra persona.

Epinefrina Hormona y neurotransmisor que interviene en la respuesta de miedo de lucha o huida. Aumenta el ritmo cardíaco y la cantidad de glucosa en la sangre. También se llama acetilcolina.

Error de predicción Diferencia entre lo que se predijo y lo que se experimentó. Esencial para el aprendizaje, parece medirse por las diferencias en los niveles de dopamina en el cerebro.

Estimulación cerebral profunda (ECP) Estimulación del cerebro directamente a través de electrodos colocados en el cerebro.

Estímulo Algo que podemos detectar con nuestros sentidos y que provoca una respuesta.

Estriado Estructura que incorpora el caudado, el núcleo accumbens y el putamen. Forma parte de los ganglios basales y del circuito de recompensa.

Estructuras Recordatorios en el *coaching* para que el cliente tome un curso de acción o una nueva perspectiva.

Fisura silviana El gran surco que separa el lóbulo temporal de los lóbulos frontal y parietal.

Ganglio Grupo de neuronas.

Ganglios basales Grupo de estructuras profundas en el cerebro que incluye el núcleo caudado, el putamen, el globo pálido y la *subtantia nigra*. Desempeñan un papel decisivo en el control del movimiento.

Giro Cresta de la corteza cerebral por la forma en que se pliega.

Giro fusiforme Pliegue del lóbulo temporal especializado en el reconocimiento de rostros.

Giro supramarginal Pliegue del lóbulo parietal asociado a la autopercepción y la empatía.

Hábito Pensamiento o acción automática que no está bajo control consciente. Los hábitos se expresan en el cerebro mediante sistemas de neuronas que tienen fuertes conexiones entre sí debido a la repetición. La neuroplasticidad hace posible los hábitos, los mantiene vigentes y permite que cambien.

Hemisferios cerebrales Las dos mitades del cerebro: imágenes especulares, pero con cierta especialización, la izquierda para los aspectos del habla y el lenguaje y la derecha para la capacidad espacial y la música.

Hipocampo Pequeña estructura situada en cada lóbulo temporal, importante para codificar y consolidar los recuerdos.

Hipófisis Glándula endocrina situada en la parte inferior del hipotálamo que segrega numerosas hormonas.

Hipotálamo Estructura cerebral, a menudo incluida en el sistema límbico, que controla la glándula pituitaria y regula así partes del sistema nervioso autónomo.

Hipótesis del marcador somático Idea planteada por Antonio Damasio en la que decidimos equilibrando las emociones y los sentimientos asociados a las ideas y experiencias que se almacenan en el cuerpo. La corteza orbitofrontal es la principal área cerebral implicada en la integración de los sentimientos para decidir.

Imágenes por resonancia magnética (IRM) Método que utiliza la tecnología de la resonancia magnética para obtener imágenes de alta resolución del cerebro.

Ínsula Área importante en el cerebro profundo que parece modular nuestro sentido de la conciencia. Tiene fuertes conexiones con otras áreas, como la amígdala y la corteza cingulada anterior.

Ley de Hebb: «Las células que se activan juntas, refuerzan su conexión».

Lóbulo frontal Parte de los hemisferios cerebrales situada en la parte delantera. Contiene la corteza motora primaria y es el centro de la planificación ejecutiva, el aprendizaje y la cognición.

Lóbulo occipital Uno de los cuatro lóbulos de cada hemisferio cerebral, especializado en la visión. Está situado en la parte posterior del cerebro.

Lóbulo parietal Una de las cuatro divisiones de cada hemisferio cerebral, situada detrás del lóbulo frontal. Contiene la corteza somatosensorial primaria. Interviene en la orientación de la atención y la orientación espacial.

Lóbulo temporal Uno de los cuatro lóbulos de cada hemisferio cerebral. El lóbulo temporal interviene en la audición, el lenguaje, la memoria y la emoción.

Médula La parte donde la médula espinal se conecta con el tronco cerebral.

Memoria Capacidad de codificar, consolidar y recordar información pasada. Depende del hipocampo y de las partes asociadas del lóbulo temporal.

Memoria a corto plazo Memoria de los acontecimientos antes de consolidarse en la memoria a largo plazo, que va de varios segundos a varias horas. Se divide en memoria sensorial y memoria de trabajo.

Memoria a largo plazo Recuerdos almacenados y distribuidos en muchas partes del cerebro que pueden recuperarse ante un estímulo adecuado.

Memoria de trabajo Parte de la memoria a corto plazo que almacena la información en la que estamos trabajando y que debe estar disponible.

Memoria episódica Recuerdos de experiencias personales reales en el pasado.

Memoria procedimental Memoria de habilidades.

Memoria semántica Memoria del significado de un evento o concepto. El diccionario de conocimientos generales del cerebro.

Mielina La vaina de grasa que rodea un axón. Aísla el axón y permite que la señal pase rápidamente.

Modelos mentales Creencias, suposiciones o expectativas sobre el mundo con las que actuamos como si fueran verdaderas.

Neocorteza Es la capa más externa de la corteza cerebral y la que ha evolucionado más recientemente. Está asociada a las funciones de la inteligencia superior.

Neurona Célula nerviosa formada por un núcleo, un axón y dendritas. El cerebro está formado por unos noventa mil millones de neuronas.

Neurona motora Neurona que transporta la información del cerebro al músculo.

Neurociencia cognitiva La biología de la mente, que explica las percepciones y el pensamiento.

Neuroplasticidad La capacidad del cerebro para cambiar por sí mismo.

Neurotransmisor Sustancia química liberada en la sinapsis de una neurona para permitir que la señal continúe hacia la siguiente neurona.

Núcleo accumbens Parte de los ganglios basales que participa en la experiencia del deseo, la obtención de recompensas y el placer subsiguiente.

Objetivos Aquellas cosas que no tenemos y que queremos conseguir o crear.

Ondas Mu Ondas cerebrales que se suprimen durante la actuación y la observación de una acción, se cree que forman parte de la red por defecto.

Opioides Sustancia química liberada en el cerebro que proporciona la experiencia del placer. Están relacionados con la dopamina y el sistema de recompensa.

Oxitocina Hormona producida por el hipotálamo, también es un neurotransmisor. Interviene en el vínculo materno, el parto y la lactancia. También puede ser importante en el vínculo social y la experiencia de la confianza.

Parpadeo atencional Brecha de atención para un segundo estímulo visual que llega demasiado rápido después de un primer estímulo. Participa en la toma de decisiones, el procesamiento emocional y el aprendizaje.

Periodo refractario El tiempo que transcurre después de sentir una emoción en el que interpretamos los acontecimientos a la luz de esa emoción.

Pons Parte de la base del cerebro, cerca de la médula espinal. Regula la respiración y el ritmo cardíaco.

Potenciación a largo plazo El fortalecimiento de las sinapsis debido a la repetición. La base de la Ley de Hebb, la neuroplasticidad y la formación de hábitos.

Potencial relacionado a eventos (ERP) Respuesta eléctrica específica del cerebro a un estímulo sensorial, cognitivo o motor y que puede medirse directamente por EEG.

Primado El efecto del contexto en nuestro pensamiento. Los objetos e ideas del entorno influyen en la forma en que pensamos sobre temas inconexos sin que lo sepamos.

Procesamiento ascendente Procesamiento en respuesta a un estímulo que atrae nuestra atención (por ejemplo, el dolor).

Procesamiento descendente Procesamiento proactivo impulsado por objetivos y valores.

Putamen Parte del estriado que forma los ganglios basales.

Qualia Sensaciones subjetivas.

Red de neuronas espejo Neuronas que se disparan no sólo cuando la propia persona realiza una acción, sino también cuando observa que otra persona realiza esa acción. Las neuronas espejo parecen ser la base de la empatía y de nuestra capacidad para entender las intenciones de los demás, haciendo una simulación de la acción.

Red por defecto Grupo de estructuras que incluye la corteza prefrontal medial, la corteza cingulada y parte del lóbulo parietal que se cree que están activas cuando uno está despierto, pero sin prestar atención a nada en particular. Está más activa cuando soñamos despiertos.

Resonancia magnética funcional (RMNf) Forma de medir qué partes del cerebro están activas cuando una persona realiza una tarea, detectando los cambios en el flujo sanguíneo cerebral.

Sentir Una conciencia física de la sensación.

Serotonina Neurotransmisor relacionado con la regulación del estado de ánimo, el comportamiento social, el sueño y el deseo sexual.

Sinapsis Hueco entre dos neuronas, donde la señal se cruza generalmente por medio de un neurotransmisor.

Sistema de recompensa Varias estructuras cerebrales, entre ellas el núcleo accumbens y el área tegmental ventral, que contribuyen al aprendizaje. El sistema de recompensa está implicado en la experiencia del deseo y el placer de los logros.

Sistema límbico Nombre de las estructuras que forman la red emocional en el cerebro, con la amígdala como parte principal.

Sistema nervioso autónomo Parte del sistema nervioso periférico que regula muchos procesos como la digestión y la temperatura y el ritmo cardíaco. Está formado por los sistemas simpático (excitatorio) y parasimpático (calmante).

Sistema nervioso central (SNC) Cerebro y médula espinal.

Sistema nervioso periférico Parte del sistema nervioso situada fuera del cerebro y la médula espinal.

Sistema nervioso simpático Rama del sistema nervioso periférico que se ocupa de la excitación.

Subcortical Bajo la corteza cerebral.

Subtantia nigra Parte del cerebro que produce dopamina y suministra dopamina a los ganglios basales. También forma parte del circuito de recompensa.

Sulcus Un surco en el plegado de la corteza cerebral.

TAC Tomografía axial computarizada: forma de utilizar los rayos X para obtener imágenes tridimensionales del cerebro.

Tálamo Pequeña estructura situada en el centro del cerebro que sirve de estación de transmisión, enviando información a diferentes partes del cerebro según sea necesario.

Teoría de la mente La idea de que podemos imaginar los pensamientos e intenciones de los demás como algo independiente de nosotros.

Tomografía por emisión de positrones (TEP) Inyección de partículas radiactivas y su utilización para obtener imágenes de la actividad cerebral en tiempo real mediante el seguimiento de las partículas en el flujo sanguíneo.

Tronco encefálico Parte inferior del cerebro. Envía y recibe información de la médula espinal y controla muchas funciones automáticas, como la respiración y el ritmo cardíaco.

Valores Aquellos conceptos que son emocionalmente importantes para nosotros y que guían nuestras acciones.

Vía mesocortical Una de las dos vías de la dopamina en el cerebro; va desde el ATV a la corteza cerebral. Modula la experiencia del deseo con la planificación ejecutiva.

Vía mesolímbica La vía de la dopamina que va desde el ATV hasta el NAc y la amígdala. Influye en la sensación de placer y recompensa.

Visión ciega Condición en la que una persona efectivamente ciega puede seguir señalando objetos, aunque no sea capaz de verlos conscientemente. Esto se debe a que la información visual viaja por dos vías hasta el cerebro. Una persona puede no ser capaz de ver un objeto, pero sí conocer su ubicación y orientación.

Anexo 3
Otros recursos

Esperamos que hayas disfrutado de este libro.

Creemos que la neurociencia tendrá una importancia mayor en el *coaching* del futuro. Llevamos a cabo muchas formaciones en todo el mundo sobre Liderazgo, *Coaching* y Neurociencia y también impartimos muchos cursos a distancia sobre estos temas.

Nuestro curso de formación a distancia, *Coaching the Brain*, se ha creado para poner en práctica este libro y puede realizarse de forma individual o en grupo.

Para más detalles sobre *Coaching the Brain* y otros cursos de neurociencia, visita: www.neurosciencecoaching.net

Para los cursos de *coaching* y liderazgo, dirígete a:

www.lambent.com y www.internationalcoachingcommunity.com

Se puede contactar con nosotros directamente a través de cualquiera de los sitios web mencionados.

Notas

Capítulo 1

1. Sabemos que esta última frase no tiene sentido. ¿Cómo puede «eso» crear la ilusión de un yo y luego entregarse a un juego de escondite epistemológico? La lengua no puede expresarlo correctamente. Nadie ha sido capaz de averiguar cómo el cerebro da lugar a nuestro sentimiento consciente de ser agentes libres. A lo largo de este libro, veremos cómo funciona el cerebro, pero no está claro cómo salta la brecha para convertirse en nuestra experiencia subjetiva, y puede que nunca lo esté. ¿Quién enciende la vela? Sabemos que el cerebro es necesario pero no suficiente para la conciencia.

2. Para una muy buena descripción de la personificación, véase Claxton, G., *Inteligencia corporal*. Plataforma Editorial, 2016.

3. Gershon, M. *The Second Brain*. Harper Collins, 1999. Un estudio fascinante de uno de los principales neurocientíficos en este campo.

4. Cuando se crearon los ordenadores en la década de 1940, se les llamaba cerebros electrónicos, no porque fueran como cerebros, sino porque la gente pensaba que serían capaces de hacer lo mismo que los cerebros. A medida que los ordenadores se hicieron más rápidos y mejores, hicieron algunas cosas mejor que los cerebros (como jugar al ajedrez y al Go), pero quedaron muy por detrás de los cerebros humanos en su capacidad para reconocer caras, entender el sarcasmo y controlar movimientos rápidos, fluidos y elegantes, algo que hacemos todos los días sin sudar. Incluso cuando juegan al ajedrez y al Go, los ordenadores ganan calculando un gran número de posibilidades y seleccionando la mejor, que no es la forma en que juegan los humanos. Los ordenadores de redes neuronales, que se basan en la conexión de las células nerviosas, no han tenido mucho éxito. Se tarda mucho en entrenarlos y necesitan muchos datos para hacer cosas que un niño pequeño puede hacer

en pocos segundos (por ejemplo, reconocer expresiones faciales).

5. Lieberman, M. D. (2007). «Social cognitive neuroscience: a review of core processes». *Annual Review Psychology,* 58, 259-289.

6. Cuando quieras saber qué miembro del equipo representa cada parte del cerebro, mira al final del Apéndice 1.

7. Hay varias aplicaciones que ofrecen una buena imagen y descripción tridimensional (3D) del cerebro. *3D brain,* del Centro de Aprendizaje de ADN del Laboratorio de *Cold Spring Harbour,* es especialmente completa.

8. Puedes observar que la mayoría de los nombres de las estructuras cerebrales están en latín. Los primeros anatomistas las nombraron según la convención de la época. Esto hace que parezcan misteriosas y científicas, pero también difíciles de recordar.

9. La corteza cingulada (representada por la parte inferior de los dedos de nuestro puño) recubre la corteza cerebral y participa en la detección de errores (una función extremadamente importante), el procesamiento del dolor y la concentración de la atención.

10. El cerebro también contiene células gliales que parecen proporcionar una especie de embalaje de apoyo alrededor de las neuronas.

Capítulo 2

1. Hacer más de lo necesario y luego recortar a la luz de lo que se necesita es una buena manera de aprender en muchos campos. Hemos utilizado este método para escribir este libro. Ni siquiera estamos seguros de que esta nota a pie de página sobreviva a la poda.

2. Nottebohm, F., Stokes, T. M., & Leonard, C. M. (1976). «Central control of song in the canary, v Serinus Canarius». *Journal of Comparative Neurology,* 165 (4), 457-486.

3. Eriksson, P. S., Perfilieva, E., Björk-Eriksson, T., Alborn, A. M., Nordborg, C., Peterson, D. A., & Gage, F. H. (1998). «Neurogenesis in the adult human hippocampus». *Nature Medicine,* 4 (11), 1313-1317.

4. Donald, H. (1949). *The Organisation of Behavior.* John Wiley.
Para ser exactos, la ley de Hebb es una paráfrasis de una frase de Siegrid

Lowel, catedrática de Neurociencia de Sistemas de la Universidad de Gotinga: «Las neuronas se conectan si se activan juntas». Sin embargo, la Ley de Hebb es más pegadiza y da crédito a quien lo merece.

5. Pascual-Leone y sus colegas de la Facultad de Medicina de Harvard pusieron en marcha un experimento para explorar esta cuestión. A los voluntarios se les vendaron los ojos y se les enseñó Braille. Después de cinco días, eran capaces de entender el braille mejor que el grupo de control, al que se le enseñó Braille, pero no se les vendaron los ojos. Las imágenes de resonancia magnética funcional (RMNf) de los voluntarios con los ojos vendados mostraron que su corteza visual estaba activada. Utilizaban lo que eran neuronas visuales especializadas para procesar el tacto. En cinco días, el cerebro ya se había reorganizado. Por desgracia, el efecto también desapareció rápidamente: tras veinte horas sin vendas, la activación cerebral volvió a la normalidad.

Ver: Merabet, L. B., Hamilton, R., Schlaug, G., Swisher, J. D., Kiriakopoulos, E. T., Pitskel, N. B., ... Pascual-Leone, A. (2008). «Rapid and reversible recruitment of early visual cortex for touch». *PLoS One*, 3 (8), e3046.

6. El neurocientífico Vilayanur Ramachandran ha realizado un trabajo pionero con personas que han perdido una extremidad por cirugía o accidente. En un estudio, descubrió que un hombre al que le habían amputado el antebrazo recientemente, sentía que le tocaban el brazo cuando le tocaban en la mejilla. Esto es posible porque la zona correspondiente a la cara está justo al lado de la zona del brazo en la corteza sensorial del cerebro. Los nervios de la cara habían ocupado la zona antes dedicada al brazo, que estaba inactiva porque ya no tenía estímulo.

La reorganización de las neuronas en el cerebro también explica el dolor del miembro fantasma. Algunos pacientes amputados sienten dolor en la extremidad que ha desaparecido. Esto se debe a que las células nerviosas del cerebro que solían recibir información del miembro están atascadas registrando señales de dolor del momento en que el miembro fue dañado. Las regiones circundantes no pueden hacerse cargo de esta zona porque sigue activa. Ramachandran ideó una forma ingeniosa de hacer creer al cerebro que había un nuevo estímulo, con la esperanza de que las células nerviosas del cerebro respondieran y las nuevas sensaciones sustituyeran al dolor. Ramachandran hizo una caja con espejos. El paciente ponía su brazo sano dentro de la caja, de modo que podía ver una imagen reflejada de este brazo en el lugar del que faltaba. Cuando movía el brazo sano, el reflejo hacía que pareciera que el brazo perdido se movía, engañando al cerebro.

Esta terapia ha tenido un éxito notable para ayudar a aliviar el dolor del miembro fantasma. (Esta idea se utilizó como recurso argumental en un episodio, titulado *El tirano,* de la cuarta temporada de la serie televisiva *House).*

Ver: Ramachandran, V. S., Rogers-Ramachandran, D., y Cobb, S. (1995). «Touching the phantom limb». *Nature,* 377 (6549), 489.

Chan, B. L., Witt, R., Charrow, A. P., Magee, A., Howard, R., Pasquina, P. F., ... Tsao, J. W. (2007). «Mirror therapy for phantom limb pain». *New England Journal of Medicine,* 357 (21), 2206-2207.

Ramachandran, V., y Blakeslee, S. (1998). *Phantoms in the brain.* William Morrow.

7. Münte, T. F., Altenmüller, E., y Jäncke, L. (2002). «The musician's brain as a model of neuroplasticity». *Nature Reviews Neuroscience,* 3 (6), 473-478.

8. Pascual-Leone, A., Nguyet, D., Cohen, L. G., Brasil-Neto, J. P., Cammarota, A., y Hallett, M. (1995). «Modulation of muscle responses evoked by transcranial magnetic stimulation during the acquisition of new fine motor skills». *Journal of Neurophysiology,* 74 (3), 1037-1045

9. Merzenich, M. M., y Jenkins, W. M. (1993). «Reorganization of cortical representations of the hand following alterations of skin inputs induced by nerve injury, skin island transfers, and experience». *Journal of Hand Therapy,* 6 (2), 89-104.

10. Sawaguchi, T., y Goldman-Rakic, P. S. (1991). «D1 dopamine receptors in prefrontal cortex: Involvement in working memory». *Science, 251 (4996), 947-951.*

11. Antal, A., Terney, D., Poreisz, C., y Paulus, W. (2007). «Towards unravelling task-related modulations of neuroplastic changes induced in the human motor cortex». *European Journal of Neuroscience,* 26 (9), 2687-2691.

12. Dux, P. E., Tombu, M. N., Harrison, S., Rogers, B. P., Tong, F., y Marois, R. (2009). «Training improves multitasking performance by increasing the speed of information processing in human prefrontal cortex». *Neuron,* 63 (1), 127-138.

13. Bilalić, M. (2017). *The neuroscience of expertise.* Cambridge: Cambridge University Press.

14. Ericsson, K. A. (2006). «The influence of experience and deliberate

practice on the development of superior expert performance». *The Cambridge Handbook of Expertise and Expert Performance*, 38, 685-705.

15. Gladwell, M. (2013). *Fuera de serie*. Taurus, Madrid.

16. Colvin, G. (2008). *Talent is Overrated.* Penguin Books.

17. Heyman, E., Gamelin, F. X., Goekint, M., Piscitelli, F., Roelands, B., Leclair, E., ... Meeusen, R. (2012). «Intense exercise increases circulating endocannabinoid and BDNF levels in humans – possible implications for reward and depression». *Psychoneuroendocrinology*, 37 (6), 844-851.

18. Ver *Por qué dormimos* de Matthew Walker (Capitán Swing, 2020) para un magnífico resumen de la investigación actual.

19. Lucassen, P. J., Meerlo, P., Naylor, A. S., Van Dam, A. M., Dayer, A. G., Fuchs, E., ... Czeh, B. (2010). «Regulation of adult neurogenesis by stress, sleep disruption, exercise and inflammation: implications for depression and antidepressant action». *European Neuropsychopharmacology*, 20 (1), 1-17.

20. Walker, M. (2017). *Por qué dormimos*. Capitán Swing.

Capítulo 3

1. El tratamiento del TDA y el TDAH también puede incluir fármacos que ayudan a la motivación y la perseverancia estimulando las vías de la dopamina (por ejemplo, Adderall). Los fármacos que modulan las vías de la dopamina son inevitablemente adictivos, y este es uno de los principales inconvenientes de estos tratamientos.

2. Podemos saber cómo es una vida sin objetivos viendo lo que ocurre cuando fallan las áreas cerebrales que controlan la fijación de objetivos. Esto es muy raro. La literatura describe a un paciente que fue remitido a una clínica de neurología porque no se preocupaba por nada. Comenzaba acciones pero no las completaba (por ejemplo, un partido de tenis pero luego se olvidaba de llevar la cuenta del resultado). No podía mantenerse económicamente y pedía dinero prestado sin cesar. Era inteligente; sabía que algo iba mal pero no parecía preocuparse por sí mismo, por su futuro o por su felicidad. No podía planificar de forma coherente. Las pruebas revelaron que un gran tumor había invadido su CPF izquierda y otras partes del lóbulo frontal. El pronóstico era muy malo, pero el paciente no quería hacer nada al respecto. Había perdido la capacidad y la energía para dirigir su vida como

quería. Véase Knight, R. T., Grabowecky, M. F., y Scabini, D. (1995). «Role of human prefrontal cortex in attention control». *Advances in Neurology*, 66, 21-36.

3. https://www.youtube.com/watch?v=vJG698U2Mvo

4. https://www.youtube.com/watch?v=VkrrVozZR2c

5. El hipotálamo libera el factor liberador de corticotropina (CRF). Esto estimula a la hipófisis para que libere la hormona adrenocorticotrópica (ACTH). Esta, a su vez, estimula la corteza suprarrenal para que libere cortisol durante varias horas.

6. Gremel, C. M., Chancey, J. H., Atwood, B. K., Luo, G., Neve, R., Rama krishnan, C., ... Costa, R. M. (2016). «Endocannabinoid modulation of orbitostriatal circuits gates habit formation». *Neuron*, 90 (6), 1312-1324.

7. La neurociencia y la creatividad son un tema fascinante, pero no podemos tratarlo en detalle aquí. Se han realizado muchos estudios que utilizan la neuroimagen para explorar la función cerebral mientras los sujetos se dedican a resolver diversos rompecabezas. Inevitablemente, cuanto más complejo es el problema, más sistemas del cerebro intervienen, y los resultados pueden ser difíciles de interpretar. Los rompecabezas sencillos dan resultados más simples, pero la creatividad es mucho más que la capacidad de resolver rompecabezas.

Si quieres investigar más sobre esto, consulta:

Abraham, A., Pieritz, K., Thybusch, K., Rutter, B., Kröger, S., Schweckendiek, J., ... Hermann, C. (2012). Creatividad y cerebro: «Creativity and the brain: Uncovering the neural signature of conceptual expansion». *Neuropsychologia*, 50 (8), 1906-1917

Amabile, T. M., Conti, R., Coon, H., Lazenby, J., y Herron M. (1996). «Assessing the work environment for creativity». *Academy of Management Journal*, 39 (5), 1154-1184.

Sawyer, K. (2011). «The cognitive neuroscience of creativity: A critical review». *Creativity Research Journal*, 23 (2), 137-154.

8. Lhermitte, F. (1983). «'Utilization behaviour' and its relation to lesions of the frontal lobes». *Brain*, 106 (2), 237-255.

9. Se ha identificado que la parte lateral de la CPF, situada detrás de la nariz, está implicada en la capacidad de pensar en abstracciones. Esto se desarrolla durante la adolescencia. Véase Dumontheil, I. (2014). «Development of abstract thinking during childhood and adolescence: the role of rostrolateral prefrontal cortex». *Developmental Cognitive Neuroscience*,

10, 57-76.

10. Grondin, S. (2010). «Timing and time perception: a review of recent behavioural and neuroscience findings and theoretical directions». *Attention, Perception, & Psychophysics,* 72 (3), 561-582.

11. Carter, C. S., Braver, T. S., Barch, D. M., Botvinick, M. M., Noll, D., y Cohen, J. D. (1998). «Anterior cingulate cortex, error detection, and the online monitoring of performance». *Science,* 280 (5364), 747-749.

12. Pero sólo hasta cierto punto. Demasiada dopamina hace que el rendimiento disminuya, especialmente en tareas que requieren flexibilidad. Los niveles elevados de dopamina dan lugar a una mentalidad obstinada sin flexibilidad.

Capítulo 4

1. Daniel Kahneman, premio Nobel de Economía, prácticamente inventó el campo de la economía del comportamiento con su colega Amos Tversky. La economía estuvo dominada durante muchos años por la suposición de que el comportamiento económico de las personas era perfectamente racional. Las interacciones entre estas personas completamente racionales produjeron el desorden de la macroeconomía. La teoría económica era normativa: definía cómo debían tomar las decisiones las personas. Kahneman propuso una teoría descriptiva de la decisión: cómo se toman realmente las decisiones. Demostró con detalle que nuestro comportamiento económico no era racional, que la gente era muy mala prediciendo probabilidades, calculando el riesgo y tomando buenas decisiones económicas. Utilizan información limitada y formas de pensar que son rápidas... y erróneas. Es peligroso suponer que la gente actúa sistemáticamente de forma racional. Véase Kahneman, D. (2011). *Pensar rápido, pensar despacio.* Debate.

2. Nisbett, R. E., y Wilson, T. D. (1977). «Telling more than we can know». *Psychological Review,* 84 (3), 231.

3. Véase *Inteligencia intuitiva,* de Malcolm Gladwell (Taurus, 2005). Gladwell acuñó la expresión *thin slicing* para referirse a la capacidad de emitir un juicio preciso a partir de pocos datos. Sin embargo, sus ejemplos son juicios realizados por expertos, que tienen una gran experiencia en el campo y cuya intuición está bien educada.

4. Fiske, S. T., y Taylor, S. E. (2013). «Social Cognition». Sage. (Es un buen libro que integra la psicología con la neurociencia).

5. Dion, K. K. (1986). «Stereotyping based on physical attractiveness: Issues and conceptual perspectives». En C. P. Herman, M. P. Zanna, y E. T. Higgins (Eds.), *Physical appearance, stigma and social behavior: The Ontario Symposium* (Vol. 3, pp. 7-21). Hillsdale, NJ: Erlbaum.
    También: Feingold, A. (1992). «Good-looking people are not what we think». *Psychological Bulletin,* 111 (2), 304.

6. Willis, J., y Todorov, A. (2006). «First impressions: Making up your mind after a 100-ms exposure to a face». *Psychological Science,* 17 (7), 592-598.

7. Malcolm Gladwell, en *Inteligencia intuitiva,* se refiere a esto como el Error de Warren Harding, en honor a este hombre tan atractivo que fue elegido presidente de los Estados Unidos en 1921, pero que generalmente se considera uno de los peores presidentes de la historia debido a su falta de criterio.

8. En un estudio, los participantes recibieron cincuenta dólares y se les pidió que eligieran entre dos opciones: quedarse con treinta dólares o apostar al lanzar una moneda. Si salía cara, se quedaban con los cincuenta, y si salía cruz, perdían los cincuenta. En esta situación, la mayoría de las personas eran reacias al riesgo, y sólo el 43 % decidió apostar. A continuación, se les pidió que eligieran entre perder veinte dólares o apostar con la misma posibilidad de perder todo o quedarse con los cincuenta. Más del sesenta por ciento optó por apostar, a pesar de que los dos escenarios eran idénticos. La palabra «pérdida» es muy poderosa.

9. Lee la historia completa en: Joseph O'Connor y Andrea Lages, *Coaching con PNL,* Ediciones Urano, 2005.

10. Tom, G., Nelson, C., Srzentic, T., y King, R. (2007). «Mere exposure and the endowment effect on consumer decision making». *The Journal of Psychology,* 141 (2), 117-125.

11. Hasher, L., Goldstein, D., y Toppino, T. (1977). «Frequency and the conference of referential validity». *Journal of Verbal Learning and Verbal Behaviour,* 16 (1), 107-112.

12. Ve a https://www.youtube.com/watch?v=vJG698U2Mvo para la prueba original y a https://www.youtube.com/watch?v=UtKt8YF7dgQ para dar un giro divertido al original.

https://www.youtube.com/watch?v=FWSxSQsspiQ para otro ejemplo sorprendente de nuestra incapacidad para prestar atención y seguir viendo lo que esperamos en lugar de lo que hay.

13. Nickerson, R. S. (1998). «Confirmation bias: A ubiquitous phenomenon in many guises». *Review of General Psychology,* 2 (2), 175.

14. Es cierto que se trata de un juego trivial, pero las investigaciones demuestran que nuestro cerebro se siente atraído por las pruebas que confirman una idea en la mayoría de los ámbitos. Hay algunas áreas en las que lo hacemos mejor, normalmente cuando hay que comprobar la idoneidad de las personas (por ejemplo, la obtención de un pasaporte). Véase Cheng, P. W., y Holyoak, K. J. (1985). «Pragmatic reasoning schemas». *Cognitive Psychology,* 17 (4), 391-416.

15. Una condición conocida como apofenia: tendencia a ver patrones donde no existen.

16. De la idea tan citada de que si tienes millones de monos escribiendo en un teclado durante un tiempo infinito, uno de ellos escribirá *Hamlet.*

17. Por ejemplo, cuando se les pregunta por su capacidad de conducción, la mayoría de las personas dirán que están por encima de la media, aunque admiten que los demás pueden no estar de acuerdo con ellos.

18. Haslam, S. A., Reicher, S. D., y Platow, M. J. (2010). *The new psychology of leadership: Identity, influence and power.* Psychology Press.

19. Consulta el sitio web www.tylervigen.com para ver esta y otras correlaciones igualmente extrañas.

20. Véase el excelente libro de Dan Ariely: *A field guide to Lies and Statistics* (Viking, 2016) para un tratamiento claro de las innumerables formas en que podemos engañarnos con las estadísticas.

21. Frederick, S. (2005). «Cognitive reflection and decision making». *The Journal of Economic Perspectives,* 19 (4), 25-42.

22. 1. Cinco centavos. 2. Cinco minutos 3. Cuarenta y siete días.

23. Hay una muy buena explicación en el sitio web https://betterexplained.com/articles/understanding-the-monty-hall-problem/ (consultado el 4 de enero de 2018). Este sitio tiene una simulación de juego en la que puedes probar diferentes estrategias y ver cómo funcionan.

24. Bargh, J. A., Chen, M., y Burrows, L. (1996). «Automaticity of social behavior: Direct effects of trait construct and stereotype activation on action». *Journal of Personality and Social Psychology,* 71 (2), 230.

25. Dijksterhuis, A., y Van Knippenberg, A. (1998). «The relation between perception and behavior, or how to win a game of Trivial Pursuit». *Journal of Personality and Social Psychology,* 74 (4), 865.

26. Williams, L. E., y Bargh, J. A. (2008a). «Experiencing physical warmth promotes interpersonal warmth». *Science,* 322 (5901), 606-607.

27. Williams, L. E., y Bargh, J. A. (2008b). «Keeping one's distance: The influence of spatial distance cues on affect and evaluation». *Psychological Science,* 19 (3), 302-308.

28. Englich, Birte, Thomas Mussweiler y Fritz Strack. «Playing dice with criminal sentences: The influence of irrelevant anchors on experts judicial decisionmaking». *Personality and Social Psychology Bulletin* 32.2 (2006): 188-200.

29. Gilbert, D. T., Krull, D. S., y Malone, P. S. (1990). «Unbelieving the unbelievable. Some problems in the rejection of false information». *Journal of Personality and Social Psychology,* 59 (4), 601.

Capítulo 5

1. Son diferentes de las sensaciones, que son sentimientos corporales (que pueden ser agradables, dolorosos o neutros).

2. Existe una cantidad enorme de literatura neurocientífica, psicológica y académica sobre la emoción con muy poco consenso. Hay muchas teorías. La hipótesis de James Lange afirma que las emociones no son más que interpretaciones de la reacción de nuestro cuerpo (me siento acalorado, tengo los ojos brillantes y los puños cerrados, por tanto, estoy enfadado). Desde este punto de vista, no se puede sentir una emoción sin una reacción corporal. Las teorías de la valoración afirman que una emoción es una reacción a la forma en que evaluamos los acontecimientos en diferentes niveles. Las emociones son ambas cosas. Sea cual sea la explicación académica, todos conocemos las emociones de primera mano, cuando las experimentamos. También las reconocemos (aunque sea tardíamente) en los demás.

3. Todavía se debate si existen emociones universales, sentidas por todos en todas las culturas. Parece probable que las haya, aunque sólo sean las básicas ligadas a la supervivencia, como el miedo, la ira y el asco. El trabajo de toda la vida de Paul Ekman consistió en identificar los rasgos faciales de expresión que acompañan a las emociones, independientemente de la cultura. Parece probable que los seres humanos de todo el mundo tengan las mismas expresiones universales para siete emociones. Estas siete emociones son el miedo, la ira, la tristeza, el asco, la sorpresa, la felicidad y el desprecio. Otras emociones (por ejemplo, la vergüenza o el júbilo) también intentan entrar en esta lista. Véase Ekman, P. (2017). *El rostro de las emociones*. RBA, Barcelona.

4. Para un estudio de la vida real, véase: Feinstein, J. S., Adolphs, R., Damasio, A., y Tranel, D. (2011). «The human amygdala and the induction and experience of fear». *Current Biology*, 21 (1), 34-38.

5. Jung, W. H., Lee, S., Lerman, C., y Kable, J. W. (2018). «Amygdala functional and structural connectivity predicts individual risk tolerance». *Neuron*. Doi: 10.1016/j.neuron.2018.03.019.

6. Whalen, P. J., Rauch, S. L., Etcoff, N. L., McInerney, S. C., Lee, M. B., y Jenike, M. A. (1998). «Masked presentations of emotional facial expressions modúlate amygdala activity without explicit knowledge». *Journal of Neuroscience*, 18 (1), 411-418.

7. La historia completa se encuentra en *El cerebro emocional* de Joseph Le Doux, publicado por Planeta, 1999.

8. Bickart, K. C., Wright, C. I., Dautoff, R. J., Dickerson, B. C., y Barrett, L. F. (2011). «Amygdala fann and social network size in humans». *Nature Neuroscience*, 14 (2), 163-164.

9. Adolphs, R., Tranel, D., y Denburg, N. (2000). «Impaired emotional declarative memory following unilateral amygdala damage». *Learning & Memory*, 7 (3), 180-186.

10. Kim, M. J., y Whalen, P. J. (2009). «The structural integrity fan amygdala–prefrontal pathway predicts trait anxiety». *Journal of Neuroscience*, 29 (37), 11614-11618.

11. Esto se descubrió gracias a la prueba de Wada, en la que los neurocirujanos inyectan un anestésico en la arteria carótida de un lado del cuello para preparar la cirugía. Este procedimiento paraliza la mitad del cerebro y muestra al cirujano en qué lado se encuentran las facultades

del lenguaje. Resultó que los pacientes a los que se les paralizó el hemisferio derecho (para que funcionaran sólo con el hemisferio izquierdo) eran incontrolablemente felices y se reían sin motivo. Los que tenían el hemisferio izquierdo paralizado se ponían tristes y deprimidos, también sin motivo aparente.

12. Fox, N. A., y Davidson, R. J. (1986). «Taste-elicited changes in facial signs of emotion and the asymmetry of brain electrical activity in human newborns». *Neuropsychologia,* 24 (3), 417-422.

13. Henriques, J. B., y Davidson, R. J. (1991). «Left frontal hypoactivation in depression». *Journal of Abnormal Psychology,* 100 (4), 535.

14. Estos fármacos se conocen como inhibidores selectivos de la captación de serotonina o ISRS y el Prozac es el más conocido. Bloquean la captación de serotonina en las sinapsis y aumentan así el nivel en el cerebro, aunque no está claro en qué medida esto es de ayuda para la depresión.

15. Martin Seligman, autor, neurocientífico y fundador de la Psicología Positiva, tiene una fórmula para medir la felicidad. H = S + C + V. H representa tu nivel de felicidad en cualquier momento (H de *Happiness,* alegría en inglés). S es tu rango establecido —algunos tienen un rango más amplio que otros— y es algo que se establece genéticamente (S de *Set Range*). C representa las circunstancias externas, que están fuera de tu control (C de *Circumstances*). V es lo que puedes hacer voluntariamente; eso está bajo tu control (V de *Voluntarily*). Con esta fórmula, las buenas circunstancias (C) pueden hacernos felices, pero nuestro único campo de influencia radica en lo que hacemos (V).

16. Hay muchas investigaciones sobre ganadores de lotería que lo demuestran. Por ejemplo, véase Gardner, J., y Oswald, A. J. (2007). «Money and mental wellbeing: A longitudinal study of medium-sized lottery wins». *Journal of Health Economics,* 26 (1), 49-60. También existe literatura sobre la influencia de los niveles de ingresos en la felicidad. Como es de esperar, el aumento de los ingresos básicos hace que uno sea más feliz a corto plazo, pero no a largo plazo, y hay poca correlación entre los niveles de felicidad declarados y los niveles de ingresos. Véase Easterlin, R. A. (1995). «Will raising the incomes of all increase the happiness of all?». *Journal of Economic Behaviour & Organization,* 27 (1), 35-47.

17. Steptoe, A., Wardle, J., y Marmot, M. (2005). «Positive affect and health-related neuroendocrine, cardiovascular, and inflammatory processes». *Proceedings of the National academy of Sciences of the United States of America,*

102 (18), 6508-6512. Citado en Davidson, Richard, (2012) con Sharon Begley, *The emotional life of your brain*. Hodder and Stoughton.

18. Foot, P. (1967). «The problem of abortion and the doctrine of double effect». *Oxford Review*, 5 (5), 15.

19. Greene, J. D., Morelli, S. A., Lowenberg, K., Nystrom, L. E., y Cohen, J. D. (2008). «Cognitive load selectively interferes with utilitarian moral judgment». *Cognition*, 107 (3), 1144-1154.

20. Greene, J. D., Sommerville, R. B., Nystrom, L. E., Darley, J. M., y Cohen, J. D. (2001). «An fMRI investigation of emotional engagement in moral judgment». *Science*, 293 (5537), 2105-2108.

21. Valdesolo, P., y DeSteno, D. (2006). «Manipulations of emotional context shape moral judgment». Psychological Science, 17 (6), 476-477.

22. Greene, J. D., Nystrom, L. E., Engell, A. D., Darley, J. M., y Cohen, J. D. (2004). «The neural bases of cognitive conflict and control in moral judgment». *Neuron*, 44 (2), 389-400.

23. Craig, A. D., y Craig, A. D. (2009). «How do you feel now? The anterior insula and human awareness». *Nature Reviews Neuroscience*, 10 (1), 59-70.

24. Xue, G., Lu, Z., Levin, I. P., y Bechara, A. (2010). «The impact of prior risk experiences on subsequent risky decision-making: The role of the insula». *Neuroimage*, 50 (2), 709-716.

25. Davidson, Richard, (2012) con Sharon Begley, *The emotional life of your brain*. Hodder and Stoughton.

26. Goldin, P., y Gross, J. (2010). «Effects of mindfulness-based stress reduction (MBSR) on emotion regulation in social anxiety disorder». *Emotion*, 10 (1), 83.

27. Goldin, P. R., McRae, K., Ramel, W., y Gross, J. J. (2008). «The neural bases of emotion regulation: Reappraisal and suppression of negative emotion». *Biological Psychiatry*, 63 (6), 577-586.

28. Gross, J. J. (1998). «Antecedent and response-focused emotion regulation: divergent consequences for experience, expression, and physiology». *Journal of Personality and Social Psychology*, 74 (1), 224.

Capítulo 6

1. Bartra, O., McGuire, J. T., y Kable, J. W. (2013). «The valuation system: A coordinate-based meta-analysis of BOLD fMRI experiments examining neural correlates of subjective value». *Neuroimage*, 76, 412- 427.

2. Hare, T. A., Camerer, C. F., y Rangel, A. (2009). «Self-control in decision-making involves modulation of the VmPFC valuation system». *Science*, 324 (5927), 646-648.

3. Charnov, E. L. (1976). «Optimal foraging, the marginal value theorem». *Theoretical Population Biology*, 9 (2), 129-136.

4. Rushworth, M. F., Kolling, N., Sallet, J., y Mars, R. B. (2012). «Valuation and decision-making in frontal cortex: One or many serial or parallel systems?». *Current Opinion in Neurobiology*, 22 (6), 946-955.

5. Antonio Damasio ha escrito muchos libros sobre la neurociencia de las emociones y la conciencia. Véase: *Sentir y saber* (Debate. 2021).

6. Saver, J. L., y Damasio, A. R. (1991). «Preserved access and processing of social knowledge in a patient with acquired sociopathy due to ventromedial frontal damage». *Neuropsychologia*, 29 (12), 1241-1249.

7. Bechara, A., y Damasio, A. R. (2005). «The somatic marker hypothesis: A neural theory of economic decision». *Games and Economic Behavior*, 52 (2), 336-372.

8. Fellows, L. K., y Farah, M. J. (2005). «Dissociable elements of human foresight: A role for the ventromedial frontal lobes in framing the future, but not in discounting future rewards». *Neuropsychologia*, 43 (8), 1214-1221.

9. Rolls, E. T., Everitt, B. J., y Roberts, A. (1996). «The orbitofrontal cortex». *Philosophical Transactions of the Royal Society of London B: Biological Sciences*, 351 (1346), 1433-1444.

10. Cialdini, R. B., y Cialdini, R. B. (2022). *Influencia*. HarperCollins, Madrid.

11. Hosoda, M., Stone-Romero, E. F., y Coats, G. (2003). «The effects of physical attractiveness on job-related outcomes: A meta-analysis of experimental studies». *Personnel Psychology*, 56 (2), 431-462.

12. Mazzella, R., y Feingold, A. (1994). «The effects of physical attractiveness, race, socioeconomic status, and gender of defendants and victims on judgments of mock jurors: A meta-analysis». *Journal of Applied Social Psychology*, 24 (15), 1315-1338.

13. Cosmides, L., y Tooby, J. (2000). *87 the cognitive neuroscience of social reasoning.* Vintage Books, Nueva York.

14. Cialdini, R. B., y Cialdini, R. B. (2022). *Influencia.* HarperCollins, Madrid.

15. Miedo a perderse algo (por sus siglas en inglés *Fear Of Missing Out*). Ahora tiene sus propias camisetas y libros explicativos: más vale que te hagas con uno mientras dure.

16. Los vendedores utilizan esta estratagema de muchas formas creativas. Están las «últimas giras» de grupos de rock que se realizan cada año, y muchas presentaciones que se reservan deliberadamente para una sala pequeña, de modo que se agotan rápidamente, creando la idea de escasez para la próxima vez.

17. Asch, S. E., y Guetzkow, H. (1951). «Effects of group pressure upon the modification and distortion of judgments». *Groups, Leadership, and Men,* 222-236.

18. Danziger, S., Levav, J., y Avnaim-Pesso, L. (2011). «Extraneous factors in judicial decisions». *Proceedings of the National Academy of Sciences,* 108 (17), 6889-6892.

19. *The Paradox of Choice* es el título de un libro de Barry Schwartz publicado en 2003 por HarperCollins. Schwartz sostiene que, aunque la elección es generalmente buena, un exceso de opciones puede ser paralizante y conducir a un arrepentimiento y una ansiedad innecesarios por las decisiones que no se tomaron.

20. Véase https://en.wikipedia.org/wiki/Herbert_A._Simon para un resumen de la carrera de Simon (consultado el 31 de marzo de 2018).

21. McClure, S. M., Laibson, D. I., Loewenstein, G., y Cohen, J. D. (2004). «Separate neural systems value immediate and delayed monetary rewards». *Science,* 306 (5695), 503-507.

22. En el libro *Pensar rápido, pensar despacio,* Kahneman y Tversky te piden que elijas entre tener cien dólares ahora o ciento diez dentro de una semana.

¿Qué elegirías? La mayoría de la gente coge el dinero ahora; ¿Por qué esperar una semana para tener otros míseros diez dólares? Pero ¿qué pasaría si te ofrecieran cien dólares dentro de un año o ciento diez si esperas cincuenta y tres semanas? La mayoría de la gente tiende a esperar la semana extra, a pesar de que la recompensa es la misma que en el primer ejemplo. No sabemos a partir de qué número de semanas cambia la preferencia, pero sospechamos que es bastante bajo, quizá dos o tres semanas. ¿Cuánto tiempo esperarías por diez dólares más?

23. Hay un sitio web (www.sticKK.com) en el que eliges tu objetivo, por ejemplo, perder peso, ir al gimnasio o escribir un libro. Acuerdas que, si fracasas, pagarás una suma de dinero a una organización de tu elección. Como incentivo adicional, puedes optar por donarlo a una organización que desprecies. Se trata de una especie de contrato de Ulises a la inversa, en el que tu yo del presente conoce la debilidad de tu yo del futuro e ingenia un castigo para tu yo del futuro si no cumple el contrato.

Capítulo 7

1. Kahneman, D., Fredrickson, B. L., Schreiber, C. A., y Redelmeier, D. A. (1993). «When more pain is preferred to es: Adding a better end». *Psychological Science*, 4(6), 401-405.

2. Henry Molaison (o H.M., como se le llamaba en vida) fue uno de los pacientes más famosos de la historia de la neurociencia. Es otro triste ejemplo de una persona que nos ayudó a entender el cerebro, a costa de una lesión traumática. Nació en 1926 y murió en 2008.

3. Varias películas han intentado dramatizar esta experiencia de amnesia retrógrada completa que sufrió Henry Molaison. *El curioso caso de Benjamin Button* y *Memento* son las que más se acercan. También la novela *Hyperion*, de Dan Simmons, tiene un personaje que sufre la Enfermedad de Merlín. Esto le hace envejecer hacia atrás, cada mañana se despierta un día más joven que el día anterior sin recordar nada de este.

4. Propuesto por primera vez por Miller en 1956, este modelo sigue siendo válido hoy en día. El tamaño del segmento, sin embargo, es el que cada uno pueda conseguir.
   Miller, G. A. (1956). «The magical number seven, plus or minus two: Some limits on our capacity for processing information». *Psychological Review*, 63(2), 81.

5. Maguire, E. A., Gadian, D. G., Johnsrude, I. S., Good, C. D., Ashburner, J., Frackowiak, R. S., y Frith, C. D. (2000). «Navigation-related structural change in the hippocampi of taxi drivers». *Proceedings of the National Academy of Sciences*, 97(8), 4398-4403.

6. La estrategia del palacio de la memoria es conocida por los griegos y los romanos desde el siglo VIII a. C. Consiste en visualizar una casa imaginaria y colocar las cosas que se quieren recordar en lugares específicos. Ayuda a imaginar que se camina por la casa recuperando ideas, visualizando el lugar y escuchando los sonidos. Hay varios libros útiles sobre estrategias de memoria.

Su memoria, cómo funciona y cómo mejorarla, de Kenneth Higbee (Paidós, Barcelona, 1998).

Véase también el libro de Joshua Foer, *Moonwalking with Einstein*, publicado por Penguin Books en 2011. Joshua Foer es un periodista que se interesó por el entrenamiento de la memoria. Tras un año de estudio, llegó a la final de los campeonatos de memoria de Estados Unidos. Compitió con otros en tareas como memorizar la secuencia de dos barajas de cartas en cinco minutos. Escribe de forma entretenida sobre el extraño mundo en el que la gente memoriza enormes cadenas de números al azar. Al leer su libro, me acordé de la ocurrencia de Oscar Wilde (creo) sobre un elefante montando en bicicleta: «Lo único más sorprendente que un elefante montando en bicicleta es que alguien intente enseñarle».

7. El neurocientífico David Eagleman exploró este fenómeno de «deformación del tiempo» en una serie de experimentos en los que voluntarios (por supuesto) se dejaban tirar desde ciento cincuenta pies en tres segundos, con una velocidad máxima de setenta millas por hora sobre una red de seguridad especial. Las personas estimaron que su propia caída había sido más larga que la de otras personas. Al hacerles mirar un cronómetro especial mientras caían, Eagleman demostró que el tiempo sólo parecía ir más lento. La ralentización del tiempo en la realidad pertenece a la ciencia ficción, en una larga tradición que va desde Alfred Bester en su novela de 1957, *Tiger Tiger*, hasta la trilogía cinematográfica *Matrix*, 1999-2003.

8. Hirst, W., Phelps, E. A., Buckner, R. L., Budson, A. E., Cuc, A., Gabrieli, J. D., ... Vaidya, C. J. (2009). «Long-term memory for the terrorist attack of September 11: Flashbulb memories, event memories, and the factors that influence their retention». *Journal of Experimental Psychology: General*, 138(2), 161.

9. Bremner, J. D., Randall, P., Vermetten, E., Staib, L., Bronen, R. A., Mazure, C., ... Charney, D. S. (1997). «Magnetic resonance-based measurement of hippocampal volume in posttraumatic stress disorder related to childhood physical and sexual abuse - A preliminary report». *Biological Psychiatry,* 41(1), 23-32.

10. Bremner, J. D., Narayan, M., Anderson, E. R., Staib, L. H., Miller, H. L., y Charney, D. S. (2000). «Hippocampal volume reduction in major depression». *American Journal of Psychiatry,* 157(1), 115-118.

11. Jenkins, J. G., y Dallenbach, K. M. (1924). «Obliviscence during sleep and waking». *The American Journal of Psychology,* 35(4), 605-612.

12. Stickgold, R., y Walker, M. P. (2013). «Sleep-dependent memory triage: Evolving generalization through selective processing». *Nature Neuroscience,* 16(2), 139.

13. Los neurocientíficos aún no comprenden cómo se almacena la memoria y se vuelve a acceder a ella de forma tan específica. Podemos recordar un acontecimiento concreto, con sus sentimientos, con un detalle asombroso, desde hace mucho tiempo. Una teoría interesante es que el almacenamiento de la memoria está relacionado con la proteína de unión del elemento de poliadenilación citoplasmática (CPEB, por sus siglas en inglés), que cambia su configuración bajo la influencia de los neurotransmisores serotonina y dopamina. Una vez activada, marca las dendritas y sinapsis como una memoria específica que puede reactivarse de nuevo con los neurotransmisores.
Véase: *En busca de la memoria,* de Eric Kandel (Katz Barpal Editores, 2013) para un relato accesible, por el neurocientífico que hizo esta investigación.

14. Quiroga, R. Q., Reddy, L., Kreiman, G., Koch, C., y Fried, I. (2005). «Invariant visual representation by single neurons in the human brain». *Nature,* 435(7045), 1102.

15. Nader, K., Schafe, G. E., y LeDoux, J. E. (2000). «The labile nature of consolidation theory». *Nature Reviews. Neuroscience,* 1(3), 216.

16. Nader, K., Schafe, G. E., y Le Doux, J. E. (2000). «Fear memories require protein synthesis in the amygdala for reconsolidation after retrieval». *Nature,* 406(6797), 722.

17. Como dijo Sean Connery en el papel del profesor Jones en la película *Indiana Jones y la última cruzada,* «lo escribí para no tener que recordarlo».

18. Hemos inventado sistemas de memoria externa cada vez mejores. Los sistemas de escritura comenzaron probablemente alrededor del año 7.000 a. C., y por primera vez fue posible hacer un registro independiente de un acontecimiento al margen de la memoria humana. Poco a poco, con la mejora de los sistemas de escritura y el desarrollo de las lenguas, fue posible registrar la historia y transmitirla entre generaciones con independencia del narrador. Hasta la aparición de la imprenta, alrededor de 1.450, la escritura era lenta y laboriosa, por lo que sólo se registraba la información más importante. Con la imprenta, de repente fue más rápido y fácil acceder a la información fuera de nuestro cerebro. Ahora, con el almacenamiento en la nube, Google y millones de sitios web, no tenemos que recordar datos. Google accede a nuestra memoria semántica. Tal vez, esto conduzca a una disminución de la capacidad de recordar, porque no lo necesitamos.

19. Puede que estemos subcontratando nuestra memoria episódica a Instagram, YouTube y la fotografía digital.

20. La memoria procedimental de Henry Molaison no se vio afectada por la operación. Podía seguir aprendiendo habilidades; mejoraría en ellas con el tiempo, aunque no volvería a aprenderlas. Esto tiene que haber sido una experiencia extraña: mejorar pero, aparentemente, no practicar nunca.

21. La memoria dependiente del contexto a menudo juega en nuestra contra. Las nuevas ideas de la sesión de *coaching* pueden ser de difícil acceso en el trabajo. Las nuevas habilidades aprendidas en una formación fuera del trabajo se pierden fácilmente en el contexto laboral más familiar. Las habilidades y la información se aprenden en un contexto y se recuerdan más fácilmente en ese contexto. A los buceadores se les enseñan ejercicios de seguridad y los repiten bajo el agua, donde los necesitarán, no en tierra.

22. Se puede encontrar un breve resumen en: Tulving, E., y Schacter, D. L. (1990). «Priming and human memory systems». *Science*, 247(4940), 301-306.

23. Graf, P., y Schacter, D. L. (1985). «Implicit and explicit memory for new associations in normal and amnesic subjects». *Journal of Experimental Psychology: Learning, Memory, and Cognition*, 11(3), 501.

24. Ahora, haz una lista de todo lo que has visto de color azul.

No es tan fácil, porque te han preparado para buscar el verde de forma bastante explícita. Para recordar el azul, tienes que volver a pensar y escanear tu memoria e ignorar lo que has notado anteriormente. También muestra el poder de la atención. Al prestar atención a una cosa, las demás se vuelven invisibles. Vuelve a mirar a tu alrededor y fíjate en cuántos objetos de color azul has pasado por alto.

25. ¿Cuántas de las siguientes palabras aparecían en el texto que acabas de leer? Escribe las que recuerdes y luego vuelve al texto.

Núcleo	Verde
Piña	Manzana
Uva	Carretera
Frambuesa	Menú
Pastel	Grosella
Cóctel	Destornillador
Naranja	Tomate
Campanas	Pera
Calabacín	Cinco

26. Tu número es veinticuatro (o quizá cuarenta y dos) si el primado ha funcionado («funciona entre dos o cuatro personas» y «veinticuatro palabras» y «dos palabras en la lista»). Tal vez hayas detectado el primado. La próxima vez que veas a un mentalista, fíjate en el primado. Cada palabra y cada gesto son significativos.

27. Loftus, E. F., y Palmer, J. C. (1996). *Eyewitness testimony. Introducing Psychological Research.* Macmillan Education UK, 305-309.

28. Esta investigación ha sido cuestionada alegando que los sujetos eran estudiantes universitarios y no una población media. En segundo lugar, estaban viendo vídeos con poca implicación emocional. Si estuvieran implicados o fueran testigos de un accidente real, la respuesta emocional puede afectar al recuerdo y hacer que el resultado sea diferente. Por lo que sabemos, una emoción fuerte probablemente distorsionaría aún más el recuerdo.

29. Loftus, E. F., y Zanni, G. (1975). «Eyewitness testimony: The influence of the wording of a question». *Bulletin of the Psychonomic Society,* 5(1), 86-88.

30. Estas pequeñas palabras como él, ella, a, el, de, a y demás son el agua social en la que flotan los sustantivos y verbos específicos. Para ver lo

importantes que son y cómo las procesa el cerebro, lee *The Secret Life of Pronouns*, de James Pennebaker, Bloomsbury Press, 2011.

31. Averell, L., y Heathcote, A. (2011). «The form of the forgetting curve and the fate of memories». *Journal of Mathematical Psychology*, 55(1), 25-35.

32. Dijksterhuis, A., y Van Knippenberg, A. (1998). «The relation between perception and behavior, or how to win a game of trivial pursuit». *Journal of Personality and Social Psychology*, 74(4), 865.

Capítulo 8

1. El cómico inglés Eddie Izzard tiene un número en el que imagina qué habría pasado si Pavlov hubiera utilizado gatos en lugar de perros para su experimento. A pesar de que los gatos son mucho menos predecibles que los perros, el experimento habría funcionado igualmente (quizás no tan bien). Los gatos tuvieron que esperar hasta 1935 para que Schrodinger los pusiera en el mapa científico (pero no en el buen sentido).

2. No sabemos si los perros pensaban que la campana hacía aparecer la comida. Si lo hicieran, eso sería superstición canina. La superstición consiste en pensar que un acontecimiento externo es la causa de que algo ocurra, en lugar de estar simplemente asociado a él. La superstición es otra forma de intentar controlar y predecir el mundo. El conductista B.F. Skinner realizó experimentos en los que hizo que las palomas fueran supersticiosas alimentándolas a intervalos arbitrarios. Las palomas desarrollaron extraños rituales y tics tratando de hacer aparecer la comida, porque esta había llegado cuando ellas hicieron esas cosas una vez. En un entorno imprevisible, intentaban ejercer el control de la única manera que conocían: repitiendo lo que habían hecho antes, que tuvo éxito. Somos más inteligentes que las palomas y sabemos que si conseguimos un nuevo cliente el mismo día que nos ponemos una camisa nueva, si nos volvemos a poner esa camisa no conseguiremos otro cliente nuevo.

3. En latín significa sustancia negra. La dopamina le da el color negro del pigmento neuromelanina. La dopamina se produce en una parte de la SN llamada *pars compacta* (parte compacta).

4. Es la parte dorsal o frontal del cuerpo estriado, y está formada por dos estructuras llamadas caudado y putamen. La dopamina es importante en los ganglios basales para controlar el movimiento.

5. El estriado ventral y la vía mesolímbica de la dopamina recibieron una temprana reputación como centro del placer del cerebro gracias a los trabajos de Olds y Milner en la década de 1950. Implantaron electrodos en el cerebro de ratas y les dieron la oportunidad de estimular su cerebro pulsando una palanca. Algunas ratas presionaban la palanca unas cuantas veces y luego perdían el interés. Otras presionaban la palanca continuamente hasta que caían exhaustas. No les interesaba comer, dormir ni tener relaciones sexuales. A estas ratas se les implantaron los electrodos en lo que ahora llamamos la vía mesolímbica de la dopamina desde el ATV.

Véase Olds, J., y Milner, P. (1954). «Positive reinforcement produced by electrical stimulation of septal area and other regions of rat brain». *Journal of Comparative and Physiological Psychology*, 47 (6), 419.

Esto podría descartarse por la excentricidad de las ratas. Sin embargo, las investigaciones realizadas por Robert Heath en los años cincuenta, implantando electrodos en la región septal del cerebro de pacientes psiquiátricos, dieron resultados similares. Si se les daba la oportunidad, se autoestimulaban con preferencia incluso al sexo y al sueño. Véase Heath, R. G. (1963). «Electrical self-stimulation of the brain in man». *American Journal of Psychiatry*, 120 (6), 571-577.

Estos experimentos convirtieron a la dopamina en un tema de investigación candente durante muchos años.

Sin embargo, más tarde quedó claro que la dopamina estaba implicada en el deseo del placer, pero no en el placer mismo. Cuando los investigadores administraron un antagonista de la dopamina (una sustancia química que se asienta en los receptores de la dopamina y la bloquea), las personas seguirían sintiendo el placer de la experiencia pero no se sentirían impulsadas a tenerla.

6. Esta es la parte posterior del estriado.

7. Cuando las células productoras de dopamina de la *subtantia nigra* mueren, el resultado son temblores musculares y dificultad para iniciar movimientos, ya que la dopamina controla los movimientos voluntarios. Esto es la enfermedad de Parkinson. El Parkinson se trata con el fármaco L-Dopa, que se convierte en dopamina en el cerebro. La dopamina no puede administrarse directamente porque no pasa la barrera hematoencefálica.

8. Las expresiones faciales de los ratones no son muy convincentes desde el punto de vista científico. Hay una prueba mejor en otro experimento: los ratones modificados genéticamente para que no produzcan dopamina no muestran ninguna motivación para hacer nada y se mueren de hambre antes que tomarse la molestia de levantarse para ir al plato de comida. Los ratones sin dopamina son los arquetípicos comedores de loto.

9. La enzima catecol-O-metiltransferasa (COMT) descompone la dopamina una vez que ha sido utilizada en los lóbulos frontales. Algunas personas nacen con un gen que reduce la actividad de la COMT, lo que permite que la dopamina permanezca más tiempo en las sinapsis.

10. Ahora es posible, gracias a los avances en genética y al Proyecto Genoma Humano, conocer tu perfil genético de dopamina por menos de doscientos dólares.

11. La hipótesis del error de predicción fue propuesta por primera vez en 1972 por Robert Rescorla y Allan Wagner. No es de extrañar que se conozca como la hipótesis de Rescorla-Wagner. Todavía se discute si el error de predicción es la historia completa de cómo funciona la dopamina en el aprendizaje. Sin embargo, se ha comprobado que el aprendizaje por error de predicción es muy eficaz en el aprendizaje por refuerzo de la inteligencia artificial.

Las IAs ensayan muchas posibilidades (por ejemplo, jugadas de ajedrez) y refuerzan las redes que conducen a buenas posiciones (su recompensa programada). Con el tiempo, las redes más fuertes son las que tienen más éxito. Las mejores jugadas se elaboran de forma puramente pragmática -son las que conducen al éxito- por ensayo y error. Los humanos aprenden más rápido, pero las máquinas son más minuciosas. Hasta ahora, llevan la delantera en los juegos basados en reglas (ajedrez, Go) contra los mejores jugadores humanos.

12. Schultz, W., Dayan, P., y Montague, P. R. (1997). «A neural substrate of prediction and reward». *Science, 275* (5306), 1593-1599.

13. Schultz, W. (1998). «Predictive reward signal of dopamine neurons». *Journal of Neurophysiology,* 80 (1), 1-27.

14. Véase el libro *Motivar sin premios ni castigos* de Alfie Cohn (Cristiandad Editorial, 2018), en el que se trata muy bien cómo las empresas se equivocan en las recompensas. La búsqueda de la dopamina no se conocía entonces, pero los vínculos son fáciles de ver.

15. Hay muchas investigaciones sobre los ganadores de lotería. Por ejemplo, véase Gardner, J., y Oswald, A. J. (2007). «Money and mental wellbeing: A longitudinal study of medium-sized lottery wins». *Journal of Health Economics,* 26 (1), 49-60.

También existe literatura sobre la influencia de los niveles de ingresos en la felicidad. Como es de esperar, el aumento de los ingresos básicos hace que uno sea más feliz a corto plazo, pero no a largo plazo, y hay poca correlación entre los niveles de felicidad declarados y los niveles de ingresos. Por encima del nivel de sesenta mil dólares al año, los niveles de felicidad declarados se estancan. El dinero no puede comprar la felicidad, pero la falta de él puede comprar la miseria.

Véase Easterlin, R. A. (1995). «Will raising the incomes of all increase the happiness of all?». *Journal of Economic Behaviour & Organization*, 27 (1), 35-47.

16. *Las enseñanzas de Don Juan*. Fondo de Cultura Económica, 2017.

17. El café es el segundo producto en volumen de comercio internacional, después del petróleo. El café tiene una historia interesante. Cuando llegó a Inglaterra en el siglo XVI, era muy popular, especialmente entre los hombres, hasta el punto de que, en 1674, un grupo de mujeres hizo circular una petición llamada Petición de las mujeres contra el café. En ella se afirmaba que «el café lleva a los hombres a malgastar su tiempo, a quemar sus chuletas y a gastar su dinero, todo por un poco de agua de charco negra, espesa, desagradable, apestosa y nauseabunda». De ahí a *Starbucks* ha habido un largo camino.

18. La tasa de éxito para dejar de fumar es de alrededor del diez por ciento, más o menos la misma que para la heroína. Si se observan las tasas de éxito para dejar de fumar, la nicotina es tan adictiva como la heroína.

19. Véase Goudriaan, A. E., Oosterlaan, J., de Beurs, E., y Van den Brink, W. (2004). «Pathological gambling: A comprehensive review of biobehavioral findings». *Neuroscience & Biobehavioral Reviews*, 28 (2), 123-141.

También Reuter, J., Raedler, T., Rose, M., Hand, I., Gläscher, J., y Büchel, C. (2005). «Pathological gambling is linked to reduced activation of the mesolimbic reward system». *Nature Neuroscience, 8* (2), 147-148.

20. Sean Parker, antiguo ejecutivo y primer accionista de *Facebook*, ha dicho que *Facebook* explota la psicología humana, ya que la red social está diseñada para ser adictiva. Habla de que la web proporciona un pequeño chute de dopamina para mantener el interés.

Puedes ver el artículo completo aquí: https://www.axios.com/2017/12/15/sean-parker-unloads-on-facebook-god-only-knows-what-its-doing-to-our-childrens-brains-1513306792 (consultado el 3 de mayo de 2018).

21. Se basa en un modelo psicológico denominado programa de recompensa variable, descrito por primera vez por B.F. Skinner en la década de 1950. Demostró que los ratones respondían mejor a las recompensas aleatorias.

Presionaban una palanca y a veces recibían un premio sabroso. Y a veces nada. Estos ratones pulsaban la palanca repetidamente. Los ratones que recibían siempre la misma recompensa no lo hacían. La repetición es una forma de intentar controlar un entorno imprevisible. Las recompensas inesperadas proporcionan un aumento de la dopamina, pero son recompensas inesperadas programadas al azar, por lo que no pueden aprender de ellas. No pueden planear ninguna estrategia para obtenerlas, excepto seguir presionando. La siguiente podría ser el premio sabroso (o no). Lo mismo ocurre con los juegos de azar. La siguiente jugada podría ser la gran victoria (pero probablemente no). La posibilidad de la dopamina anula la CPFdl.

22. Se dice que fue utilizado por primera vez por *Google* en el año 2000.

23. Hay muchos buenos modelos de *coaching* e intervenciones para esto. Un buen punto de partida es el libro de Marshall Goldsmith *Un nuevo impulso* (Empresa Activa, 2007), que muestra algunos de estos comportamientos y cómo tratarlos, sin la explicación paralela de la neurociencia.

Capítulo 9

1. Gazzaniga, M. (2012). *Who's in charge? Free will and the science of the brain.* Hachette, Reino Unido.

2. El ejemplo de la gravedad es un extremo, creído por casi todo el mundo y apoyado por los hechos y la experiencia. Toda nuestra experiencia hasta la fecha nos lleva a predecir que si nos caemos de una silla sin tecnología ni soportes adicionales, nos golpearemos contra el suelo y no contra el techo.

3. Incluso los correctores ortográficos muy buenos pueden cometer errores divertidísimos y todos conocemos ejemplos. Nos gusta aquel en el que un amigo mandó un mensaje a su mujer diciendo que era vehicular. (Dijo que quería decir bellísima, pero ¿quién sabe?).

4. Nuestros cerebros funcionan con diferencias. Una persona normal y sana en un tanque de desprivatización sensorial con todo el sonido, la vista y la temperatura fijados, empezará a alucinar en quince minutos. La alucinación es la pérdida de paciencia del cerebro: si no hay diferencias, empieza a crearlas.

5. Hay muchas ilusiones ópticas y trucos fascinantes en www.michaelbach.de/ot/index.html (consultado el 5 de mayo de 2018).

6. Blakemore, S. J., Wolpert, D. M., y Frith, C. D. (1998). «Central cancellation of self-produced tickle sensation». *Nature Neuroscience*, 1 (7), 635-640.

7. Pero deben ser buenas preguntas. Es mejor el *autocoching* que el cuestionamiento inexperto.

8. Podemos tener una idea y luego ponerla a prueba, actuando sobre ella y recibiendo *feedback*. Pero no se puede aprender nada de la propia idea.

9. Esto explica el llamado efecto McGurk. El sonido que oímos depende de cómo vemos que se mueven los labios del hablante. Un sonido «Ah» sonará como «baa» si vemos que los labios del hablante hacen una forma para decir un sonido «b». Sonará como «faa» si vemos que los labios enmarcan un sonido «f». Se trata de una ilusión auditiva que no podemos anular (salvo cerrando los ojos).

Consulta https://www.youtube.com/watch?v=jtsfidRq2tw para ver el efecto completo.

10. Nunca hemos tenido un cliente que diera una puntuación de diez. Si lo hicieran, les pediríamos que dieran una puntuación a su creencia en la gravedad y les preguntaríamos si está en el mismo nivel de certeza.

Capítulo 10

1. Sólo en general; un introvertido obligado a participar con los demás se estresaría.

2. Bhatti, A. B., y ul Haq, A. (2017). «The pathophysiology of perceived social isolation: Effects on health and mortality». *Cureus*, 9 (1), e994.

3. Williams, K. D. (2007). «Ostracism». *Annual Review of Psychology*, 58.

4. Kohler, E., Keysers, C., Umilta, M. A., Fogassi, L., Gallese, V., y Rizzolatti, G. (2002). «Hearing sounds, understanding actions: Action representation in mirror neurons». *Science*, 297 (5582), 846-848.

5. Fadiga, L., Fogassi, L., Pavesi, G., y Rizzolatti, G. (1995). «Motor facilitation during action observation: A magnetic stimulation study». *Journal of Neurophysiology*, 73 (6), 2608-2611.

6. Iacoboni, M., y Dapretto, M. (2006). «The mirror neuron system and the consequences of its dysfunction». *Nature Reviews Neuroscience*, 7 (12), 942.

7. Por ejemplo, la anosognosia. Se trata de un extraño síndrome en el que el paciente niega el hecho de tener una parte de su cuerpo paralizada (por ejemplo, por un accidente cerebrovascular). El ejemplo más famoso fue el de Woodrow Wilson, presidente de los Estados Unidos de 1913 a 1921. Tuvo un derrame cerebral que le paralizó el lado izquierdo del cuerpo, pero insistió en que estaba bien. Muchos pacientes con anosognosia también niegan que otros pacientes discapacitados también estén paralizados. Esto puede deberse a que sus propios neuronas espejo están dañadas, por lo que tampoco pueden juzgar con precisión los movimientos de otras personas.

8. Esta parte del cerebro se activa poderosamente cuando imaginamos acciones anticipadas. Cuando está dañada, el resultado se conoce como apraxia, en la que el paciente no puede realizar acciones de habilidad y tiene dificultades para traducir un pensamiento en una acción.

9. Ya estamos muy influenciados por lo que hacen y dicen los demás, y no siempre en el buen sentido. Estudios sobre el efecto de la violencia en los medios de comunicación sugieren de forma abrumadora que fomenta la imitación.

Ver: Paik, H., y Comstock, G. (1994). «The effects of television violence on antisocial behavior: A meta-analysis». *Communication Research*, 21 (4), 516-546.

10. Mukamel, R., Ekstrom, A. D., Kaplan, J., Iacoboni, M., y Fried, I. (2010). «Single-neuron responses in humans during execution and observation of actions». *Current Biology*, 20 (8), 750-756.

11. Hay muchos trabajos que lo estudian, y es una explicación fascinante de cómo entendemos las metáforas. También puede explicar por qué funciona el primado: nuestros cerebros realizan simulaciones de lo que ocurre en el entorno de las que no somos conscientes, pero que influyen en nuestro pensamiento y, por tanto, en nuestras acciones.

Ver: Gallese, V., y Lakoff, G. (2005). «The brain's concepts: The role of the sensory-motor system in conceptual knowledge». *Cognitive Neuropsychology*, 22 (3-4), 455-479 y Aziz-Zadeh, L., Wilson, S. M., Rizzolatti, G., y Iacoboni, M. (2006). «Congruent embodied representations for visually presented actions and linguistic phrases describing actions». *Current Biology*, 16 (18), 1818-1823.

12. Uno de los mejores libros sobre empatía para *coaches*, además de ser una lectura muy interesante, es *The Science of Evil*, de Simon Baron-Cohen, que es uno de los principales investigadores de la empatía en la neurociencia. El

libro da muchos ejemplos y muestra cómo varía la empatía así como una forma de medir y entender tu propio grado de empatía.

13. Ickes, W. (1993). «Empathic accuracy». *Journal of Personality*, 61 (4), 587-610.

14. Este es el lugar a la derecha donde el lóbulo temporal se encuentra con el lóbulo parietal.

15. Saxe, R., y Kanwisher, N. (2003). «People thinking about thinking people The role of the temporo-parietal junction in ‹theory of mind'». *Neuroimage*, 19 (4), 1835-1842.

16. Un surco es una ranura poco profunda en la superficie del cerebro. Así, el STSP es el surco que está más atrás en la parte superior del lóbulo temporal.

17. Campbell, R., Heywood, C. A., Cowey, A., Regard, M., y Landis, T. (1990). «Sensitivity to eye gaze in prosopagnosic patients and monkeys with superior temporal sulcus ablation». *Neuropsychologia*, 28 (11), 1123-1142.

18. Mitchell, J. P., Macrae, C. N., y Banaji, M. R. (2004). «Encoding-specific effects of social cognition on the neural correlates of subsequent memory». *Journal of Neuroscience*, 24 (21), 4912-4917.

19. Los estudios sobre personas con rasgos psicopáticos también han arrojado luz sobre la empatía emocional. Los psicópatas suelen tener una excelente empatía cognitiva, pero poca o ninguna empatía emocional. Ver a otra persona sufriendo no les afecta. La psicopatía es un tema complejo, pero los estudios sugieren que las personas que puntúan alto en la lista de comprobación de Hare de la psicopatía tienen menos actividad en la CPF ventromedial (vía de la cognición caliente) y en la COF. También tienen más actividad en la amígdala y en el circuito de recompensa cuando ven sufrir a otras personas. Esto puede significar que disfrutan con el sufrimiento de los demás, lo contrario de la empatía compasiva. La empatía no se corresponde con ninguna región cerebral en particular, pero las investigaciones sugieren que las personas que carecen de empatía son sensibles a la idea de dolor en sí mismas, pero carecen de la capacidad de ponerse en el lugar de otra persona para sentir su dolor.
Ver Buckholtz, J. W., Treadway, M. T., Cowan, R. L., Woodward, N. D., Benning, S. D., Li, R., ... Smith, C. E. (2010). «Mesolimbic dopamine reward system hypersensitivity in individuals with

psychopathic traits». *Nature Neuroscience,* 13 (4), 419. También: Paulhus, D. L., y Williams, K. M. (2002). «The dark triad of personality: Narcissism, Machiavellianism, and psychopathy». *Journal of Research in Personality,* 36 (6), 556-563.

20. Shamay-Tsoory, S. G., Aharon-Peretz, J., y Perry, D. (2009). «Two systems for empathy: A double dissociation between emotional and cognitive empathy in inferior frontal gyrus versus ventromedial prefrontal lesions». *Brain,* 132 (3), 617-627.

21. Hutchison, W. D., Davis, K. D., Lozano, A. M., Tasker, R. R., y Dostrovsky, J. O. (1999). «Pain-related neurons in the human cingulate cortex». *Nature Neuroscience,* 2 (5), 403.

22. Cheng, Y., Lin, C. P., Liu, H. L., Hsu, Y. Y., Lim, K. E., Hung, D., y Decety, J. (2007). «Expertise modulates the perception of pain in others». *Current Biology,* 17 (19), 1708-1713.

23. Carr, L., Iacoboni, M., Dubeau, M. C., Mazziotta, J. C., y Lenzi, G. L. (2003). «Neural mechanisms of empathy in humans: a relay from neural systems for imitation to limbic areas». *Proceedings of the National Academy of Sciences,* 100 (9), 5497-5502.

24. Jackson, P. L., Meltzoff, A. N., y Decety, J. (2005). «How do we perceive the pain of others? A window into the neural processes involved in empathy». *Neuroimage,* 24 (3), 771-779.

25. Sally, D. (1995). «Conversation and cooperation in social dilemmas: A meta-analysis of experiments from 1958 to 1992». *Rationality and Society,* 7 (1), 58-92.

26. Un buen lugar para empezar es: https://www.dalailama.com/

27. https://www.psychologytoday.com/intl/blog/irrelationship/201408/ new-understanding-compassionate-empathy (consultado el 12 de junio de 2018).

28. Zak, P. J., Stanton, A. A., y Ahmadi, S. (2007). «Oxytocin increases generosity in humans». *PLos One,* 2 (11), e1128. Prestar dinero a extraños porque estás primado con una sustancia química tiene un mensaje mixto. Esperemos que el experimento esté bien controlado.

29. De Dreu, C. K., Greer, L. L., Handgraaf, M. J., Shalvi, S., Van Kleef, G. A., Baas, M., … Feith, S. W. (2010). «The neuropeptide oxytocin regulates

parochial altruism in intergroup conflict among humans». *Science,* 328 (5984), 1408-1411.

30. Taylor, S. E., Gonzaga, G. C., Klein, L. C., Hu, P., Greendale, G. A., y Seeman, T. E. (2006). «Relation of oxytocin to psychological stress responses and hypothalamic-pituitary-adrenocortical axis activity in older women». *Psychosomatic Medicine,* 68 (2), 238-245.

31. Un uso significa tú y yo en un grupo compartido. Otro significa tú, como en «No somos muy buenos en esto, ¿verdad?» También está el nosotros de los políticos, que significa la gente en general (que está de acuerdo con ellos), como en «Necesitamos un gobierno mejor…». Luego está el plural mayestático, al menos para la familia real.

32. Representa alrededor del 3,6 % de todas las palabras de la muestra. Las tres siguientes son el, y y para, con un peso del 3,48 %, 2,92 % y 2,91 %, respectivamente.

33. Sanfey, A. G., Rilling, J. K., Aronson, J. A., Nystrom, L. E., y Cohen, J. D. (2003). «The neural basis of economic decision-making in the ultimatum game». *Science,* 300 (5626), 1755-1758.

34. Dana, J., Weber, R. A., y Kuang, J. X. (2007). «Exploiting moral wiggle room: Experiments demonstrating an illusory preference for fairness». *Economic Theory,* 33 (1), 67-80.

35. Padoa-Schioppa, C., y Assad, J. A. (2006). «Neurons in the orbitofrontal cortex encode economic value». *Nature,* 441 (7090), 223.

36. Y tal vez explique la popularidad de los concursos de televisión.

Capítulo 11

1. Regard, M., y Landis, T. (1997). «'Gourmand syndrome' Eating passion associated with right anterior lesions». *Neurology,* 48 (5), 1185-1190.

2. La película de 2015 *Del revés* tuvo la gran idea de mostrar las emociones como personajes en la cabeza de una niña de once años. Estas emociones dirigían su cerebro y sus acciones. Era una película bonita, pero, cuando las emociones personificadas reaccionaban emocionalmente, ¿tenían emociones personificadas dentro de sus cabezas?

3. Hay casos raros, pero bien documentados, de bebés que nacen con un solo hemisferio. Sin embargo, crecen, prosperan y llevan una vida normal. La notable neuroplasticidad del cerebro permite que algunas partes se encarguen de diferentes funciones.

4. El 96 % de las personas, independientemente de cual sea su mano dominante, tienen la función del lenguaje en el hemisferio izquierdo.

5. Las distintas partes del cerebro se comunican de diferentes maneras. Por ejemplo, la respuesta galvánica de la piel (GSR) mide la resistencia eléctrica de la piel. Cuando ves algo excitante, como una *pin up* de bandera o una herida repugnante (la excitación puede ser buena o mala), sudas muy ligeramente y la máquina GSR muestra una diferencia. ¿Recuerdas el experimento de las tarjetas de Iowa? Los sujetos no eran conscientes de las barajas malas, pero el GSR captó una reacción de estrés. Esta es una de las formas en que las partes no verbales del cerebro pueden comunicarse. El polígrafo funciona según este principio (conocido popularmente como detector de mentiras; pero no detecta las mentiras, sino el estrés que puede provocar la mentira).

6. Risse, G. L., LeDoux, J., Springer, S. P., Wilson, D. H., y Gazzaniga, M. S. (1978). «The anterior commissure in man: Functional variation in a multisensory system». *Neuropsychologia*, 16 (1), 23-31.
   Véase una revisión de los estudios e implicaciones en:
   Gazzaniga, M. S. (2005). «Forty-five years of split-brain research and still going strong». *Nature Reviews Neuroscience*, 6 (8), 653.

7. Nisbett, R. E., y Wilson, T. D. (1977). «Telling more than we can know: Verbal reports on mental processes». *Psychological Review*, 84 (3), 231.

8. También es un recurso argumental en *Evil Dead 2*, cuando la mano derecha del personaje central intenta matarlo.

9. Greenwald, A. G., y Banaji, M. R. (1995). «Implicit social cognition». *Psychological Review*, 102 (1), 4.

Esta prueba se ha utilizado para muchas asociaciones diferentes. Puedes probarlo tú mismo en:
   https://implicit.harvard.edu/implicit/ (consultado el 29 de mayo de 2018).

10. Conocido como El efecto Lago Wobegon. En un estudio, se pidió a dos grupos de cincuenta conductores que calificaran sus habilidades. Ambos

grupos se calificaron muy bien, como era de esperar, y la media de los dos grupos era casi la misma. Lo sorprendente es que uno de los grupos estaba formado por personas que habían sufrido accidentes de tráfico y habían sido hospitalizadas por ello. La mayoría de ellos fueron considerados culpables por la policía.

Véase Preston, C. E., y Harris, S. (1965). «Psychology of drivers in traffic accidents». *Journal of Applied Psychology*, 49 (4), 284.

11. Blaine, B., y Crocker, J. (1993). «Self-esteem and self-serving biases in reactions to positive and negative events». En *Self-esteem* (pp. 55-85), Springer, Boston.

12. Riess, M., Rosenfeld, P., Melburg, V., y Tedeschi, J. T. (1981). «Self-serving attributions: Biased private perceptions and distorted public descriptions». *Journal of Personality and Social Psychology*, 41 (2), 224.

13. Mezulis, A. H., Abramson, L. Y., Hyde, J. S. y Hankin, B. L. (2004). «Is there a universal positivity bias in attributions? A meta-analytic review of individual, developmental, and cultural differences in the self-serving attributional bias». *Psychological Bulletin*, 130 (5), 711.

14. Seligman, M. E. (2003). *La auténtica felicidad*. Vergara, Barcelona.

15. *Los Simpson* (Temporada 22, Episodio 3).

16. Para una revisión del tema, véase: Gibson, E. L. (2007). «Carbohydrates and mental function: Feeding or impeding the brain?». *Nutrition Bulletin*, 32 (s1), 71-83.

17. Baumeister, R. F., Bratslavsky, E., Muraven, M., y Tice, D. M. (1998). «Ego depletion: Is the active self a limited resource?». *Journal of Personality and Social Psychology*, 74 (5), 1252.

18. Estaban cansados e infelices. Estaban hambrientos, metidos en una habitación que olía a chocolate, les dijeron que comieran rábanos y luego les plantearon un problema imposible. Y se les engañó todo el tiempo sobre la verdadera naturaleza del experimento.

19. Mischel, W., Shoda, Y., y Rodríguez, M. L. (1989). «Delay of gratification in children». *Science*, 244 (4907), 933-938.

20. Mischel, W. (201t). *El test de la golosina*. Debate, Barcelona.

21. Shoda, Y., Mischel, W., y Peake, P. K. (1990). «Predicting adolescent cognitive and self-regulatory competencies from preschool delay of gratification: Identifying diagnostic conditions». *Developmental Psychology*, 26 (6), 978.

22. Las cinco grandes dimensiones psicológicas o rasgos de la personalidad son la Extraversión (tu nivel de sociabilidad), la Amabilidad (tu nivel de amabilidad), la Responsabilidad (tu nivel de motivación para el trabajo), la Estabilidad Emocional (tu nivel de calma) y la Apertura a la experiencia (tu nivel de curiosidad). Estos valores se combinan para dar lugar a un estilo de personalidad. Quizás debería haber una sexta: la dimensión de la golosina.

23. Figner, B., Knoch, D., Johnson, E. J., Krosch, A. R., Lisanby, S. H., Fehr, E., y Weber, E. U. (2010). «Lateral prefrontal cortex and self-control in intertemporal choice». *Nature Neuroscience*, 13 (5), 538-539.

24. Kidd, C., Palmeri, H., y Aslin, R. N. (2013). «Rational snacking: Young children's decision-making on the marshmallow task is moderated by beliefs about environmental reliability». *Cognition*, 126 (1), 109-114.

25. Mischel sí generó un vínculo de confianza con todos los niños en los experimentos originales, pero en los experimentos posteriores no siempre se hizo.

26. Libet, B., Gleason, C. A., Wright, E. W., y Pearl, D. K. (1983). «Time of conscious intention to act in relation to onset of cerebral activity (readiness-potential) the unconscious initiation of a freely voluntary act». *Brain*, 106 (3), 623-642.

Capítulo 12

1. Stickgold, R. (2005). «Sleep-dependent memory consolidation». *Nature*, 437 (7063), 1272.

2. Yoo, S. S., Gujar, N., Hu, P., Jolesz, F. A., y Walker, M. P. (2007). «The human emotional brain without sleep-A prefrontal amygdala disconnect». *Current Biology*, 17 (20), R877-R878.

3. Que el ejercicio es bueno para la salud es un tópico, aunque, como muchos tópicos, es más fácil decirlo que hacerlo. Hay un buen resumen de los beneficios cognitivos en: https://www.psychologytoday.com/intl/blog/

the-athletes-way/201404/physical-activity-improves-cognitive-function
(consultado el 1 de junio de 2018).

Hay muchas afirmaciones sobre los beneficios cognitivos de los ejercicios
puramente cognitivos. Hay muchas aplicaciones, sitios web y planes que los
ofrecen. El jurado aún no ha decidido si ofrecen un beneficio claro, ni la
magnitud del mismo. Por otro lado, el beneficio cognitivo del ejercicio físico
está muy bien establecido.

4. Desbordes, G., Negi, L. T., Pace, T. W. W., Wallace, B. A., Raison, C. L.,
Schwartz, E. L. (2012). «Effects of mindful-attention and compassion
meditation training on amygdala response to emotional stimuli in an
ordinary, non-meditative state». *Frontiers in Human Neuroscience,* 6, 292. doi:
10.3389/fnhum.2012.00292.

5. Paulson, S., Davidson, R., Jha, A., y Kabat-Zinn, J. (2013). «Becoming
conscious: The science of mindfulness». *Annals of the New York Academy of
Sciences,* 1303 (1), 87-104.

6. Brewer, J. A., Worhunsky, P. D., Gray, J. R., Tang, Y. Y., Weber, J., y
Kober, H. (2011). «Meditation experience is associated with differences in
default mode network activity and connectivity». *Proceedings of the National
Academy of Sciences,* 108 (50), 20254-20259.

7. Brewer, J. A., Worhunsky, P. D., Gray, J. R., Tang, Y. Y., Weber, J., y
Kober, H. (2011). «Meditation experience is associated with differences in
default mode network activity and connectivity». *Proceedings of the National
Academy of Sciences,* 108 (50), 20254-20259.

8. Froh, J. J., Sefick, W. J., y Emmons, R. A. (2008). «Counting blessings in
early adolescents: An experimental study of gratitude and subjective wellbeing». *Journal of School Psychology,* 46 (2), 213-233.

9. Algoe, S. B., Haidt, J., y Gable, S. L. (2008). «Beyond reciprocity:
Gratitude and relationships in everyday life». *Emotion,* 8 (3), 425.

10. DeSteno, D., Li, Y., Dickens, L., y Lerner, J. S. (2014). «Gratitude: A tool
for reducing economic impatience». *Psychological Science,* 25 (6), 1262-1267.

11. Fox, G. R., Jonas, K., Hanna, D., y Antonio, D. (2015). «Neural
correlates of gratitude». *Frontiers in Psychology,* 6, 1491. https://www.
frontiersin.org/articles/10.3389/fpsyg.2015.01491/full

12. O'Connor, J., y Lages, A., (2007). *How Coaching Works.* AC Black,
Londres.

13. https://www.telegraph.co.uk/news/2018/06/15/smart-drug-epidemic-one-12-adults-admit-taking-trying-work/ (consultado el 19 de junio de 2018).

14. Los más populares son el Adderall y el Modafinil, ambos potenciadores cognitivos que aumentan la concentración, aunque el Adderall, al interferir con el sistema de la dopamina, conlleva un riesgo considerable de adicción. No son ilegales.

15. Véase el libro *Bad Moves,* de Barbara Sahakian y Jamie Labuzetta (Oxford University Press, 2013) para un debate ético sobre el futuro de las drogas inteligentes y los nootrópicos.

Referencias bibliográficas

Capítulo 1

Claxton, G. (2015). *Inteligencia corporal. Op. cit.*

Lieberman, M. D. (2007). «Social Cognitive Neuroscience». *Annual Review of Psychology*, 58, 259-289.

Antal, A., Terney, D., Poreisz, C., y Paulus, W. (2007). «Towards unravelling task-related modulations of neuroplastic changes induced in the human motor cortex». *European Journal of Neuroscience*, 26(9), 2687-2691.

Bilalić, M. (2017). *The Neuroscience of Expertise.* Cambridge: Cambridge University Press.

Chan, B. L., Witt, R., Charrow, A. P., Magee, A., Howard, R., Pasquina, P. F., ... Tsao, J. W. (2007). «Mirror therapy for phantom limb pain». *New England Journal of Medicine*, 357(21), 2206-2207.

Colvin, G. (2008). *Talent is Overrated.* Penguin Books, Nueva York.

Dux, P. E., Tombu, M. N., Harrison, S., Rogers, B. P., Tong, F., y Marois, R. (2009). «Training improves multitasking performance by increasing the speed of information processing in human prefrontal cortex». *Neuron*, 63(1), 127-138.

Ericsson, K. A. (2006). «The influence of experience and deliberate practice on the development of superior expert performance».

The Cambridge Handbook of Expertise and Expert Performance, 38, 685-705.

Eriksson, P. S., Perfilieva, E., Björk-Eriksson, T., Alborn, A. M., Nordborg, C., Peterson, D. A., y Gage, F. H. (1998). «Neurogenesis in the adult human hippocampus». *Nature Medicine,* 4(11), 1313-1317.

Gladwell, M. (2013). *Fuera de serie.* Taurus, Madrid.

Hebb, D. (1949). *The organisation of behaviour,* John Wiley, Nueva York.

Heyman, E., Gamelin, F. X., Goekint, M., Piscitelli, F., Roelands, B., Leclair, E., ... Meeusen, R. (2012). «Intense exercise increases circulating endocannabinoid and BDNF levels in humans – possible implications for reward and depression». *Psychoneuroendocrinology,* 37(6), 844-851.

Lucassen, P. J., Meerlo, P., Naylor, A. S., Van Dam, A. M., Dayer, A. G., Fuchs, E., ... Czeh, B. (2010). «Regulation of adult neurogenesis by stress, sleep disruption, exercise and inflammation: Implications for depression and antidepressant action». *European Neuropsychopharmacology,* 20(1), 1-17.

Merabet, L. B., Hamilton, R., Schlaug, G., Swisher, J. D., Kiriakopoulos, E. T., Pitskel, N. B., ... Pascual-Leone, A. (2008). «Rapid and reversible recruitment of early visual cortex for touch». *PLoS One,* 3(8), e3046.

Merzenich, M. M., y Jenkins, W. M. (1993). «Reorganization of cortical representations of the hand following alterations of skin inputs induced by nerve injury, skin island transfers, and experience». *Journal of Hand Therapy,* 6(2), 89-104.

Münte, T. F., Altenmüller, E., y Jäncke, L. (2002). «The musician's brain as a model of neuroplasticity». *Nature Reviews Neuroscience,* 3(6), 473-478.

Nottebohm, F., Tegner, M. S., y Christiana, M. L. (1976). «Central control of song in the canary, v Serinus Canarius». *Journal of Comparative Neurology,* 165(4), 457-486.

Pascual-Leone, A., Nguyet, D., Cohen, L. G., Brasil-Neto, J. P., Cammarota, A., y Hallett, M. (1995). «Modulation of muscle responses evoked by transcranial magnetic stimulation during the acquisition of new fine motor skills». *Journal of Neurophysiology,* 74(3), 1037-1045.

Ramachandran, V., y Blakeslee, S. (1998). *Phantoms in the brain.* William Morrow, Nueva York.

Ramachandran, V. S., Rogers-Ramachandran, D., y Cobb, S. (1995). «Touching the phantom limb». *Nature,* 377(6549), 489.

Sawaguchi, T., y Goldman-Rakic, P. S. (1991). «D1 dopamine receptors in prefrontal cortex: Involvement in working memory». *Science,* 251(4996), 947-951.

Walker, M. (2017). *Por qué dormimos.* Capitán Swing, Madrid.

Capítulo 2

Antal, A., Terney, D., Poreisz, C., y Paulus, W. (2007). «Towards unravelling task-related modulations of neuroplastic changes induced in the human motor cortex». *European Journal of Neuroscience,* 26(9), 2687-2691.

Bilalić, M. (2017). *The Neuroscience of Expertise.* Cambridge: Cambridge University Press.

Chan, B. L., Witt, R., Charrow, A. P., Magee, A., Howard, R., Pasquina, P. F., … Tsao, J. W. (2007). «Mirror therapy for phantom limb pain». *New England Journal of Medicine,* 357(21), 2206-2207.

Colvin, G. (2008). *Talent is Overrated.* Penguin Books, Nueva York.

Dux, P. E., Tombu, M. N., Harrison, S., Rogers, B. P., Tong, F., y Marois, R. (2009). «Training improves multitasking performance by increasing the speed of information processing in human prefrontal cortex». *Neuron*, 63(1), 127-138.

Ericsson, K. A. (2006). «The influence of experience and deliberate practice on the development of superior expert performance». *The Cambridge Handbook of Expertise and Expert Performance*, 38, 685-705.

Eriksson, P. S., Perfilieva, E., Björk-Eriksson, T., Alborn, A. M., Nordborg, C., Peterson, D. A., y Gage, F. H. (1998). «Neurogenesis in the adult human hippocampus». *Nature Medicine*, 4(11), 1313-1317.

Gladwell, M. (2013). *Fuera de serie*. Taurus, Madrid.

Hebb, D. (1949). *The organisation of behaviour*, John Wiley, Nueva York.

Heyman, E., Gamelin, F. X., Goekint, M., Piscitelli, F., Roelands, B., Leclair, E., … Meeusen, R. (2012). «Intense exercise increases circulating endocannabinoid and BDNF levels in humans – possible implications for reward and depression». *Psychoneuroendocrinology*, 37(6), 844-851.

Lucassen, P. J., Meerlo, P., Naylor, A. S., Van Dam, A. M., Dayer, A. G., Fuchs, E., … Czeh, B. (2010). «Regulation of adult neurogenesis by stress, sleep disruption, exercise and inflammation: Implications for depression and antidepressant action». *European Neuropsychopharmacology*, 20(1), 1-17.

Merabet, L. B., Hamilton, R., Schlaug, G., Swisher, J. D., Kiriakopoulos, E. T., Pitskel, N. B., … Pascual-Leone, A. (2008). «Rapid and reversible recruitment of early visual cortex for touch». *PLoS One*, 3(8), e3046.

Merzenich, M. M., y Jenkins, W. M. (1993). «Reorganization of cortical representations of the hand following alterations of skin inputs induced by nerve injury, skin island transfers, and experience». *Journal of Hand Therapy,* 6(2), 89-104.

Münte, T. F., Altenmüller, E., y Jäncke, L. (2002). «The musician's brain as a model of neuroplasticity». *Nature Reviews Neuroscience,* 3(6), 473-478.

Nottebohm, F., Tegner, M. S., y Christiana, M. L. (1976). «Central control of song in the canary, v Serinus Canarius». *Journal of Comparative Neurology,* 165(4), 457-486.

Pascual-Leone, A., Nguyet, D., Cohen, L. G., Brasil-Neto, J. P., Cammarota, A., y Hallett, M. (1995). «Modulation of muscle responses evoked by transcranial magnetic stimulation during the acquisition of new fine motor skills». *Journal of Neurophysiology,* 74(3), 1037-1045.

Ramachandran, V., y Blakeslee, S. (1998). *Phantoms in the brain.* William Morrow, Nueva York.

Ramachandran, V. S., Rogers-Ramachandran, D., y Cobb, S. (1995). «Touching the phantom limb». *Nature,* 377(6549), 489.

Sawaguchi, T., y Goldman-Rakic, P. S. (1991). «D1 dopamine receptors in prefrontal cortex: Involvement in working memory». *Science,* 251(4996), 947-951.

Walker, M. (2017). *Por qué dormimos.* Capitán Swing, Madrid.

Capítulo 3

Abraham, A., Pieritz, K., Thybusch, K., Rutter, B., Kröger, S., Schweckendiek, J., ... Hermann, C. (2012). «Creativity and the brain: Uncovering the neural signature of conceptual expansion». *Neuropsychologia,* 50(8), 1906-1917.

Amabile, T. M., Conti, R., Coon, H., Lazenby, J., y Herron, M. (1996). «Assessing the work environment for creativity». *Academy of Management Journal,* 39(5), 1154-1184.

Carter, C. S., Braver, T. S., Barch, D. M., Botvinick, M. M., Noll, D., y Cohen, J. D. (1998). «Anterior cingulate cortex, error detection, and the online monitoring of performance». *Science,* 280(5364), 747-749.

Dumontheil, I. (2014). «Development of abstract thinking during childhood and adolescence: The role of rostrolateral prefrontal cortex». *Developmental Cognitive Neuroscience,* 10, 57-76.

Gremel, C. M., Chancey, J. H., Atwood, B. K., Luo, G., Neve, R., Ramakrishnan, C., … Costa, R. M. (2016). «Endocannabinoid modulation of orbitostriatal circuits gates habit formation». *Neuron,* 90(6), 1312-1324.

Grondin, S. (2010). «Timing and time perception: A review of recent behavioural and neuroscience findings and theoretical directions». *Attention, Perception, y Psychophysics,* 72(3), 561-582.

Knight, R. T., Grabowecky, M. F., y Scabini, D. (1995). «Role of human prefrontal cortex in attention control». *Advances in Neurology,* 66, 21-36.

Lhermitte, F. (1983). «Utilization behaviour» and its relation to lesions of the frontal lobes». *Brain,* 106(2), 237-255.

Sawyer, K. (2011). «The cognitive neuroscience of creativity: A critical review». *Creativity Research Journal,* 23(2), 137-154. https://www.youtube.com/watch?v=vJG698U2Mvo https://www.youtube.com/watch?v=VkrrVozZR2c

Capítulo 4

Ariely, D. (2016). *A field guide to lies and statistics.* Viking.

Bargh, J. A., Chen, M., y Burrows, L. (1996). «Automaticity of social behavior: Direct effects of trait construct and stereotype activation on action». *Journal of Personality and Social Psychology*, 71(2), 230.

Cheng, P. W., y Holyoak, K. J. (1985). «Pragmatic reasoning schemas». *Cognitive Psychology*, 17(4), 391-416.

Dijksterhuis, A., y Van Knippenberg, A. (1998). «The relation between perception and behavior, or how to win a game of trivial pursuit». *Journal of Personality and Social Psychology*, 74(4), 865

Dion, K. K. (1986). «Stereotyping based on physical attractiveness: Issues and conceptual perspectives». En C. P. Herman, M. P. Zanna y E. T. Higgins (Eds.), *Physical appearance, stigma and social behavior: The Ontario Symposium* Vol. 3, (pp. 7-21). Hillsdale, NJ: Erlbaum.

También: Feingold, A. (1992). «Good-looking people are not what we think». *Psychological Bulletin*, 111(2), 304.

Englich, B., Mussweiler, T., y Strack, F. (2006). «Playing dice with criminal sentences: The influence of irrelevant anchors on experts' judicial decision making». *Personality and Social Psychology Bulletin*, 32(2), 188-200.

Fiske, S. T., y Taylor, S. E. (2013). *Social cognition: From brains to culture.* Sage. (Es un buen libro que integra la psicología con la neurociencia).

Frederick, S. (2005). «Cognitive reflection and decision making». *The Journal of Economic Perspectives*, 19(4), 25-42.

Gilbert, D. T., Krull, D. S., y Malone, P. S. (1990). «Unbelieving the unbelievable». *Journal of Personality and Social Psychology*, 59(4), 601.

Gladwell, M. (2005). *Inteligencia intuitiva.* Taurus, Madrid, 2005.

Hasher, L., Goldstein, D., y Toppino, T. (1977). «Frequency and the conference of referential validity». *Journal of Verbal Learning and Verbal Behaviour*, 16(1), 107-112.

Haslam, S. A., Reicher, S. D., y Platow, M. J. (2010). *The new psychology of leadership.* Psychology Press.

Kahneman, D. (2013). *Pensar rápido, pensar despacio.* Debate.

Nickerson, R. S. (1998). «Confirmation bias: A ubiquitous phenomenon in many guises». *Review of General Psychology*, 2(2), 175.

Nisbett, R. E., y Wilson, T. D. (1977). «Telling more than we can know: Verbal reports on mental processes». *Psychological Review*, 84(3), 231.

O'Connor, J., y Lages, A. (2002). *Coaching con PNL.* Ediciones Urano, Barcelona, 2005.

Tom, G., Nelson, C., Srzentic, T., y King, R. (2007). «Mere exposure and the endowment effect on consumer decision making». *The Journal of Psychology*, 141(2), 117-125.

Williams, L. E., y Bargh, J. A. (2008a). «Experiencing physical warmth promotes interpersonal warmth». *Science*, 322(5901), 606-607.

Williams, L. E., y Bargh, J. A. (2008b). «Keeping one's distance: The influence of spatial distance cues on affect and evaluation». *Psychological Science*, 19(3), 302-308.

Willis, J., y Todorov, A. (2006). «First impressions». *Psychological Science*, 17(7), 592-598. https://www.youtube.com/watch?v=vJG698U2Mvo https://www.youtube.com/watch?v=UtKt8YF7dgQ https://www.youtube.com/watch?v=FWSxSQsspiQ

www.tylervigen.com

https://betterexplained.com/articles/understanding-the-monty-hall-problem/

Capítulo 5

Adolphs, R., Tranel, D., y Denburg, N. (2000). «Impaired emotional declarative memory following unilateral amygdala damage». *Learning y Memory,* 7(3), 180-186.

Bickart, K. C., Wright, C. I., Dautoff, R. J., Dickerson, B. C., y Barrett, L. F. (2011). «Amygdala volume and social network size in humans». *Nature Neuroscience,* 14(2), 163-164.

Craig, A. D., y Craig, A. D. (2009). «How do you feel--now? The anterior insula and human awareness». *Nature Reviews Neuroscience,* 10(1), 59-70.

Davidson, R., y Sharon B. (2012). *The emotional life of your brain.* Hodder and Stoughton

Easterlin, R. A. (1995). «Will raising the incomes of all increase the happiness of all?». *Journal of Economic Behaviour y Organization,* 27(1), 35-47.

Ekman, P. (2017). *El rostro de las emociones.* RBA, Barcelona.

Feinstein, J. S., Adolphs, R., Damasio, A., y Tranel, D. (2011). «The human amígdala and the induction and experience of fear». *Current Biology,* 21(1), 34-38.

Foot, P. (1967). «The Problem of abortion and the doctrine of double effect». *Oxford Review,* 5(5), 15.

Fox, N. A., y Davidson, R. J. (1986). «Taste-elicited changes in facial signs of emotion and the asymmetry of brain electrical activity in human newborns». *Neuropsychologia,* 24(3), 417-422.

Gardner, J., y Oswald, A. J. (2007). «Money and mental wellbeing: A longitudinal study of medium-sized lottery wins». *Journal of Health Economics,* 26(1), 49-60.

Goldin, P., y Gross, J., (2010). «Effects of mindfulness-based stress reduction (MBSR) on emotion regulation in social anxiety disorder». *Emotion,* 10(1), 83.

Goldin, P. R., McRae, K., Ramel, W., y Gross, J. J. (2008). «The neural bases of emotion regulation: reappraisal and suppression of negative emotion». *Biological Psychiatry,* 63(6), 577-586.

Greene, J. D., Morelli, S. A., Lowenberg, K., Nystrom, L. E., y Cohen, J. D. (2008). «Cognitive load selectively interferes with utilitarian moral judgment». *Cognition,* 107(3), 1144-1154.

Greene, J. D., Nystrom, L. E., Engell, A. D., Darley, J. M., y Cohen, J. D. (2004). «The neural bases of cognitive conflict and control in moral judgment». *Neuron,* 44(2), 389-400.

Greene, J. D., Sommerville, R. B., Nystrom, L. E., Darley, J. M., y Cohen, J. D. (2001). «An fMRI investigation of emotional engagement in moral judgment». *Science,* 293(5537), 2105-2108.

Gross, J. J. (1998). «Antecedent and response-focused emotion regulation: Divergent consequences for experience, expression, and physiology». *Journal of Personality and Social Psychology,* 74(1), 224.

Henriques, J. B., y Davidson, R. J. (1991). «Left frontal hypoactivation in depression». *Journal of Abnormal Psychology,* 100(4), 535.

Kim, M. J., y Whalen, P. J. (2009). «The structural integrity of an amygdala–prefrontal pathway predicts trait anxiety». *Journal of Neuroscience,* 29(37), 11614-11618.

Jung, W. H., Lee, S., Lerman, C., y Kable, J. W. (2018). «Amygdala functional and structural connectivity predicts individual risk tolerance». *Neuron,* doi: 10.1016/j.neuron.2018.03.019

Le Doux, J. (1999). *El cerebro emocional.* Planeta, Barcelona.

Steptoe, A., Wardle, J., y Marmot, M. (2005). «Positive affect and health-related neuroendocrine, cardiovascular, and inflammatory processes». *Proceedings of the National academy of Sciences of the United States of America,* 102(18), 6508-6512.

Valdesolo, P., y DeSteno, D. (2006). «Manipulations of emotional context shape moral judgment». *Psychological Science,* 17(6), 476-477.

Whalen, P. J., Rauch, S. L., Etcoff, N. L., McInerney, S. C., Lee, M. B., y Jenike, M. A. (1998). «Masked presentations of emotional facial expressions modulate amígdala activity without explicit knowledge». *Journal of Neuroscience,* 18(1), 411-418.

Xue, G., Lu, Z., Levin, I. P., y Bechara, A. (2010). «The impact of prior risk experiences on subsequent risky decision-making: The role of the insula». *Neuroimage,* 50(2), 709-716.

Capítulo 6

Asch, S. E., y Guetzkow, H. (1951). «Effects of group pressure upon the modification and distortion of judgments». *Groups, Leadership, and Men,* 222-236.

Bartra, O., McGuire, J. T., y Kable, J. W. (2013). «The valuation system: A coordinate based meta-analysis of BOLD fMRI experiments examining neural correlates of subjective value». *Neuroimage,* 76, 412-427.

Bechara, A., y Damasio, A. R. (2005). «The somatic marker hypothesis: A neural theory of economic decision». *Games and Economic Behavior,* 52(2), 336-372.

Charnov, E. L. (1976). «Optimal foraging, the marginal value theorem». *Theoretical Population Biology,* 9(2), 129-136.

Cialdini, R. B., y Cialdini, R. B. (2022). *Influencia.* HarperCollins, Madrid.

Cosmides, L., y Tooby, J. (2000). *87 the cognitive neuroscience of social reasoning.* Vintage Books, Nueva York.

Danziger, S., Levav, J., y Avnaim-Pesso, L. (2011). «Extraneous factors in judicial decisions». *Proceedings of the National Academy of Sciences,* 108 (17), 6889-6892.

Fellows, L. K., y Farah, M. J. (2005). «Dissociable elements of human foresight: A role for the ventromedial frontal lobes in framing the future, but not in discounting future rewards». *Neuropsychologia,* 43 (8), 1214-1221.

Hare, T. A., Camerer, C. F., y Rangel, A. (2009). «Self-control in decision-making involves modulation of the VmPFC valuation system». *Science,* 324(5927), 646-648.

Hosoda, M., Stone-Romero, E. F., y Coats, G. (2003). «The effects of physical attractiveness on job-related outcomes: A meta-analysis of experimental studies». *Personnel Psychology,* 56(2), 431-462.

Kahneman, D. (2012). *Pensar rápido, pensar despacio.* Debate, Madrid.

Mazzella, R., y Feingold, A. (1994). «The effects of physical attractiveness, race, socioeconomic status, and gender of defendants and victims on judgments of mock jurors: A meta-analysis». *Journal of Applied Social Psychology,* 24(15), 1315-1338.

McClure, S. M., Laibson, D. I., Loewenstein, G., y Cohen, J. D. (2004). «Separate neural systems value immediate and delayed monetary rewards». *Science,* 306(5695), 503-507.

Rolls, E. T., Everitt, B. J., y Roberts, A. (1996). «The orbitofrontal cortex». *Philosophical Transactions of the Royal Society of London B: Biological Sciences,* 351(1346), 1433-1444.

Rushworth, M. F., Kolling, N., Sallet, J., y Mars, R. B. (2012). «Valuation and decision-making in frontal cortex: One or many serial or parallel systems?». *Current Opinion in Neurobiology*, 22(6), 946-955.

Saver, J. L., y Damasio, A. R. (1991). «Preserved access and processing of social knowledge in a patient with acquired sociopathy due to ventromedial frontal damage». *Neuropsychologia*, 29(12), 1241-1249.

Schwartz, B. (2003). *The Paradox of Choice*. HarperCollins.

https://en.wikipedia.org/wiki/Herbert_A._Simon

www.sticKK.com

Capítulo 7

Averell, L., y Heathcote, A. (2011). «The form of the forgetting curve and the fate of memories». *Journal of Mathematical Psychology*, 55(1), 25-35.

Bester, A. (1991). *Tiger Tiger*. New American Library, Nueva York.

Bremner, J. D., Narayan, M., Anderson, E. R., Staib, L. H., Miller, H. L., y Charney, D. S. (2000). «Hippocampal volume reduction in major depression». *American Journal of Psychiatry*, 157(1), 115-118.

Bremner, J. D., Randall, P., Vermetten, E., Staib, L., Bronen, R. A., Mazure, C., ... Charney, D. S. (1997). «Magnetic resonance-based measurement of hippocampal volume in posttraumatic stress disorder related to childhood physical and sexual abuse - A preliminary report». *Biological Psychiatry*, 41(1), 23-32.

Dijksterhuis, A., y Van Knippenberg, A. (1998). «The relation between perception and behavior, or how to win a game of trivial pursuit». *Journal of Personality and Social Psychology*, 74(4), 865.

Foer, J. (2011). *Moonwalking with Einstein*. Penguin Books, Londres.

Graf, P., y Schacter, D. L. (1985). «Implicit and explicit memory for new associations in normal and amnesic subjects». *Journal of Experimental Psychology: Learning, Memory, and Cognition*, 11(3), 501.

Higbee, K. (2001). *Su memoria, cómo funciona y cómo mejorarla.* Paidós, Barcelona, 1998.

Hirst, W., Phelps, E. A., Buckner, R. L., Budson, A. E., Cuc, A., Gabrieli, J. D., ... Vaidya, C. J. (2009). «Long-term memory for the terrorist attack of September 11: Flashbulb memories, event memories, and the factors that influence their retention». *Journal of Experimental Psychology: General*, 138(2), 161-176.

Jenkins, J. G., y Dallenbach, K. M. (1924). «Obliviscence during sleep and waking». *The American Journal of Psychology*, 35(4), 605-612.

Kahneman, D., Fredrickson, B. L., Schreiber, C. A., y Redelmeier, D. A. (1993). «When more pain is preferred to less: Adding a better end». *Psychological Science*, 4(6), 401-405.

Kandel, E. (2006). *In search of memory*. W. Norton, Nueva York.

Loftus, E. F., y Palmer, J. C. (1996). *Eyewitness testimony. Introducing Psychological Research*. Macmillan Education, 305-309.

Loftus, E. F., y Zanni, G. (1975). «Eyewitness testimony: The influence of the wording of a question». *Bulletin of the Psychonomic Society*, 5(1), 86-88.

Maguire, E. A., Gadian, D. G., Johnsrude, I. S., Good, C. D., Ashburner, J., Frackowiak, R. S., y Frith, C. D. (2000). «Navigation-related structural change in the hippocampi of taxi drivers». *Proceedings of the National Academy of Sciences,* 97(8), 4398-4403.

Miller, G. A. (1956). «The magical number seven, plus or minus two: Some limits on our capacity for processing information». *Psychological Review,* 63(2), 81.

Nader, K., Schafe, G. E., y LeDoux, J. E. (2000a). «Fear memories require protein synthesis in the amygdala for reconsolidation after retrieval». *Nature,* 406(6797), 722.

Nader, K., Schafe, G. E., y LeDoux, J. E. (2000b). «The labile nature of consolidation theory». *Nature Reviews. Neuroscience,* 1(3), 216.

Pennebaker, J. (2011). *The Secret Life of Pronouns.* Bloomsbury Press, Londres.

Quiroga, R. Q., Reddy, L., Kreiman, G., Koch, C., y Fried, I. (2005). «Invariant visual representation by single neurons in the human brain». *Nature,* 435(7045), 1102.

Simmons, D. (2016). Hyperion. Nova, Barcelona.

Stickgold, R., y Walker, M. P. (2013). «Sleep-dependent memory triage: Evolving generalization through selective processing». *Nature Neuroscience,* 16(2), 139.

Tulving, E., y Schacter, D. L. (1990). «Priming and human memory systems». *Science,* 247(4940), 301-306. https://www.science.org/doi/10.1126/science.2296719

Capítulo 8

Castaneda, C. (2017). *Las enseñanzas de Don Juan.* Fondo de Cultura Económica, México.

Cohn, A. (2018). *Motivar sin premios ni castigos.* Ediciones Cristiandad, Madrid.

Easterlin, R. A. (1995). «Will raising the incomes of all increase the happiness of all?». *Journal of Economic Behaviour y Organization*, 27(1), 35-47.

Gardner, J., y Oswald, A. J. (2007). «Money and mental wellbeing: A longitudinal study of medium-sized lottery wins». *Journal of Health Economics*, 26(1), 49-60.

Goldsmith, M. (2007). *Un nuevo impulso*. Empresa Activa, Barcelona.

Goudriaan, A. E., Oosterlaan, J., de Beurs, E., y Van den Brink, W. (2004). «Pathological gambling: A comprehensive review of biobehavioral findings». *Neuroscience y Biobehavioral Reviews*, 28(2), 123-141.

Heath, R. G. (1963). «Electrical self-stimulation of the brain in man». *American Journal of Psychiatry*, 120(6), 571-577.

Olds, J., y Milner, P. (1954). «Positive reinforcement produced by electrical stimulation of septal area and other regions of rat brain». *Journal of Comparative and Physiological Psychology*, 47(6), 419.

Reuter, J., Raedler, T., Rose, M., Hand, I., Gläscher, J., y Büchel, C. (2005). «Pathological gambling is linked to reduced activation of the mesolimbic reward system». *Nature Neuroscience*, 8(2), 147-148.

Schultz, W. (1998). «Predictive reward signal of dopamine neurons». *Journal of Neurophysiology*, 80(1), 1-27. En https://www.axios.com/sean-parkerunloads-on-facebook-god-only-knows-what-its-doing-to-our-childrens-brains-1513306792-f855e7b4-4e99-4d60-8d51-2775559c2671.html

Schultz, W., Dayan, P., y Montague, P. R. (1997). «A neural substrate of prediction and reward». *Science*, 275(5306), 1593-1599.

Capítulo 9

Blakemore, S. J., Wolpert, D. M., y Frith, C. D. (1998). «Central cancellation of self-produced tickle sensation». *Nature Neuroscience,* 1(7), 635-640.

Gazzaniga, M. (2012). *Who's in charge? Free will and the science of the brain.* Hachette, Reino Unido.

www.michaelbach.de/ot/index.html

https://www.youtube.com/watch?v=jtsfidRq2tw

Capítulo 10

Aziz-Zadeh, L., Wilson, S. M., Rizzolatti, G., y Iacoboni, M. (2006). «Congruent embodied representations for visually presented actions and linguistic phrases describing actions». *Current Biology,* 16(18), 1818-1823.

Baron-Cohen, S. (2011). *The Science of Evil.* Basic Books, Nueva York.

Bhatti, A. B., y ul Haq, A. (2017). «The pathophysiology of perceived social isolation: Effects on health and mortality». *Cureus,* 9(1), e994. doi: 10.7759/cureus.994

Buckholtz, J. W., Treadway, M. T., Cowan, R. L., Woodward, N. D., Benning, S. D., Li, R., ... Smith, C. E. (2010). «Mesolimbic dopamine reward system hypersensitivity in individuals with psychopathic traits». *Nature Neuroscience,* 13(4), 419.

Campbell, R., Heywood, C. A., Cowey, A., Regard, M., y Landis, T. (1990). «Sensitivity to eye gaze in prosopagnosic patients and monkeys with superior temporal sulcus ablation». *Neuropsychologia,* 28(11), 1123-1142.

Carr, L., Iacoboni, M., Dubeau, M. C., Mazziotta, J. C., y Lenzi, G. L. (2003). «Neural mechanisms of empathy in humans: A relay from neural systems for imitation to limbic areas». *Proceedings of the National Academy of Sciences*, 100(9), 5497-5502.

Cheng, Y., Lin, C. P., Liu, H. L., Hsu, Y. Y., Lim, K. E., Hung, D., y Decety, J. (2007). «Expertise modulates the perception of pain in others». *Current Biology*, 17(19), 1708-1713.

Dana, J., Weber, R. A., y Kuang, J. X. (2007). «Exploiting moral wiggle room: Experiments demonstrating an illusory preference for fairness». *Economic Theory*, 33(1), 67-80.

De Dreu, C. K., Greer, L. L., Handgraaf, M. J., Shalvi, S., Van Kleef, G. A., Baas, M., ... Feith, S. W. (2010). «The neuropeptide oxytocin regulates parochial altruism in intergroup conflict among humans». *Science*, 328(5984), 1408-1411.

Fadiga, L., Fogassi, L., Pavesi, G., y Rizzolatti, G. (1995). «Motor facilitation during action observation: A magnetic stimulation study». *Journal of Neurophysiology*, 73(6), 2608-2611.

Gallese, V., y Lakoff, G. (2005). «The brain's concepts: The role of the sensory-motor system in conceptual knowledge». *Cognitive Neuropsychology*, 22(3-4), 455-479.

Hutchison, W. D., Davis, K. D., Lozano, A. M., Tasker, R. R., y Dostrovsky, J. O. (1999). «Pain-related neurons in the human cingulate cortex». *Nature Neuroscience*, 2(5), 403.

Iacoboni, M., y Dapretto, M. (2006). «The mirror neuron system and the consequences of its dysfunction». *Nature Reviews Neuroscience*, 7(12), 942.

Ickes, W. (1993). «Empathic accuracy». *Journal of Personality*, 61(4), 587-610.

Jackson, P. L., Meltzoff, A. N., y Decety, J. (2005). «How do we perceive the pain of others? A window into the neural processes involved in empathy». *Neuroimage,* 24(3), 771-779.

Kohler, E., Keysers, C., Umilta, M. A., Fogassi, L., Gallese, V., y Rizzolatti, G. (2002). «Hearing sounds, understanding actions: Action representation in mirror neurons». *Science,* 297(5582), 846-848.

Mitchell, J. P., Macrae, C. N., y Banaji, M. R. (2004). «Encoding-specific effects of social cognition on the neural correlates of subsequent memory». *Journal of Neuroscience,* 24(21), 4912-4917.

Mukamel, R., Ekstrom, A. D., Kaplan, J., Iacoboni, M., y Fried, I. (2010). «Single-neuron responses in humans during execution and observation of actions». *Current Biology,* 20(8), 750-756.

Padoa-Schioppa, C., y Assad, J. A. (2006). «Neurons in the orbitofrontal cortex encode economic value». *Nature,* 441(7090), 223.

Paik, H., y Comstock, G. (1994). «The effects of television violence on antisocial behavior: A meta-analysis1». *Communication Research,* 21(4), 516-546.

Paulhus, D. L., y Williams, K. M. (2002). «The dark triad of personality: Narcissism, Machiavellianism, and psychopathy». *Journal of Research in Personality,* 36(6), 556-563.

Sally, D. (1995). «Conversation and cooperation in social dilemmas: A meta-analysis of experiments from 1958 to 1992». *Rationality and Society,* 7(1), 58-92.

Sanfey, A. G., Rilling, J. K., Aronson, J. A., Nystrom, L. E., y Cohen, J. D. (2003). «The neural basis of economic decision-making in the ultimatum game». *Science,* 300(5626), 1755-1758.

Saxe, R., y Kanwisher, N. (2003). «People thinking about thinking people: The role of the temporo-parietal junction in "theory of mind"». *Neuroimage*, 19(4), 1835-1842.

Shamay-Tsoory, S. G., Aharon-Peretz, J., y Perry, D. (2009). «Two systems for empathy: A double dissociation between emotional and cognitive empathy in inferior frontal gyrus versus ventromedial prefrontal lesions». *Brain*, 132(3), 617-627.

Taylor, S. E., Gonzaga, G. C., Klein, L. C., Hu, P., Greendale, G. A., y Seeman, T. E. (2006). «Relation of oxytocin to psychological stress responses and hypothalamic-pituitary-adrenocortical axis activity in older women». *Psychosomatic Medicine*, 68(2), 238-245.

Williams, K. D. (2007). «Ostracism». *Annual Review of Psychology*, 58.

Zak, P. J., Stanton, A. A., y Ahmadi, S. (2007). «Oxytocin increases generosity in humans». *PLos One*, 2(11), e1128.

https://www.dalailama.com

https://www.psychologytoday.com/intl/blog/irrelationship/201408/newunderstanding-compassionate-empathy

Capítulo 11

Baumeister, R. F., Bratslavsky, E., Muraven, M., y Tice, D. M. (1998). «Ego depletion». *Journal of Personality and Social Psychology*, 74(5), 1252.

Blaine, B., y Crocker, J. (1993). «Self-esteem and self-serving biases in reactions to positive and negative events». En R. F. Baumeister (Ed.), *Self-esteem* (pp. 55-85). Plenum Press, Nueva York.

Figner, B., Knoch, D., Johnson, E. J., Krosch, A. R., Lisanby, S. H., Fehr, E., y Weber, E. U. (2010). «Lateral prefrontal cortex and self-control in intertemporal choice». *Nature Neuroscience,* 13(5), 538-539.

Gazzaniga, M. S. (2005). Forty-five years of split-brain research and still going strong». *Nature Reviews Neuroscience,* 6(8), 653.

Gibson, E. L. (2007). «Carbohydrates and mental function: Feeding or impeding the brain?». *Nutrition Bulletin,* 32(s1), 71-83.

Greenwald, A. G., y Banaji, M. R. (1995). «Implicit social cognition». *Psychological Review,* 102(1), 4. Obtenido de https://implicit.harvard.edu/implicit/

Kidd, C., Palmeri, H., y Aslin, R. N. (2013). «Rational snacking». *Cognition,* 126(1), 109-114.

Libet, B., Gleason, C. A., Wright, E. W., y Pearl, D. K. (1983). «Time of conscious intention to act in relation to onset of cerebral activity (readiness-potential) the unconscious initiation of a freely voluntary act». *Brain,* 106(3), 623-642.

Mezulis, A. H., Abramson, L. Y., Hyde, J. S. y Hankin, B. L. (2004). «Is there a universal positivity bias in attributions? A meta-analytic review of individual, developmental, and cultural differences in the self-serving attributional bias». *Psychological Bulletin,* 130(5), 711.

Mischel, W. (2015). *El test de la golosina.* Debate, Barcelona.

Mischel, W., Shoda, Y., y Rodríguez, M. L. (1989). «Delay of gratification in children». *Science,* 244(4907), 933-938.

Nisbett, R. E., y Wilson, T. D. (1977). «Telling more than we can know: Verbal reports on mental processes». *Psychological Review,* 84(3), 231.

Preston, C. E., y Harris, S. (1965). «Psychology of drivers in traffic accidents». *Journal of Applied Psychology,* 49(4), 284.

Regard, M., y Landis, T. (1997). «Gourmand syndrome» Eating passion associated with right anterior lesions». *Neurology*, 48(5), 1185-1190.

Riess, M., Rosenfeld, P., Melburg, V., y Tedeschi, J. T. (1981). «Self-serving attributions: Biased private perceptions and distorted public descriptions». *Journal of Personality and Social Psychology*, 41(2), 224.

Risse, G. L., LeDoux, J., Springer, S. P., Wilson, D. H., y Gazzaniga, M. S. (1978). «The anterior commissure in man: Functional variation in a multisensory system». *Neuropsychologia*, 16(1), 23-31.

Seligman, M. E. (2004). *La auténtica felicidad. Vergara*, Barcelona.

Shoda, Y., Mischel, W., y Peake, P. K. (1990). Predicting adolescent cognitive and self-regulatory competencies from preschool delay of gratification: Identifying diagnostic conditions». *Developmental Psychology*, 26(6), 978.

Capítulo 12

Algoe, S. B., Haidt, J., y Gable, S. L. (2008). «Beyond reciprocity: Gratitude and relationships in everyday life». *Emotion*, 8(3), 425.

Brewer, J. A., Worhunsky, P. D., Gray, J. R., Tang, Y. Y., Weber, J., y Kober, H. (2011). «Meditation experience is associated with differences in default mode network». *Proceedings of the National Academy of Sciences*, 108(50), 20254-20259.

Desbordes, G., Negi, L. T., Pace, T. W. W., Wallace, B. A., Raison, C. L., y Schwartz, E. L. (2012). «Effects of mindful-attention and compassion meditation training on amygdala response to emotional stimuli in an ordinary, non-meditative state». *Frontiers in Human Neuroscience*, 6, 292. doi: 10.3389/fnhum.2012.00292.

DeSteno, D., Li, Y., Dickens, L., y Lerner, J. S. (2014). «Gratitude: A tool for reducing economic impatience». *Psychological Science,* 25(6), 1262-1267.

Fox, G. R., Jonas, K., Hanna, D., y Antonio, D. (2015). «Neural correlates of gratitude». *Frontiers in Psychology,* 6, 1491.

Froh, J. J., Sefick, W. J., y Emmons, R. A. (2008). «Counting blessings in early adolescents: An experimental study of gratitude and subjective well-being». *Journal of School Psychology,* 46(2), 213-233.

O'Connor, J., y Lages, A. (2007). *How Coaching Works.* AC Black, Londres.

Paulson, S., Davidson, R., Jha, A., y Kabat-Zinn, J. (2013). «Becoming conscious: The science of mindfulness». *Annals of the New York Academy of Sciences,* 1303(1),87-104.

Sahakian, B., y Labuzetta, J. (2013). *Bad Moves.* Oxford University Press.

Stickgold, R. (2005). *Sleep-dependent memory consolidation. Nature,* 437(7063), 1272.

Yoo, S. S., Gujar, N., Hu, P., Jolesz, F. A., y Walker, M. P. (2007). «The human emotional brain without sleep - A prefrontal amygdala disconnect». *Current Biology,* 17(20), R877-R878.

https://www.psychologytoday.com/us/blog/the-athletes-way/201404/physical-activity-improves-cognitive-function

https://www.frontiersin.org/article/10.3389/fpsyg.2015.01491

https://www.telegraph.co.uk/news/2018/06/15/smart-drug-epidemic-one-12-adults-admit-taking-trying-work/